W0462790

KNAUR

REBECCA VOGELS

Erzähl dein Leben neu

Wie Storytelling dir zeigt,
wer du wirklich bist

KNAUR

Besuchen Sie uns im Internet:
www.knaur.de

Aus Verantwortung für die Umwelt hat sich die Verlagsgruppe Droemer Knaur zu einer nachhaltigen Buchproduktion verpflichtet. Der bewusste Umgang mit unseren Ressourcen, der Schutz unseres Klimas und der Natur gehören zu unseren obersten Unternehmenszielen. Gemeinsam mit unseren Partnern und Lieferanten setzen wir uns für eine klimaneutrale Buchproduktion ein, die den Erwerb von Klimazertifikaten zur Kompensation des CO_2-Ausstoßes einschließt. Weitere Informationen finden Sie unter: www.klimaneutralerverlag.de

MIX
Papier aus verantwortungsvollen Quellen
FSC® C083411

Originalausgabe November 2020

Ein Imprint der Verlagsgruppe
Droemer Knaur GmbH & Co. KG, München

Redaktion: Regina Carstensen
Covergestaltung: totalitalic.com, Thierry Wijnerg
Satz: Adobe InDesign im Verlag
Druck und Bindung: CPI books GmbH, Leck
ISBN 978-3-426-21480-0

2 4 5 3 1

Für meinen Vater Hans-Peter Vogels (1955–2020)

Danke, dass du dieses Buch gelesen und
in inspirierenden Gesprächen mit mir diskutiert hast,
als noch Zeit war.
It means the world to me.

Sei die Heldin deines Lebens (...)

Nora Ephron

Inhalt

Kapitel 3

Kapitel 4

Kapitel 5

Kapitel 6

Kapitel 7

Kapitel 8

Kapitel 9

Einleitung
Was ist deine Story

Jeder von uns hat eine Geschichte. Eine Geschichte, die erzählt, warum wir das machen, was wir machen. Warum wir das Leben haben, das wir haben. Eine Story, die beschreibt, warum wir den Job, den Partner, die Freunde, die Wohnung haben, die wir haben. Diese Geschichte können wir selbst gestalten. Denn jeder von uns ist die Autorin oder der Autor seiner ganz persönlichen Lebensgeschichte.

Zum ersten Mal habe ich über die Frage »Was ist meine Geschichte?« in New York nachgedacht. Ich war damals dreiundzwanzig und war, ohne jemanden zu kennen, alleine nach Manhattan gezogen. Ich wollte eigentlich nur drei Monate lang bleiben, aber ich habe mich so sehr in die Stadt verliebt, dass aus den drei Monaten mehrere Jahre wurden.

Was mir in New York sofort auffiel, war, dass hier jeder seine Lebensgeschichte kurz und prägnant und im besten Fall auch noch lustig erzählen konnte. Egal ob bei einer Fahrt im Taxi, beim Bäcker in der Schlange oder in der U-Bahn – überall erzählten mir Menschen ihre Story. Sie erzählten mir, was sie im Leben antrieb, welche Fragen sie bewegten, wen sie liebten, was ihre eigene, ganz persönliche Perspektive auf das Leben war.

Sie erzählten mir von den Höhen und Tiefpunkten in ihrem Leben und wie sie auf die Krisen in ihrem Leben und in unserer Zeit reagiert hatten.

Mir wurde damals, als ich diese Geschichten von Menschen in New York hörte, bewusst: Wir alle sind die Autoren unserer eigenen Lebensgeschichte. Und genauso wie eine

Geschichte in einem Buch oder wie eine Netflix-Serie, so hat auch unsere Lebensgeschichte verschiedene Kapitel, Höhepunkte, Tiefpunkte und Wendepunkte. Es gibt verschiedene Charaktere in unserer Geschichte, große Lieben und Freunde, Soulmates und Nachbarn, Friseure und oberflächliche Bekanntschaften.

Und genauso wie Autoren oder Drehbuchautoren eine Geschichte planen, können wir auch unser Leben planen. Und die Autorin oder der Autor unserer eigenen Story werden. Wir können unser Leben selbst in die Hand nehmen und entscheiden, wer in unserer Geschichte mitspielt, welche Rolle wir in den Storys anderer Menschen einnehmen wollen, welche Motive es in unserem Leben gibt und wie wir das, was uns wirklich antreibt, umsetzen und leben können. Und genau darum geht es in diesem Buch.

Seit meiner Zeit in New York sind einige Jahre vergangen. Ich bin von New York nach Wien gezogen, von Wien nach Boston, nach San Francisco und schließlich wieder zurück nach Wien. Ich habe mein Studium abgeschlossen, habe meinen langjährigen Freund Benjamin geheiratet und mich selbstständig gemacht. Ich habe mich viel mit dem Thema Geschichten und Storytelling beschäftigt und bin mehr als zehn Jahre später Geschäftsführerin meines Unternehmens *All of the Above*. Mit diesem berate ich Firmen zum Thema Storytelling und helfe ihnen bei der Frage: »Wie kann ich meine Geschichte erzählen für Kunden, Mitarbeiter, Partner?«

Aber irgendwann wurde mir klar, dass Storytelling nicht nur für Unternehmen interessant ist, sondern für jeden von uns. Wir alle können Storytelling nutzen, um Ordnung in unser Leben zu bringen, die Ereignisse unseres Lebens in ein Narrativ zu fassen und mit Storytelling unsere Identität zu definieren und besser nach außen zu kommunizieren, wer wir sind. Ich selbst habe erlebt, wie mein Leben aufregender, voller, glücklicher wurde, als ich lernte, durch die Methode des Storytellings besser mit den Menschen in meinem Leben zu kommunizieren und intensivere Beziehungen zu führen.

Storytelling kann uns helfen, uns selbst besser zu verstehen und klarer zu sehen, was uns wichtig im Leben ist.

Inzwischen gebe ich Workshops und Seminare, in denen ich Menschen helfe, ihre eigene Geschichte zu definieren und zu erzählen. Die meisten finden das Thema »Lebensgeschichte« interessant, aber kommen oft mit gewissen Zweifeln oder einer Skepsis in meine Workshops. Oft höre ich Sätze wie:

»Ich habe überhaupt keine Geschichte.«

Oder: »Meine Lebensgeschichte ist nicht interessant genug.«

Oder auch: »Ich weiß nicht, wie ich meine Geschichte erzählen soll.«

Aber: Wir alle haben eine Geschichte. Wir haben bestimmte Erlebnisse, die uns zu der Person gemacht haben, die wir heute sind. Und wir alle können Storytelling nutzen, um unsere eigene Geschichte zu verstehen, zu leben und zu erzählen. Und genau diese Methode stelle ich in diesem Buch vor.

Ich erkläre, wie man die eigene Story definieren, planen, leben und erzählen kann. Denn Storytelling beginnt nicht erst mit dem Erzählen der eigenen Geschichte, sondern damit, dass wir uns mit den Höhen, Tiefen und Wendepunkten unserer Lebensgeschichte auseinandersetzen und überlegen, was uns in Zukunft wichtig ist. Und wie wir eine Struktur in unserem Leben schaffen können.

Als ich mit dreiundzwanzig alleine in New York lebte, wurde mir bewusst, was diese Auseinandersetzung mit der eigenen Geschichte bringt. Wir sehen klarer, was wir eigentlich wollen, welche Beziehungen uns wichtig sind, wie wir leben wollen und wie sich unser Leben in Zukunft entwickeln soll. Und das trifft auf jeden Aspekt unseres Lebens zu - im Berufsleben oder im Privaten. Bei Beziehungen, Freundschaften, Liebesbeziehungen.

Wenn wir uns mit unserer persönlichen Lebensgeschichte auseinandersetzen, dann geht es um Fragen wie: Nach welchen Überzeugungen und Werten will ich leben? Welches Leben will ich haben? Welche wiederkehrenden Muster gibt es in meinem Leben? Welche Motive? Was ist der rote Faden in meiner Lebensgeschichte? Was treibt mich an? Was ist meine Motivation? Was ist meine Perspektive auf das Leben? Was ist meine Story?

Bevor ich mich selbstständig machte, habe ich im Silicon Valley bei einem der größten Technologie-Unternehmen der Welt, beim Salesforce Incubator, gearbeitet. Und auch während dieser Zeit habe ich mich sehr viel mit Storytelling beschäftigt. Was ich dort gelernt habe, war das Prinzip »Story first, product second« - zuerst kommt die Story, als Zweites das Produkt.

Was bedeutet das? Für Unternehmen wie Google, Netflix oder auch Salesforce steht die »Story«, die Geschichte, an erster Stelle. Das heißt, dass viele dieser Unternehmen zuerst eine Geschichte entwickeln und danach erst das Produkt. Die Idee ist, wenn die Geschichte bei den Menschen ankommt, dann wird auch das Produkt ankommen.

In Europa ist es oft genau andersherum. Hier arbeitet man oft jahrelang an einem Produkt, ist dann irgendwann fertig und sagt: »Jetzt müssen wir jemanden finden, der uns eine Geschichte darum herum entwickeln kann!« Das kann klappen, tut es aber nicht immer - und hat möglicherweise zur Folge, dass Produkte entwickelt werden, die niemand kauft.

Ich finde dieses Prinzip »Story first« unglaublich spannend, und ich habe mich gefragt: Was wäre, wenn wir dieses Prinzip auch für unser Leben anwenden können? Wenn wir zuerst unsere Geschichte entwickeln und planen und danach umsetzen? Was wäre, wenn wir unsere Rolle, die wir in unserer Beziehungsgeschichte, »Familiengeschichte«, einer »Unternehmensgeschichte« einnehmen, aktiv planen und gestalten oder vielleicht auch verändern könnten? Was wäre, wenn wir unser Leben und unsere Idee, wer wir sein wollen, zuerst definieren und dann leben?

Was wäre, wenn wir mehr Höhepunkte oder Magic Moments in unser Leben lassen könnten? Und nicht zuletzt: Was wäre, wenn wir herausfinden, was uns im Leben wirklich antreibt? Was unser Motor ist und wie wir das, was uns antreibt, auch jeden Tag leben könnten, gemeinsam mit den Menschen, die uns wichtig sind?

Natürlich gibt es etliche Dinge im Leben, die nicht planbar sind: Unfälle, Krankheiten, Schicksalsschläge, ein Virus, der die gesamte Welt auf den Kopf stellt. Aber auch glückliche Zufälle, Bekanntschaften, Jobangebote. Selbst wenn viele Dinge in unserem Leben nicht planbar sind, können wir trotzdem entscheiden, wie wir darauf reagieren wollen und wer wir zum Beispiel in Krisensituationen sein wollen. Auch das bedeutet, unsere eigene ganz persönliche Geschichte zu leben. Und genau dabei kann uns Storytelling helfen.

Storytelling hilft uns:

- Die Autorin oder der Autor unseres Lebens zu werden und unsere Geschichte zu planen, zu definieren und in die Hand zu nehmen.
- Zu verstehen, was uns antreibt und wirklich wichtig ist.
- Zu erkennen, welchen Beitrag wir in unserer Community haben können.
- Intensivere Beziehungen mit den Menschen einzugehen, die uns am Herzen liegen, und neue Beziehungen in unser Leben zu lassen.
- Soziale Verbindungen zu pflegen und mit Storytelling die vielen alltäglichen Begegnungen besser zu machen.
- In Krisenmomenten anzuhalten und zu entscheiden, wie wir darauf reagieren wollen.

Ich habe selbst erlebt, welche positiven Veränderungen sich ergeben, wenn man sich mit der eigenen Story auseinandersetzt. Wenn wir ein Narrativ für unser Leben finden, hilft uns das, die Erlebnisse besser einzuordnen und zu verarbeiten. Wir können die Werte, die uns wichtig sind, jetzt und hier neu definieren und uns auf die Aspekte konzentrieren, die unser Leben glücklicher machen. Die Möglichkeit, die eigene Geschichte zu planen und die Autorin oder der Autor seiner eigenen Lebensgeschichte zu sein, gibt uns die Chance, eine gewisse Kontrolle über unser Leben zu erlangen. Storytelling ermöglicht es uns auch, auf unvorhergesehene Ereignisse zu reagieren, indem es uns erlaubt, unsere Möglichkeiten zu formulieren, zu planen und unsere Geschichte selbst in Zeiten von Krisen und Einschränkungen zu leben.

Und das ist unglaublich wichtig und empowering. Wenn man seine eigene Story kennt, ist man selbstbewusster, freier und glücklicher, denn man hat das Leben - in beruflicher, aber auch privater Hinsicht - konstruiert, das zu einem passt.

Das Buch, das du hier liest, ist voll von meinen eigenen Storys und dem Versuch, meine eigene Geschichte zu finden, zu leben und zu erzählen. Vielleicht denkst du jetzt: Das klingt ja schön und gut, aber wie kann mir das helfen, meine eigene Story zu finden?« Oder: »Kann man dieses Storytelling und die Auseinandersetzung mit der eigenen Geschichte überhaupt lernen?«

Absolut! In den USA habe ich jeden Tag gesehen: Storytelling ist kein Naturtalent, das man hat oder nicht, sondern etwas, das man lernen kann. Dieses »Lernen« beginnt in den USA oft schon im Kindergarten, wo schon Vierjährige lernen, ihre Story zu erzählen. Bereits in jungen Jahren setzen sich Kinder mit ihrer Geschichte in Kurzpräsentationen auseinander und stellen ihr Leben und ihre Story vor (mit Familie, Freunden und Haustieren). Auch in der Schule und im Studium ist Storytelling ein fester Bestandteil des Curriculums. Dahinter steckt die Überzeugung, dass Storytelling - zu großen Anteilen - auch ein Handwerk ist, das man lernen kann.

Diese Überzeugung teile ich: Jeder von uns kann Storytelling lernen und jeder kann seine eigene, ganz persönliche Story definieren, leben und erzählen.

Warum das jeder kann? Weil niemand von uns bei null anfängt, sondern wir alle bereits eine Geschichte haben. Es kommt nur darauf an, was man daraus macht.

Ich hoffe, dass dich dieses Buch inspiriert, deine eigene Story zu finden, ganz egal, wo du gerade bist: in Berlin, Köln, Frankfurt, im Himalaya, in New York oder Quadrath-Ichendorf.

Wenn du deine persönliche Geschichte definierst, wirst

du klarer sehen, was dir im Leben insgesamt wichtig ist. Beruflich oder privat, romantisch, freundschaftlich, kreativ. Du wirst neue Möglichkeiten sehen und eine Big-Picture-Perspektive auf dein Leben bekommen. Du wirst neue Freundschaften schließen und dir einen Raum schaffen, in dem du dem nachgehen kannst, was dich glücklich macht.

Jeder kann die Strategien, die ich an mir selbst erprobt und in diesem Buch aufgeschrieben habe, nutzen. Wo auch immer du gerade bist, du bist am richtigen Punkt, um damit zu beginnen.

Kapitel 1

Eisbären, New York *oder* Wie ich lernte, meine Story zu erzählen

New York, Juli 2007

Das erste Mal, dass mir bewusst wurde, dass ich keine Ahnung hatte, wie ich meine eigene Geschichte erzählen sollte, war in einem Sammeltaxi. Gemeinsam mit zehn Touristen saß ich in einem klapprigen SuperShuttle-Bus, der Leute vom Flughafen zu ihren Hotels oder Wohnungen in New York brachte. Ich war dreiundzwanzig und in den letzten Wochen und Monaten hatte ich Hunderte Seiten Bewerbungsunterlagen geschrieben, Aufnahmegespräche für Stipendien geführt und Sprachtests gemacht. Alles, um hier zu sein. In New York.

»Was ist deine Story?«, hatte der gut gelaunte SuperShuttle-Fahrer mich gefragt. Und hinzugefügt: »Wie eine Touristin siehst du nicht aus!«

Was war meine Story? Ich überlegte. Normalerweise war ich selten um eine Antwort verlegen, aber jetzt fiel mir nichts ein. Ich hatte noch nie über diese Frage nachgedacht.

Der Bus ratterte und fuhr schwungvoll über ein Loch in der Straße. Hinter mir schrien die texanischen Touristen auf. Neben uns wurde gehupt. Hinter mir wurde gebetet. Der Fahrer, ein gut gelaunter Typ mit langen Dreadlocks, der in einem Wahnsinnstempo über die Autobahn hinwegpeste und Kurven nahm, ließ sich davon nicht beirren und wiederholte seine Frage noch mal: »Was ist deine Story?«

Was war meine Story? Ich hatte zum einen keine Ahnung und zum anderen hatte ich Todesangst. Bei diesem Fahrstil war ich sicher, niemals in Manhattan, in meinem neuen Zuhause anzukommen.

Hatte ich überhaupt eine Geschichte? Ich war in Deutschland in einem kleinen Dorf aufgewachsen, hatte Abi gemacht, war von daheim ausgezogen, hatte angefangen zu studieren, mich verliebt, mich von meinem damaligen Freund getrennt. War das meine Story? Und war das schon eine Story, auch wenn Hunderttausende Leute genau das Gleiche erlebt haben?

Ich sagte irgendwas von »Studium«, »Deutschland« und »Für drei Monate hier«. Aber ich hatte das Gefühl, eine wirkliche »Story« war das, was ich erzählte, nicht.

Obwohl der Taxifahrer sehr geduldig war und versuchte, alle Informationen über meinen Aufenthalt aus mir herauszuholen, gelang es mir nicht, eine wirkliche Geschichte zu erzählen. Ich stammelte irgendwelche zusammenhanglosen Episoden, die den Taxifahrer mehr verwirrten, als dass sie erklärten, wer ich wirklich war.

Erst viel später wurde mir klar, dass unsere Geschichte viel mehr ist als lose aneinandergereihte Anekdoten aus unserem Leben. Im Prinzip besteht unsere Geschichte aus zwei wichtigen Bestandteilen:

1. Unserer Motivation. Unsere Geschichte erzählt, *warum* wir etwas machen. Sie erklärt unsere Motivation, unseren Antrieb im Leben.
2. Unserer Perspektive. Unsere Geschichte erzählt, *wie wir die Welt sehen*. Sehen wir das Glas halb voll, ganz voll oder nur noch mit einem Schlückchen im Glas? Welche Erlebnisse bringen wir mit, die unsere Perspektive beeinflusst haben?

Damals im Sammeltaxi war mir das noch nicht klar. Das lag daran, dass ich nie gelernt hatte, wie ich meine Geschichte erzählen konnte. Und mich noch nie auf diese Art mit meiner Lebensgeschichte auseinandergesetzt hatte.

Aber genau mit dieser Frage »Was ist deine Geschichte?« wurde ich damals in New York konfrontiert. Nicht nur bei der Höllenfahrt im Sammeltaxi, sondern auch in den nächsten Wochen und Monaten. Denn in meinem neuen Umfeld traf ich jeden Tag Dutzende Menschen, die mir ihre Lebensgeschichte, ihre Motivation und ihre Perspektive auf das Leben kurz und prägnant und oft auch noch lustig erzählen konnten: beim Bäcker, in der Bibliothek, bei Konzerten, im Central Park und sogar in der Kloschlange.

Ich bewunderte das sehr und fragte mich: Wie machen die Leute das? Ich merkte ziemlich schnell, dass dieses Storytelling hier völlig anders als in Deutschland funktionierte.

In Deutschland erzählen wir selbst auf Partys meistens nur die Abfolge unserer Lebensereignisse. Die Frage »Und, was machst du so?« triggert, selbst wenn wir ein Glas Wein in der Hand halten und im Hintergrund laut Musik läuft, immer eine relativ ähnliche Antwort. Wir erzählen, was wir gerade machen, was wir davor getan haben und welchen Abschluss wir wo geschafft haben. Im Prinzip ist unser Storytelling häufig so sachlich und faktengetrieben wie unsere Lebensläufe auf LinkedIn oder Xing.

Aber in New York und beim amerikanischen Storytelling war das anders: Hier ging es nicht so sehr darum, *was* ich gemacht hatte, sondern *warum*. Hier interessierte die Menschen meine Perspektive und meine Backstory, im Prinzip die Geschichte hinter der Geschichte. Die Leute wollten nicht wissen, was ich irgendwann einmal Großartiges geleistet hatte, sondern *wer* ich war. Welche Erlebnisse in meinem

Leben mich zu der Person gemacht hatten, die jetzt vor ihnen stand.

Und ich merkte schnell, dass neben der Motivation und der Perspektive noch eine dritte Sache wichtig war, wenn es darum ging, die eigene Geschichte zu erzählen: Mut.

Es braucht Mut, die wirklichen Geschichten aus unserem Leben zu erzählen. Unsere Gefühle und Schwächen, Motivationen und Ängste zu formulieren und auch Storys zu erzählen, in denen wir vielleicht Mist gebaut haben. Aber auch das kann man lernen.

Ich erinnere mich noch gut daran, dass ich mit dreiundzwanzig Jahren mit dieser neuen Art des Storytellings zu Beginn meiner Zeit in New York völlig überfordert war. Dazu kam, dass mich mein Schulenglisch regelmäßig im Stich ließ und ich schon froh war, wenn die Leute halbwegs verstanden, was ich überhaupt sagen wollte.

Aber ich erkannte auch ziemlich schnell den Vorteil dieser neuen Art des Erzählens: Es war so viel einfacher, emotionale Verbindungen selbst zu völlig fremden Menschen zu knüpfen. Und das fand ich großartig! Als ich einmal verstanden hatte, wie dieses Storytelling funktionierte, war es eigentlich recht einfach. Vor allem, wenn man dabei Deutsch reden konnte.

Mir wurde klar, dass es nahezu unmöglich ist, eine Beziehung zu einem anderen Menschen herzustellen, wenn man die Stationen seiner beruflichen Karriere herunterrattert. Aber wenn man von seinen eigenen Schwächen und Fehltritten erzählt, egal wie verrückt die sind, dann kann man - auch mit schlechten Englischkenntnissen - eine Brücke zu anderen Menschen bauen und auf einer viel persönlicheren Ebene kommunizieren. Und zwar bei allen möglichen Gelegenheiten: in Meetings, beim Familiendinner, in Bewerbungsgesprächen, bei Dates, in der Supermarktschlange, bei virtuellen Meetings in Google Hangouts oder Zoom-Treffen mit Freunden, in WhatsApp-Nachrichten oder Instagram-Posts. Überall können wir Storytelling verwenden.

Was bei dieser Art des Storytellings passiert, ist, dass wir eine Verbindung zwischen unserem inneren Erleben und der Außenwelt herstellen. Und das hilft uns, andere an uns heranzulassen und die Beziehungen einzugehen, die unser Leben aufregend und großartig machen.

Dass Storytelling Verbindungen schafft, wurde mir während meiner Zeit in New York bewusst. In dieser Zeit, in der ich niemanden kannte, waren es diese Storys, die mir halfen, mich in dieser chaotischen, lebensfrohen, lauten, hektischen, reizvollen Stadt zu Hause zu fühlen, Freunde zu finden, mich zu verlieben in Menschen, Ideen, in New York, mich zu öffnen und andere nah an mich ranzulassen. Es waren Storys, die mir halfen, Beziehungen aufzubauen, die so wichtig für unser Glück sind wie die Luft, die wir brauchen, um zu atmen.

Jeden Tag lernte ich Leute mit ganz verschiedenen Lebensentwürfen kennen, die ihre Storys mit mir teilten: vom Deli-Verkäufer, der von Indien nach New York gezogen war und sich ein Leben abseits seiner traditionellen Familie aufbauen und mit dem Menschen zusammenleben wollte, den er liebte. Vom Hausmeister, der mit seiner Frau und seinen fünf Kindern in der Bronx lebte und jeden Tag zwei Stunden in die Stadt pendelte, weil er sich eine näher gelegene Wohnung nicht leisten konnte, und die Zeit in der U-Bahn immer nutzte, um klassische Musik zu hören. Von meiner Mitbewohnerin, die an einer Schule in einem sozialen Brennpunkt arbeitete und die schrecklichsten Geschichten von Gewalt und Kriminalität dadurch verarbeitete, dass sie ihre gesamte Freizeit mit der Planung ihrer Traumhochzeit verbrachte.

All diese Storys erklärten mir etwas über die Motivation und Perspektive dieser Menschen, die ich traf. Und sie gaben mir eine Möglichkeit, über meine eigene Geschichte nachzudenken.

Wenn ich heute gefragt werde: »Was ist deine Geschichte?«, dann kann ich jetzt meine Story erzählen. Und hier ist sie:

Ich bin in meinem Leben oft umgezogen: vom Rheinland nach New York, von New York nach Wien, nach Boston, nach San Francisco und wieder nach Wien. Was mich mein ganzes Leben lang angetrieben hat, ist, neue Storys zu erleben und Menschen kennenzulernen, die mit ihren Storys meine eigene Welt größer machen. Das habe ich erreicht, indem ich an verschiedenen Orten der Welt für längere Zeit gelebt habe und mich so auch langfristig auf eine neue Kultur, eine neue Stadt und neue Begegnungen einließ.

Ich zog damals nach New York, weil dies für mich der Ort zu sein schien, wo *alles* passieren konnte. Und *alles* war genau das, was ich wollte. Ich wollte meine eigene Welt vergrößern, und New York schien mir der perfekte Ort dafür zu sein: Hier war alles neu und aufregend. Die Menschen, die ich traf, die Gespräche, die ich führte, die Themen, über die ich redete, die Partys. Ich hatte das Gefühl, man konnte sogar in der Supermarktschlange stehen oder auf der U-Bahn-Plattform, um jederzeit interessante neue Leute und im besten Fall die Liebe seines Lebens kennenzulernen. Jeder Moment schien alle Möglichkeiten in sich zu tragen.

Diese Vergrößerung meiner eigenen Welt war das, was New York für mich so spannend machte. Und genau deshalb war New York damals der Ort für mich, an dem ich völlig ich selbst sein konnte. Genauso wie ein Eisbär nicht im Kölner Zoo zu Hause ist, sondern in der Arktis, so schien mir damals New York mein natürlicher Lebensraum zu sein. Da, wo ich hingehörte. Meine Arktis.

In etlichen Filmen und Büchern gibt es die berühmten Coming-of-Age-Storys. Der Protagonist erlebt irgendetwas, ein signifikantes Erlebnis, das ihn erwachsen werden lässt. Aber weil das Leben kein Film ist, gibt es in unserem Leben nicht nur einen Moment, sondern viele dieser Momente.

In New York habe ich Dutzende dieser Coming-of-Age-Momente gehabt. Als ich mich bei brennender Hitze und ohne Handy auf einem Dach im East Village ausgesperrt hatte und über die Dächer klettern musste, um wieder runterzukommen. Der Moment, an dem ich mich auf einer U-Bahn-Plattform von meinem Freund trennte und wir (wie im Film) gleichzeitig in Züge einstiegen, die in gegensätzliche Richtungen fuhren. Der Moment, als ich um drei Uhr morgens in einen Supermarkt ging, um ein Bed Bug Spray zu kaufen, weil eine Google-Suche eine halbe Stunde zuvor ergeben hatte, dass es sich bei den schwarzen Punkten auf meinem Bett um diese Biester namens Bettwanzen handelte.

Mein Ziel war es damals, so viele Leute mit ganz verschiedenen Lebensentwürfen zu treffen wie möglich. Meine Freunde waren Schauspieler, Tänzer, Kellner, Fallschirmspringer und Menschen, die gerade zwischen verschiedenen Versionen ihrer selbst waren.

Der Versuch, meine eigene Welt größer zu machen und die Geschichten von anderen Menschen zu finden und zu erzählen, zieht sich durch mein ganzes Leben. Das ist meine Motivation.

In San Francisco, wo ich als Chief Marketing Officer eines Start-ups im Salesforce-Incubator arbeitete, interviewte ich Frauen in der Technologiebranche für eine Kolumne in der

Huffington Post, weil ich diese Storys hören und aufschreiben wollte. In Wien organisierte ich mit einem Café einen Event, in dem Besucher aufgefordert wurden, ihre Story zu erzählen und diese für alle anderen sichtbar aufzuhängen.

Aber nicht nur geografisch, sondern vor allem beruflich habe ich mich mehrmals im Leben neu erfunden, bis ich die Story leben konnte, von der ich das Gefühl hatte: »Das ist wirklich meine Story.«

Bevor ich mein eigenes Unternehmen gründete, studierte ich Musik und machte meinen PhD. Aber irgendwas fehlte mir. Ich machte einen Sommer MBA an der Harvard Business School und beschloss, ins Marketing zu gehen. Dann ging eigentlich alles ziemlich schnell: Ich arbeitete bei einem Start-up in der Software-Branche, ich ging ins Silicon Valley, ich lernte, wie große Unternehmen ihre Storys erzählten.

Ich liebte das Umfeld und die Geschichte des Silicon Valleys, die eine Geschichte des Neuen ist: davon, sich selbst ständig neu zu erfinden. Eine Story, die immer ein Ziel hat: die Zukunft. Aber irgendwie hatte ich hier das Gefühl, ich war zwar schon nahe dran an meiner Geschichte, aber eben noch nicht ganz da. Ein paar Monate nachdem ich aus dem Silicon Valley wieder zurück nach Wien gezogen war, kündigte ich meinen Job und machte mich selbstständig. Ein paar Wochen nachdem ich mich selbstständig gemacht hatte, wurde ich vom California Diversity Council zu einer der Top 50 Most Powerful Women in Tech gewählt.

Und meine Perspektive? In New York war ich erwachsen geworden. Und mir wurde bewusst, dass jedes Erwachsenwerden und jede Entwicklung, die wir durchmachen, gewissermaßen ein Ausbrechen ist. Ich bin immer wieder ausgebrochen aus einer Welt, die mir zu eng geworden war. Weil die Idee von der Person, die man sein könnte, größer wird.

Irgendwann wird das Küken zu groß für sein Ei und es schlüpft. Irgendwann wird die Welt, die man kennt, zu klein und man muss sich eine Welt suchen, die größer ist. Das ist ein Prozess, der immer wieder in unserem Leben stattfindet, unabhängig davon, wie alt wir sind. Und sich darauf einzulassen, erfordert Mut.

Auch wenn ich viele Dinge gemacht habe, die viele Menschen vielleicht als mutig beschreiben würden, habe ich mich selten mutig gefühlt. Aber meine Angst hatte nie das letzte Wort. Vielmehr war es etwas anderes, das mich antrieb: Neugier, Entdeckerfreude, Abenteuer. Selbst wenn ich Angst hatte, war meine Neugier meistens größer. Und irgendwie hatte ich dieses Gefühl, dass mich diese Erfahrungen zu der Person machen würden, die ich sein wollte. Mutig. Offen für neue Erfahrungen, Abenteuer, Storys.

Das ist meine Story.

Warum in den USA schon Vierjährige lernen, ihre Story zu erzählen

Während meiner Zeit in New York habe ich drei Dinge über Storytelling gelernt:

1. Jeder kann dir seine Lebensgeschichte in zwei Minuten erzählen (und es ist unterhaltsam!).
2. Storytelling ist ein Social Skill, das kein Nice-to-Have ist, sondern von jedem erwartet wird.
3. Schon Vierjährige lernen im Kindergarten, ihre Story zu erzählen.

Als ich damals in New York lebte, unterrichtete ich an einer deutschen Schule und lernte dort: Hier können schon die ganz Kleinen ihre Geschichte erzählen. Das liegt daran, dass in den USA Storytelling gesellschaftlich gelebt wird, und das beginnt nicht erst in der Schule oder im Studium, sondern schon im Kindergarten.

Die Idee ist: Wenn man seine Geschichte erzählen kann, kann man besser mit den Menschen um einen herum kommunizieren, und die Auseinandersetzung mit der eigenen Geschichte hilft einem, klarer zu sehen, was man will. Und deshalb wird diese Fähigkeit in den USA von Anfang an mitunterrichtet.

Ich unterrichtete damals jede Woche samstags an einer deutschen Schule. Auch wenn ich ansonsten vollständig in der amerikanischen Kultur angekommen war, redete ich für ein paar Stunden in der Woche plötzlich wieder Deutsch, ich feierte Karneval, Oktoberfest, Nikolaus und den 3. Oktober. Ich unterhielt mich mit Leuten, die genauso große Angst vor Schimmel im Badezimmer hatten wie ich oder davor, dass es irgendwo »ziehen« könnte. Aber doch waren hier ein paar Dinge anders, und eines dieser Dinge war, dass hier schon Vierjährige ihre Story erzählen konnten.

»Ich wohne mit meinen Eltern, meinem Bruder und zwei Katzen zusammen«, erklärte mir eine Schülerin am ersten Tag. »Meine Eltern hatten schon immer Tiere, und vielleicht bekommen wir bald einen Hund aus dem Tierheim. Später will ich Tierärztin werden oder Tiere retten, die krank sind und ein neues Zuhause brauchen.« Viele dieser Kinder konnten mir in wenigen Sätzen ihre Motivation und ihre Perspektive auf das Leben erklären. Besser als in manchem Party-Small-Talk-Gespräch.

Zuerst glaubte ich, das wären Einzelfälle. Ein besonders begabtes Kind. Mit weiteren begabten Geschwistern. Eine sehr gute Klasse. Aber irgendwann war es so auffällig, dass ich eine Kollegin danach fragte.

»In den USA lernen schon die Kleinen im Kindergarten, ihre Story zu erzählen«, erklärte sie mir.

»Schon mit vier Jahren?«, fragte ich verwundert.

»Das geht ganz spielerisch, dass hier Storytelling-Skills vermittelt werden. Aber Vierjährige lernen so Mini-Präsentationen über ihre Hobbys, ihre Haustiere, ihre Familie, ihr Leben zu halten. Die Kinder lernen jedenfalls schon sehr früh, ihre eigene Story zu erzählen.«

Genauso wie malen zu lernen oder den eigenen Namen zu schreiben gehört Storytelling in den USA zu einer Ausbildung dazu.

»Die Auseinandersetzung mit der eigenen Geschichte ist ins Schulsystem integriert: das fängt im Kindergarten an und zieht sich dann bis zur Schule und Universität«, erklärte meine Kollegin.

Aber noch eine Sache fiel mir auf, und die hing eng mit Storytelling und mit dem Mut, die eigene Story zu erzählen, zusammen.

»Wer will denn den Text vorlesen?«, fragte ich eine Klasse von Fünftklässlern an meinem ersten Unterrichtstag.

Ich kannte solche Fragen noch aus meiner eigenen Schulzeit. Fragen wie »Wer will seine Hausaufgabe zeigen?« oder »Wer will das kurz erklären?« führten mit ziemlicher Sicherheit zu vollständigem Schweigen oder gar Erstarren einer ganzen Schulklasse. Wenn man Glück hatte, meldeten sich dann irgendwann immer dieselben zwei Leute.

Aber hier war das anders. Auf meine Frage hin schossen alle Hände in die Höhe, was mich völlig verwirrte. War das ein Trick? Oder war das in dieser Klasse normal, dass man einen Text vorlesen *wollte*? Die Hausaufgaben vortragen *wollte*?

Zuerst dachte ich, mein Erlebnis wäre eine Ausnahme gewesen, aber in jeder anderen Klasse erlebte ich an diesem Morgen das gleiche Phänomen.

Als ich in der Pause mit einer anderen Kollegin darüber sprach, meinte die: »Die Kinder *wollen* sich präsentieren, dabei sein, zeigen, was sie gelernt haben.«

Die deutsche Zurückhaltung, die ich noch in meiner Schulzeit erlebt hatte, hatte es nicht über den Atlantik geschafft. Im Gegenteil: Hier hatten die Schüler das Erzählen gelernt, sie konnten ihre Story erzählen und wollten sich mitteilen. Sie wollten ihre Perspektive und Geschichte mit anderen teilen. Das war etwas, das ich bis dahin nicht kannte.

Bescheidenheit war mir und meiner Generation früher noch als Tugend verkauft worden. »Bloß nicht auffallen«, »Bloß nichts Besonderes sein wollen«, »Sich nicht zur Schau stellen« - das waren Grundsätze, die unsere Gesellschaft lange Zeit prägten und die dazu führten, dass sich niemand meldete, wenn es hieß: »Wer will den Text vorlesen?«

Wir müssen daher vielfach nicht nur lernen, *wie* wir unsere Geschichte erzählen können, sondern uns auch bewusst machen: Unsere eigene Geschichte ist wichtig. Das, was wir persönlich erleben, ist es wert, erzählt zu werden. Die Welt braucht unsere Geschichten.

Jeder von uns erlebt Geschichten im Leben, die uns zu der Person machen, die wir heute sind. Und die sind es wert, erzählt zu werden.

Das habe ich damals von den Vierjährigen an der German School gelernt.

Wie sollen wir unsere Geschichte erzählen können, wenn wir es nie gelernt haben?

Als ich in New York lebte, habe ich mich oft gefragt, warum es mir eigentlich so schwerfiel, meine eigene Story zu erzählen. »Woher sollst du denn wissen, wie du deine Geschichte erzählen sollst, wenn du es nie gelernt hast?«, meinte meine New Yorker Mitbewohnerin Janan damals, als ich mich mit ihr darüber unterhielt.

Das war ein guter Punkt. Und heute weiß ich: Die Fähigkeit, Geschichten und auch die persönliche Geschichte zu erzählen, ist etwas, das man lernen muss. Niemand würde auf die Idee kommen, dass man intuitiv Tennis spielen kann. Oder Schach. Aber Storytelling gilt immer noch als »Talent«, das man entweder hat oder nicht. Dabei muss man Storytelling genauso lernen wie alles andere.

Deutlich wurde mir das bewusst, als ich etliche Stunden am Küchentisch in meiner New Yorker WG saß, um meine Bewerbung für ein Studium in den USA zu schreiben. Denn hier ging es darum, meine eigene Geschichte zu erzählen. Der wichtigste Teil einer Bewerbung sind nämlich nicht die Zeugnisse oder Noten, sondern ein sogenannter »Personal Essay«. Wenn der gut ist, dann kann das jeden Notendurchschnitt retten oder auch im Umkehrschluss: Ist der Personal Essay schlecht, dann hilft auch ein Einser-Abschlusszeugnis nichts.

In diesem Essay geht es darum, die eigene Geschichte zu beschreiben und zu erklären: Wie bin ich zu der Person geworden, die ich jetzt bin? Welche Erlebnisse haben mich geprägt, was ist meine Sicht auf das Leben? Was ist meine Story?

Mir ist diese Bewerbung damals unglaublich schwergefallen, weil ich so etwas noch nie gemacht hatte. Ich hatte keine

Ahnung, wie ich auf zwei Seiten erklären sollte, wer ich bin und welche Ereignisse mich zu dem Menschen gemacht hatten, der ich war. Zuerst versuchte ich daher diese Aufgabe auf akademische Weise zu lösen. Das heißt, ich beschrieb, warum ich mein Studium gewählt hatte, welche Themen mich interessierten und welche Ideen. Aber darum ging es nicht. Es ging nicht darum, über die *Themen* zu sprechen, die mich interessierten. Es ging um *mich*. Um meine persönliche Story. Aber genau das war mein Problem.

In der Schule hatte ich nie gelernt, meine Story zu erzählen. Auch nicht an der Uni. Storytelling und die Auseinandersetzung mit der eigenen Geschichte spielten damals keine Rolle. Im Gegenteil: Es ging immer darum, sich auf das Fachliche zu beschränken. Und daran scheiterte ich am US-amerikanischen Uni-System, denn hier war das *Persönliche* gefragt.

Ich weiß noch, dass ich während meiner Schulzeit mehrfach aufgefordert wurde, doch das »Ich« in meinen Aufsätzen wegzulassen.

»Rebecca, es geht hier nicht um dich, sondern um Effi Briest«, erklärte mir mein Deutschlehrer in der zwölften Klasse. »Du musst nicht in jedem Satz schreiben, ›Ich finde, dass ...‹ oder ›Ich glaube, dass ...‹. Das Wichtige ist hier doch: ›Was glaubt der Autor?‹«

Ich war siebzehn und hatte keine Ahnung, was Theodor Fontane sich 1894 beim Schreiben von *Effi Briest* gedacht hatte. Das Einzige, was mich an diesem Buch interessiert hatte, war, was wirklich in dieser Kutsche stattgefunden hatte, aber genau das hatte Fontane ausgelassen.

Ich hatte damals keine gute Antwort für meinen Deutschlehrer. Aber dafür habe ich jetzt eine. Die Perspektive, das »Ich«, ist das Allerwichtigste. Die Perspektive ist das, was uns voneinander unterscheidet und was wir von anderen lernen können. Die Perspektive ist der Grund, warum wir Bücher lesen. Und Filme gucken. Podcasts hören. Uns mit Freunden unterhalten und mit Fremden und mit unseren Verwandten. Mein Deutschlehrer lag falsch: Das »Ich« ist extrem wichtig.

Die Themen, über die wir jeden Tag nachdenken: Arbeit, Liebe, Sex, Wohnungen, Müll rausbringen - das sind Themen, die uns alle beschäftigen. Die Themen an sich sind nicht das Spannende, das Spannende ist die Perspektive. Das Besondere ist das »Ich«. Und das bringt jeder von uns mit.

Jeder, der *Effi Briest* liest, liest ein anderes Buch. Auch jeder, der dieses Buch hier liest, wird ein anderes Buch lesen und sich das herausziehen, was für sie oder ihn spannend ist. Das liegt daran, dass jeder von uns unterschiedliche Erfahrungen gemacht hat und seine eigene Perspektive mitbringt. Abhängig von dieser Perspektive verändern sich auch die Bücher, die wir lesen und was wir in ihnen lesen. Was, wenn nicht das, ist interessant für einen Deutschunterricht?

Wenn ich Deutschlehrerin wäre, würde mich genau das interessieren: »Welches Buch liest du? Womit identifizierst du dich? Wo siehst du dich wieder? Wie hängt das mit deiner eigenen Erfahrung zusammen?«

Für alles andere gibt es Wikipedia.

Als ich mich damals für ein Studium an einer Universität in den USA bewarb, hatte mir das gefehlt: der Mut, meine eigene Story zu erzählen, und meine Perspektive als damals Dreiundzwanzigjährige. Das Fachliche schien mir im Vergleich dazu einfach zu sein. Sicherer. Da kannte ich mich aus. Und ich konnte mich hinter meinem Fachwissen verstecken. Aber letztlich machte es auch viel weniger Spaß.

Janan half mir in vielen Nächten, in denen wir am gemeinsamen Küchentisch im East Village saßen, meinen Personal Essay zu schreiben.

»Die Leute wollen deine Story erfahren, irgendwas, das überraschend ist«, erklärte sie.

»Ich habe das aber noch nie gemacht!«, sagte ich. »Ich weiß nicht, wie ich meine Story erzählen soll.«

»Das macht nichts. Fang einfach damit an, du kannst es doch einfach jetzt zum ersten Mal machen.«

Was ich an der Kultur in den USA liebe, ist diese »Can-do«-Einstellung. Es macht nichts, wenn man heute noch nicht weiß, wie Dinge funktionieren, denn man kann sie bis morgen lernen. Die amerikanische Story ist: Man kann *alles* lernen! Es gibt für alles ein Buch, eine App, ein YouTube-Tutorial, du musst nur jemanden fragen oder deine Probleme googeln, du musst einfach damit anfangen. Du kannst alles lernen! Das Gleiche gilt auch fürs Storytelling: Jeder kann es lernen. Storytelling ist für jeden möglich. Ohne teures Equipment, ohne Vorwissen, ohne langes Vorbereiten. Du musst nur beginnen.

Wie Storytelling uns helfen kann, unser Leben zu planen

Während meiner Zeit im Silicon Valley habe ich gelernt, dass die Auseinandersetzung mit der eigenen Story eines der wichtigsten Dinge für Unternehmen wie Google, Netflix und Co. ist. Die Geschichte ist nicht nur ein Nice-to-have, sondern hat unglaubliche strategische Relevanz. Die Frage »Was ist eigentlich meine Story?« hilft Unternehmen, wichtige Entscheidungen zu treffen und zu sehen: Wo wollen wir eigentlich in Zukunft hin?

»Die Story steht für viele Unternehmen an erster Stelle, sie ist der strategische Startpunkt«, hat uns einmal eine Investorin in einem Lunch Talk erklärt. Später lernte ich das Motto vieler Unternehmen kennen: »Story first, product second.« Zuerst wird die Story entwickelt, dann erst das Produkt.

Unternehmen wie Amazon lassen als Übung eine Pressemitteilung schreiben, um so diese Fragen zu beantworten: »Was würde über unser Produkt in den Medien stehen? Wie würden wir und Journalisten über dieses Produkt reden?« Diese Übung hilft Unternehmen, zu überlegen: »Gefällt mir das, was ich da lese, überhaupt? Ist es relevant? Will ich diese Story überhaupt erzählen?« Die Idee hinter dieser Methode: Weiß man, was die eigene Story ist, dann weiß man, wohin man will. Kennt man die Story, weiß man, was man seinen Kunden, Mitarbeiterinnen und Partnern erzählen will.

Und das gilt nicht nur für Unternehmen, sondern für jeden von uns. Die Methode des Storytellings kann uns helfen, unser Leben und unsere Geschichte zuerst zu planen. Wenn wir unsere Story kennen, können wir klarer sehen, was unsere nächsten Schritte sind. Auf beruflicher und privater Ebene. Nach welchen Lebensprinzipien und Motto wir unser Leben ausrichten wollen. Was uns wichtig ist und welche Menschen Teil unserer Story sind. Auch für diese Methode gilt in abgewandelter Form: erst die Story, dann das Leben.

Das trifft besonders in Krisenzeiten zu und kann uns gerade dann helfen, ein Gefühl von Kontrolle zurückzuerlangen. In Situationen, in denen unsere eigenen Möglichkeiten eingeschränkt sind, können wir unsere Story aktiv planen, um unser Leben wieder neu zu ordnen.

2020 wurde durch die Pandemie unser Leben völlig auf den Kopf gestellt. Ausgangssperren, Social Distancing und kollektive Reiseeinschränkungen haben Einfluss darauf gehabt, wie wir leben, arbeiten, Sport machen. Aber auch in Krisenzeiten kann einem Storytelling helfen, anzuhalten und die eigenen Möglichkeiten auszuloten und zu entscheiden, wie wir durch diese Krise gehen wollen.

Storytelling für unser Leben kann uns helfen, unser Leben zu ordnen und Kontrolle über unsere Lebensgestaltung zu gewinnen.

Bin ich in der falschen Story?

Manchmal kommen Teilnehmer aus meinen Workshops zu mir und erzählen mir, dass sie das Gefühl haben, in einer falschen Story zu leben. Dass sie ein Leben führen, in dem sie - aus welchen Gründen auch immer - nicht mehr der Autor ihrer Geschichte sind. Oder aber ein Leben haben, das nicht mehr zu ihnen passt, aus dem sie gewissermaßen herausgewachsen sind.

Ich sage dann immer: »Es ist ganz normal, dass wir manchmal in der falschen Story leben.«

Es gibt äußere Umstände, in die wir hineingeworfen werden, die es schwieriger machen, unsere eigene Story zu leben. Oder wir treffen Entscheidungen, die eigentlich nicht zu uns passen oder unsere Werte und Perspektive nicht repräsentieren.

In meinem Leben habe ich oft Storys gelebt, die nicht meine eigenen waren. Mit sechzehn, als ich ein Praktikum in einem OP-Saal gemacht habe, obwohl ich gar kein Blut sehen konnte und die Hälfte der Zeit entweder ohnmächtig oder kurz vor einer Ohnmacht war. Oder als ich für drei Monate

Kirchenmusik studierte oder in den letzten Monaten in meinem Job bei Salesforce aus meiner Rolle irgendwie herausgewachsen war.

Ich lebte in einer großartigen Wohnung in San Francisco, von der man einen Blick auf ganz Downtown hatte und abends vom Balkon aus die Lichtershow auf der Bay Bridge genießen konnte. Aber irgendwas fehlte mir. Ich war Chief Marketing Officer in einem Unternehmen, das ein Produkt für Fehlererkennung in Software verkaufte. Und ich fragte mich schon seit einiger Zeit, ob das das war, was ich im Leben machen wollte. Ob das wirklich *meine* Story war. Oder ob ich in der falschen Story lebte.

Jeden Tag traf ich Menschen, die die Welt ein kleines bisschen besser machen wollten und an den Produkten der Zukunft arbeiteten. Menschen, die der Zeit vielleicht fünf Minuten, vielleicht auch nur einen Moment oder einen Atemzug voraus waren. Ich hingegen fühlte mich, als wäre ich für alles immer eine halbe Stunde zu spät. Ich lebte eine Version von mir selbst, die in der Vergangenheit verhaftet war. Mit Werten und Vorstellungen und einem Lebensentwurf, über den ich eigentlich schon hinaus war. Dabei wollte ich doch auch in der Zukunft leben! Doch mein Leben war nach einem Motto ausgerichtet, das irgendwie nicht zu mir zu passen schien. Das Motto lautete: »Hauptsache, sicherer Job!«

Das war eine Story, die mir immer wieder erzählt worden war: von Freunden, Kollegen, Familie, der Gesellschaft. Eine Geschichte, die ich mir lange selbst erzählt hatte. Aber war das wirklich auch *mein* Motto? War das meine Story?

Die Story, die ich mir in San Francisco erzählen konnte, gefiel mir nicht. Und ich fragte mich: Welche Story will ich nicht nur *erzählen*, sondern auch *leben*? Was würde das bedeuten? Welche Veränderungen müsste ich machen? Müsste ich mein gesamtes Leben umstürzen? Und Storys wieder aufrollen, die ich seit Wochen, Monaten und manchmal Jahren vernachlässigt hatte? Die Story, warum ich seit Jahren nicht mehr Auto fahre? Die Story über meine Gesundheit, über Geld, Liebe, Beziehungen, Freundschaften, meinen Job? Was würde es bedeuten, meine eigene Story zu leben? Und wer wäre nicht nur einfach in meiner Story, sondern so richtig Teil davon?

Mir wurde damals in San Francisco klar, dass es ganz normal war, dass man mal in der falschen Geschichte landete. Oder aber auch in einer richtigen Geschichte war, aus der man aber irgendwann herauswuchs. Das ging nicht nur mir so, sondern vermutlich ging es jedem irgendwann im Leben mal so.

Aber diese Punkte, an denen man realisiert: »Moment mal, ich bin irgendwie in der falschen Story«, sind unglaublich wichtig. Es sind Punkte, an denen man die Chance hat, etwas zu verändern und die unsere Story vorwärtsbringen. So war das auch bei Alfred Nobel.

Alfred Nobel, der Stifter und Gründer des berühmten Nobelpreises, war jemand gewesen, der lange Zeit die falsche Story gelebt hatte. Bevor Nobel die berühmte Stiftung gründete, war er Sprengstoffproduzent gewesen. Und las eines Morgens irrtümlich seine eigene Todesanzeige in der Zeitung (sein Bruder war gestorben, und der Journalist hatte die beiden verwechselt), in der Nobel als »Kaufmann des Todes« bezeichnet wurde. Dies schockierte ihn so sehr, dass er beschloss, von da an sein Leben zu ändern. Er gründete in den verbleibenden acht Jahren seines Lebens die Stiftung, die Preise in Physik, Chemie, Biologie, Literatur und Frieden vergibt. Seine Idee war, dass die Naturwissenschaften Krankheiten heilen konnten und die Literatur Vorurteile, der Friedenspreis diente der Abschaffung von Heeren. Alfred

Nobel hatte seine Story verändert. Und hatte begonnen, eine andere Story zu leben.

In den nächsten Monaten überlegte ich, was das für mich bedeuten konnte, meine Story zu leben und mein Leben in die Hand zu nehmen.

Was ist deine Perspektive?

Wenn wir unsere eigene Geschichte erzählen, dann geht es dabei nicht nur um unsere Motivation, also warum wir die Dinge machen, die wir machen, sondern auch um unsere Perspektive auf die Welt und unser Leben.

Aber was bedeutet Perspektive eigentlich? Das Wort stammt von dem lateinischen *perspicere* und bedeutet »hindurchblicken« oder »hindurchsehen«. Wir sehen von einem bestimmten Punkt aus auf unser Leben. Oder auf das, was gerade vor uns liegt.

Stell dir einfach mal vor, du bist in deinem Wohnzimmer: Je nachdem, ob du auf der Couch oder am Wohnzimmertisch oder auf dem Fußboden sitzt - du siehst jedes Mal etwas anderes. Du hast einen anderen Blickwinkel und du hast eine andere Perspektive. Vielleicht siehst du von der Couch aus die Fenster, die in einen Innenhof gehen. Vom Wohnzimmertisch aus siehst du die Wand mit Fotos von deinen letzten Urlauben. Und wenn du auf dem Teppich sitzt, siehst du vor allem die großen grünen Zimmerpflanzen. Von jedem dieser Punkte hast du eine andere Perspektive und nimmst andere Dinge wahr, ohne dass sich irgendetwas in deinem Wohnzimmer verändert hätte.

Genauso wie sich unsere Perspektive auf unser Wohnzimmer verändert, je nachdem, wo wir uns gerade befinden, so können wir auch mit unterschiedlichen Perspektiven auf unsere Lebensgeschichte blicken. Und immer wenn wir unsere Perspektive ändern, sehen wir etwas anderes.

Zwei sehr unterschiedliche Perspektiven, die sich durch unsere westliche Kultur ziehen, sind die Story vom American Dream und der Leidensmythos. Du kannst diese beiden Perspektiven wie die beiden Enden einer Skala sehen, dazwischen gibt es viele Graustufen. Aber mir persönlich hat es geholfen, mir bewusst zu machen, wie diese beiden kulturellen Narrative auch mein Leben beeinflusst haben.

Fangen wir einmal mit dem Leidensmythos an:

Eines der prägenden Narrative in der westlichen Welt ist der Leidensmythos, der sich von Aristoteles über Jesus bis zu Thomas Mann spannt. Die Story geht so: Man kommt auf die Welt, um zu leiden, und irgendwann wird man erlöst. Zumindest wenn man sich genug angestrengt hatte. Ein konkretes Beispiel dazu ist die Geschichte von Jesus: Jesus ist auf die Welt gekommen, hat für uns gelitten, ist gestorben, und nach drei Tagen ist er auferstanden.

Von diesem Leidensmythos gibt es verschiedene Versionen. Aristoteles glaubte, man müsse als Mann leiden (Frauen kamen bei ihm noch nicht so vor), und Thomas Mann erklärt in *Doktor Faustus* den Leidensprozess eines Künstlers als notwendig, will man große Kunst schaffen.

Was mich lange Zeit am allermeisten störte, war nicht, dass es diesen Leidensmythos *gab,* sondern dass *ich* selbst dieser kulturellen Story folgte. Ich ertappte mich dabei, dass ich oft dachte: Das muss so sein. Wenn man Erfolg haben will, dann muss man da eben durch. Man muss gewissermaßen leiden. Aber stimmte das? Musste man wirklich leiden?

Kulturell so geprägt, hielt ich unbewusst häufig nach dem schwierigsten Weg Ausschau. Aber warum sollte der leichte

Weg schlechter sein? Warum sollten wir nicht auch mal Spaß im Leben haben? Warum musste es immer der Ernst des Lebens sein, der beginnt? Wann begann bitte der Spaß des Lebens? Und wann machte der Ernst mal eine Pause? Nur an Karneval? Nur wenn man gesellschaftlich die Erlaubnis bekam, einmal anders sein zu dürfen?

Als ich vierzehn war, flog ich zum ersten Mal nach New York.

Und ich merkte sofort, hier war irgendwas anders. Den Leuten ging es genauso gut oder schlecht wie in Deutschland. Die Gastfamilie, bei der ich in Upstate New York wohnte, hatte wenig Geld, die Mutter war geschieden, es gab Streit mit dem Vater um das Sorgerecht und die Besuchszeiten - das ganz normale Leben.

Aber statt dem Leidensmythos wurde eine völlig andere Story erzählt: die Story vom American Dream. Es ist die Story, die immer die Zukunft mit einschließt. Eine Story, die besser ist als das, was man gerade hat. Aber die trotzdem greifbar ist und sich nicht erst im Jenseits manifestiert. Eine Story, die man deshalb jetzt schon lebt.

Überall hörte ich plötzlich diese Storys: von meiner Gastmutter, den Nachbarn, Freunden.

»Ich bin Taxifahrer, besuche aber Kurse, um mich selbstständig zu machen und mein eigenes Business aufzuziehen.«

»Ich bin geschieden, aber ich werde irgendwann wieder heiraten und glücklich sein.«

Es waren die klassischen American-Dream-Storys. Vom Tellerwäscher zum Millionär, von der Dunkelheit ins Licht. Alle glaubten fest daran, dass die Zukunft besser wird als die Gegenwart. Und erzählten ihr eigenes Leben nach diesem American-Dream-Modell. Das war unglaublich inspirierend. Alles um mich herum schien auf einen Schlag einfacher zu sein. Der Leidensmythos war weg. Und an seine Stelle war eine gewisse Leichtigkeit getreten.

Was ich damals gelernt habe: Es geht nicht nur um das Erzählen der eigenen Story, sondern das Erzählen hat Einfluss darauf, wie wir die Welt und uns selbst sehen. *Wie* wir unsere Story erzählen, beeinflusst unser Denken. *Wie* wir unsere Story erzählen, gibt Aufschluss darauf, welche Perspektive wir auf das Leben haben. Erzählen wir unsere Geschichte eher American-Dream-mäßig oder nach dem Leidensmythos oder irgendwo dazwischen?

Der Leidensmythos und die American-Dream-Story bieten zwei verschiedene Perspektiven. Aber irgendwann fragte ich mich, ob die Geschichten dahinter eigentlich wirklich so verschieden waren.

»Wir haben in Deutschland die gleichen American-Dream-Storys«, erklärte ich einer Freundin viele Jahre später. »Aber das Interessante ist, wir haben einen anderen Fokus darauf.«

»Wie meinst du das?«, fragte sie.

Wir standen in einer brechend vollen Straßenbahn, und ich musste extrem laut reden, um gegen den Lärmpegel anzukommen.

»Im Prinzip ist auch die Story von Jesus eine American-Dream-Story!«, rief ich. Meine Freundin und weitere Fahrgäste sahen mich an, als hätte ich den Verstand verloren. »Jesus ist gestorben und nach drei Tagen auferstanden. Das ist eine Story, die dem American-Dream-Modell entspricht«, erklärte ich. »Eine Story vom Tod zur Auferstehung, von der Dunkelheit ins Licht.«

»Jesus und der American Dream, so habe ich das noch nie gesehen«, meinte meine Freundin.

»Aber wir in Mitteleuropa haben andere Schlüsse daraus

gezogen«, fuhr ich fort. »Wir haben eine andere Perspektive. Wir müssen erst leiden, um zum Ziel zu kommen. Bei uns ist der Fokus woanders. Bei uns ist der Fokus auf dem Leiden.«

2013 beschloss ich, nicht mehr die Leidens-Story weiterzuleben, sondern den American Dream. Ich war damals gerade wieder aus den USA zurückgekehrt und war irgendwo in Berlin und heulte gegen einen Zaun. Ich hatte keine Ahnung, wo die nächste U-Bahn-Station war und wie ich von hier wieder wegkam. Zu allem Überfluss hatte mein Handy nur noch zwei Prozent Akku. Anstatt auf Google Maps den Weg zur U-Bahn zu suchen, rief ich mit meinen letzten Prozent Benjamin an, dem ich die letzten zwei Stunden unter heftigen Schluchzern schilderte.

Ich hatte ein Treffen mit einer Uni-Professorin gehabt, die mir lang und breit erklärte, wieso meine Entscheidungen, meine Arbeit und mein Lebensentwurf das Allerletzte wären. Und ich - mit der Entscheidung, in die USA zu gehen - ziemlich sicher meine Karriere ruiniert hatte. Dass ich dort Erfolg hatte, sah sie einzig als Ergebnis meines »Exotenstatus«, den man als Deutsche dort eben hätte. Hier würde ich mit meinen Ideen nicht weiterkommen.

Während ich gegen den Zaun heulte und mit Benjamin sprach, war ich nicht nur wütend auf die Professorin, sondern auch sauer auf mich: Wieso hatte ich mich überhaupt auf eine derart toxische Beziehung eingelassen? Und so lange daran festgehalten? Wieso hatte ich gedacht, dass das so sein müsste? Wieso hatte ich diese Leidensgeschichte selbst gelebt?

Ich hatte gedacht, dass ich diese Beziehung, die von Anfang an schwierig gewesen war, hinzunehmen hatte, um Erfolg zu haben. Die Professorin hatte fachlich einen exzellenten Ruf gehabt, und ich hatte mir selbst erzählt, dass ich die persönlichen Schwierigkeiten einfach in Kauf nehmen müsste.

Irgendwann war mein Akku leer gewesen. Rechtzeitig hatte ich noch nach dem Weg zur U-Bahn fragen können, und als die Stationen nun an mir vorbeirauschten, nahm ich mir vor, dass ich zum letzten Mal die Leidens-Story lebte. Ich hatte mir bei der Zusammenarbeit mit der Professorin gedacht: Das muss so sein, das ist der Preis, den man zahlen muss. Aber damit war jetzt Schluss! Ich würde mich auf Beziehungen dieser Art nicht mehr einlassen, ich würde keine eigene Leidens-Story mehr leben. Ich war frei.

Die American-Dream-Story ist eigentlich nichts wirklich Amerikanisches. Es ist ein Story-Modell, das von einer Verbesserung ausgeht. Jeder kann es schaffen, jeder kann vom Tellerwäscher zum Millionär werden. Aber diese Story wirkt immer noch, und zwar über Einkommensgrenzen hinweg. Es ist eine Story, die Menschen prägt, weil sie eine bestimmte Perspektive auf das Leben und die eigene Lebensgeschichte anbietet. Und das verbindet.

Die Story vom American Dream löst keine politischen oder sozialen Missstände. Aber es ist eine Story, die einen *Perspektivenwechsel* schafft und Mut macht. In den Medien werden American-Dream-Storys regelmäßig gefeiert - die Story lebt. Diese Storys gibt es hundertfach: Start-up-Gründer, die mit einer Idee reich geworden sind. Ohne reiches Elternhaus, ohne von Anfang an auf dem Erfolgs-Track zu sein. *From Homeless to Harvard,* heißt eine Biografie, die das Leben einer jungen Frau, Liz Murray, von der Obdachlosigkeit bis zur Elite-Uni schildert.

Auch in San Francisco habe ich diese Storys gehört, etwa als ich Frauen im Silicon Valley für die »Women in Tech«-Kolumne interviewte. Eine dieser Frauen war mehrfache

Start-up-Gründerin und Mitbegründerin der größten Software-Konferenz der Welt. Auch ihr Leben ist ein Beispiel dafür, wie der American Dream heute aussehen kann.

»Ich wurde in einer Wohnwagensiedlung geboren«, erzählte sie mir. »Meine Eltern waren beide Teenager, als sie mich bekamen. 50 Prozent meiner Mitschüler haben die Schule abgebrochen.«

Auf die Frage, wie sie es an die Spitze der Software-Industrie im Silicon Valley geschafft hatte, antwortete sie: »Grit.« Durchhaltevermögen. Aber um durchzuhalten, braucht es eine Perspektive. Und diese Perspektive ist vielleicht das Wichtigste an der American-Dream-Story. Ein Perspektive, die es erlaubt, die eigene Lebensgeschichte und das Hier und Jetzt in einem Narrativ zu verorten.

Take-aways: Worum ging es in diesem Kapitel?

1. Jeder von uns hat eine Geschichte. Aber die ist nicht in Stein gemeißelt, sondern wir können sie selbst in die Hand nehmen und die Autorin oder der Autor unserer Lebensgeschichte werden.
2. Genauso wie eine Geschichte in einem Buch oder wie eine Netflix-Serie, so hat auch unsere Lebensgeschichte verschiedene Kapitel, Höhepunkte, Tiefpunkte und Wendepunkte.
3. Unsere Geschichte besteht im Prinzip aus zwei Bestandteilen:
   - Unserer Motivation: Warum machen wir die Dinge, die wir machen?
   - Unserer Perspektive: Wie sehen wir die Welt?

4. Storytelling ist kein Naturtalent, sondern etwas, das man lernen kann. Dieses Lernen beginnt in den USA oft schon im Kindergarten, wo schon Vierjährige lernen, ihre Story zu erzählen.
5. Story first: Für Unternehmen im Silicon Valley steht die Geschichte an erster Stelle. Das heißt, dass viele dieser Unternehmen zuerst eine Geschichte entwickeln und danach erst das Produkt. Diese Methode können wir auch auf unsere Lebensgeschichte übertragen und unsere Geschichte zuerst planen und dann umsetzen. Also: Zuerst die Geschichte, dann das Leben.
6. Wenn es darum geht, unsere Geschichte zu erzählen, geht es auch um unsere Perspektive, also um die Sicht, die wir auf unser Leben und die Welt haben. Kulturell gibt es verschiedene Geschichten, die zu unserer individuellen Perspektive beitragen. Zwei davon sind der Leidensmythos und die American-Dream-Story. Die eine setzt den Fokus auf das Schwierige im Leben, die andere auf die Zukunft, die immer besser ist als das, was man im Moment hat.
7. Die Story vom American Dream löst keine politischen oder sozialen Missstände. Aber es ist eine Story, die einen *Perspektivenwechsel* schafft und Mut macht.

Kapitel 2

Finde die Höhen, Tiefen und Wendepunkte in deinem Leben

Ich saß auf einem Mini-Balkon in San Francisco, als ich mir überlegte, dass es sich mit unserer Lebensgeschichte im Prinzip genauso verhält wie mit einer Flugreise. Der Himmel war hellblau, und ich konnte über der Bay die Flugzeuge beobachten, die gerade starteten. Ich sah, wie die Flugzeuge an Höhe gewannen, wendeten und irgendwann außer Sichtweite waren.

Auch in unserem Leben gibt es diese Höhen, Tiefen und Wendepunkte. Es gibt Zeiten, in denen man einen Aufschwung hat, andere, in denen man an Flughöhe verliert, und wieder andere, an denen man wenden muss, um ans Ziel zu gelangen. Aber welche waren das in unserer Lebensgeschichte?

Als ich damals in New York für meine Uni-Bewerbung den Personal Essay schrieb, beschäftigte ich mich mit der Frage: Welche Erlebnisse haben mich zu der Person gemacht, die ich heute bin? Ich fand diese Frage damals unglaublich spannend und mir wurde klar: Es gibt diese besonderen Momente, die Höhen, Tiefen und Wendepunkte im Leben eines jeden Menschen, aber ich hatte noch nie wirklich formuliert, welche das eigentlich für mich waren. Welche Momente waren wichtig in meinem Leben gewesen und hatten Einfluss darauf gehabt, wie ich die Welt und mich selbst sehe? Einige von ihnen waren leicht zu benennen - klar zu beschreibende Punkte, an denen sich mein Leben verändert hatte. Aber ich hatte das Gefühl, als müsste es da noch mehr geben, mehr Geschichten, die ich erlebt hatte, aber die im Alltagsstress irgendwie aus meinem Bewusstsein verschwunden waren.

In diesem Kapitel geht es darum, deine eigene Geschichte zu verstehen und die Frage zu beantworten, welche Erlebnisse wichtig für deine Story sind. Wenn man sich die Höhen, Tiefen und Wendepunkte in der eigenen Lebensgeschichte bewusst macht, kann das uns nicht nur helfen, unser Leben besser zu verstehen, sondern wir können auch herausfinden, wie wir unsere Zukunft gestalten wollen.

Gleichzeitig sollen die vielen Geschichten, die es bereits in deinem Leben gibt, hervorgeholt werden. So schaffst du eine Story-Sammlung. Diese kannst du in allen möglichen Situationen nutzen, um mittels Storytelling Beziehungen herzustellen oder auch zu vertiefen, genauso, wie ich das damals in New York erlebt habe. Stell dir deine Story-Sammlung wie eine Kiste vor, die du mit besonderen Geschichten aus deinem Leben füllst und die du hervorholen kannst, wenn du auf einer Party, in einem Meeting oder bei einem Dinner mit Freunden bist. Los geht's!

Mache Mise en place für deine Geschichte

Auch wenn ich selbst eher selten koche, finde ich, dass es doch wenig gibt, das so entspannend ist wie Kochvideos. Aber ich finde es nicht nur entspannend, jemandem dabei zuzusehen, wie er Zwiebeln anröstet, ich finde es auch sehr lehrreich. Aus diesen Kochvideos habe ich nicht nur gelernt, wie ich (zumindest theoretisch) Bœf Bourgignon zubereiten kann, sondern auch, wie ich mein Leben sortieren kann.

Denn genau wie ein gutes Essen beginnt auch jede Story mit einem Plan.

Bevor Profiköche den Herd anschalten, beschäftigen sie sich mit etwas, das sich Mise en place nennt. Wörtlich übersetzt bedeutet es »an den Platz bringen«, und es meint die Vorbereitung des Arbeitsplatzes mit all dem, was man nachher für das Kochen braucht: geschnittene Paprika und Zwiebel, geschmolzene Butter, gemahlener Pfeffer. Alle Zutaten, die man für ein Gericht benötigt, sollen griffbereit neben dem Herd stehen. Das ist *Mise en place*.

Diese Methode ist aber nicht nur hilfreich, wenn es ums Kochen geht, sondern auch, wenn man seine Lebensgeschichte sortieren will. Auf deine Lebensgeschichte übertragen bedeutet das, alle »Zutaten« aus deinem Leben erst einmal aufzuschreiben. Dazu kannst du dir - je nachdem, was du gerade griffbereit hast - einen Stapel Post-its nehmen, ein Notizbuch, lose Blätter oder auch eine Flipchart. Ich persönlich finde Post-its super, weil man die bewegen und Dinge hinzufügen kann, wenn man etwas vergessen hat.

Im ersten Schritt geht es darum, sämtliche wichtigen Erlebnisse aufzuschreiben. Das Ziel dieser Übung ist, sich in Erinnerung zu rufen, was man schon alles gemacht und erlebt hat. In meinen Workshops taucht manchmal die Frage auf: »Habe ich überhaupt eine Geschichte?« Aber wenn ich diese Übung mache, wird plötzlich klar: Wir haben ganz viele Geschichten in unserem Leben. Wir müssen sie uns nur in Erinnerung rufen. Erzählen. Oder auf Post-its schreiben.

Hier sind ein paar Anhaltspunkte, um mit Mise en place die Storys in deinem Leben zu finden:

- Berufliche Meilensteine: Abschlüsse, Studium, Praktika, Jobs, Berufswechsel, Projekte
- Persönliche Meilensteine: Hochzeiten, Kinder, Haustiere
- Neue Begegnungen: Freundschaften, Bekanntschaften, Menschen, die dein Leben verändert und geprägt haben
- Reisen: Urlaube, Umzüge, Wochenendtrips
- Vorbilder: Welche Menschen haben dich beeinflusst, und welche Ereignisse gab es dazu?

Aufgabe: *Mache Mise en place für dein Leben, Schritt 1*
Nimm dir einen Stapel Post-its, eine Flipchart oder deine Notizen-App auf deinem Smartphone und schreibe alle prägenden Ereignisse auf, die dir einfallen. Das ist eine freie Brainstorming-Übung, hierbei kannst du alles notieren, was dir einfällt. Dabei ist es hilfreich, auf die Chronologie der Erlebnisse zu verzichten, erst in einem nächsten Schritt kannst du alles chronologisch ordnen.
Das Ziel dieser Übung ist es, sich Erlebnisse in Erinnerung zu rufen und zu überlegen, aus welchen »Zutaten« deine Geschichte bisher bestand. In den folgenden Kapiteln werden die Erlebnisse dann sortiert.

Als ich diese Übung zum ersten Mal an mir und meiner Lebensgeschichte ausprobierte, saß ich in einer Hängematte auf meinem Balkon in San Francisco und klebte Post-its an der Tür auf. Es war September und der Himmel war hellblau. In der Ferne konnte ich Autos und Segelboote erkennen.

Auf dem Balkon sortierte ich mein Leben mit bunten Post-its.

Ich wollte mir alle »Bestandteile« meines Lebens vor Augen führen, um zu sehen, was ich nachher damit machen, welches »Gericht« daraus entstehen konnte. Aber auch um zu verstehen, welche »Zutaten« ich in Zukunft verwenden und auf welche ich lieber verzichten wollte.

Ich wollte herausfinden: Was waren die Kapitel in meinem Leben? Was war mir in diesen wichtig? Welche Höhe-, Tief- und Wendepunkte gab es in meinem Leben? Welche Menschen waren Teil meiner Story? Welche Ideen, Vorbilder hatte ich im Laufe der Jahre gehabt? Ich wollte mir einen Überblick verschaffen über meine Hobbys und Projekte, über meine Reisen, Freundschaften und Bücher, die mir viel bedeutet hatten. Meine Idee war: Wenn ich verstand, was mir in der Vergangenheit wichtig war, dann wusste ich auch, was ich in Zukunft wollte.

Zuerst schrieb ich alles, was mir aus meinem Leben einfiel, auf kleine, bunte Zettel. Dann ordnete ich diese chronologisch.

Ich finde, es hilft, wenn man zuerst einmal alles aufschreibt, was einem einfällt. Auch wenn dieses vielleicht nur kleine Erlebnisse sind. Dabei macht es auch nichts, wenn man Ereignisse vergisst und diese einem erst später einfallen, man kann jederzeit ein neues Post-it beschriften und dazu hängen.

Nimm dir für diesen Schritt genug Zeit und versuche, dich an so viele Ereignisse wie möglich zu erinnern, die du in Stichworten auf den Post-its notierst. Im nächsten Schritt ordne die Post-its chronologisch oder schreibe Jahreszahlen hinter die Erlebnisse.

Aufgabe: *Mache Mise en place für dein Leben, Schritt 2*
Ordne die Ereignisse auf deinen Post-its chronologisch. Manchmal ist es gar nicht so einfach, sich daran zu erinnern, wann genau etwas stattgefunden hat. Aber ich finde es spannend, zu überlegen, wann was passiert ist.

Teile dein Leben in verschiedene Kapitel ein

So wie ein Buch in verschiedene Kapitel eingeteilt ist, gibt es auch in unserem Leben verschiedene Phasen, die unserem Leben eine Struktur geben. Die Einteilung in verschiedene Kapitel kann uns helfen zu verstehen, welche Entwicklungen es in einer Geschichte gibt, was gleich geblieben ist, was sich verändert hat und was das für unsere zukünftige Geschichte bedeutet.

Ich saß immer noch auf meinem Balkon und fragte mich: »Wie finde ich heraus, in welche Kapitel ich mein Leben einteilen kann und welche Erlebnisse in welches Kapitel gehören?«

Mir waren einige Theorien bekannt, die sich mit Lebensphasen beschäftigten, allen voran die berühmten acht Stufen der psychosozialen Entwicklung des in die USA emigrierten Analytikers Erik H. Erikson. Aber seine Einteilung nach Jahreszahlen half mir nicht sonderlich weiter. Erikson hatte die Zeit zwischen zwanzig und vierzig als eine einzige Lebensphase gesehen, und das erschien mir hinsichtlich meiner eigenen Lebensgeschichte und Einteilung einfach zu lang.

Für mein Leben fand ich eine Ordnung sinnvoller, die relativ unabhängig von meinem Alter war und verschiedene Entwicklungsphasen beschrieb. Ich teilte mein Leben also ein in Kindheit, Teenager-Zeit, Studium, New York-Zeit, Wien-Zeit,

San Francisco. Anstatt mein Alter als Richtwert für diese Einteilung zu nehmen, waren es bei mir Ortswechsel, die die verschiedenen Phasen in meinem Leben definierten.

Für deine Lebensgeschichte müssen das nicht unbedingt Ortswechsel sein, sondern es gibt ganz verschiedene Möglichkeiten, diese in Kapitel zu sortieren. Das können einschneidende Veränderungen, neue Beziehungen, Projekte oder auch Kinder sein.

Es gibt viele Möglichkeiten, unser Leben in verschiedene Phasen einzuteilen. Hier ein paar Vorschläge, wie du die Kapitel in deinem Leben definieren kannst:

- Gab es einschneidende Veränderungen in deinem Leben? Markieren diese das Ende beziehungsweise den Beginn einer neuen Phase?
- Der Wechsel von Schule zum Studium oder vom Studium zum Arbeitsplatz kann den Anfang einer neuen Lebensphase signalisieren.
- Auch ein Arbeitsplatzwechsel kann ein neues Kapitel sein.
- Oder ein Umzug in eine neue Wohnung.
- Der Beginn einer neuen Beziehung.
- Kinder oder auch Haustiere können neue Lebensphasen bedeuten.
- Neue Hobbys oder Projekte.
- Neue Freundschaften.
- Reisen, die unsere Perspektive auf unser Leben verändert haben.
- Es gibt auch kollektive Ereignisse wie die Coronavirus-Pandemie, die für uns persönlich eine neue Phase in unserem Leben bedeuten kann. Kollektive Ereignisse sind gesellschaftliche oder politische Ereignisse, die unser Leben auf irgendeine Weise prägen.

Tipp: Wähle die Phasen in deinem Leben nicht zu kleinschrittig. Stelle dir ein Buch vor, das in verschiedene Kapitel eingeteilt ist. Nur bei sehr wenigen Büchern beginnt auf jeder Seite ein neues Kapitel. Und die Abschnitte in unserem Leben - gerade in jüngerer Vergangenheit - sind vielleicht doch etwas länger, als wir glauben.

Nachdem ich meine Lebensgeschichte in verschiedene Kapitel eingeteilt hatte, fragte ich mich, in welcher Phase oder in welchem Kapitel ich mich gerade eigentlich befand. Vor über zwei Jahren hatte ich mich selbstständig gemacht. Und diese Selbstständigkeit hatte gewissermaßen eine Zäsur für mein Leben bedeutet. Viele Dinge in meinem Leben hatten sich geändert, beruflich, aber auch privat. Ich hatte viele neue Menschen kennengelernt, die mein Leben interessanter, spannender und reicher gemacht hatten.

Dann kam die Coronakrise und bedeutete eine weitere Zäsur in meinem Leben. Die kollektive Story, die wir plötzlich alle erlebten, veränderte die persönliche Geschichte von uns allen und auch meine. Ich arbeitete plötzlich an Corona-Kampagnen für Unternehmen. Meine Speaking-Auftritte wurden zu Online-Events, Meetings zu Videokonferenzen.

Ich hatte das Gefühl, dass diese Krise - wie viele globale Katastrophen - das Leben für uns alle, aber auch für jeden Einzelnen von uns verändern würde. In meiner eigenen Lebensgeschichte markierte nun zum ersten Mal ein geschichtliches Ereignis ein neues Kapitel. Das Leben, das wir vor März 2020 geführt hatten, würde es nicht mehr geben. Die Art, wie wir lebten, kommunizierten, arbeiteten, Sport machten, hatte sich plötzlich verändert. Anstatt nebenan ins Fitnessstudio zu gehen, machte ich Zoom-Yoga mit meinem

Yoga-Lehrer und meinen Freunden in San Francisco. Anstatt bei einem Kunden in London zu sein, kommunizierten wir alle per Videokonferenz. Und am Anfang jeder dieser Gespräche stand immer wieder die Frage: »Wie geht es euch?«

Wie dieses neue Kapitel weitergehen wird, ist nicht genau abzusehen. Aber einige Veränderungen scheinen sich bereits abzuzeichnen: mehr digitales Leben, mehr Video-Calls statt Reisen zu Business-Meetings, mehr Online-Kommunikation, mehr Home-Office, aber auch mehr Kontakt zu den Nachbarn und die Wertschätzung meiner lokalen Community. Und vielleicht eine größere Sensibilität dafür, wie es den Menschen um uns herum geht.

Die Einteilung unserer Lebensgeschichte zeigt uns die Entwicklungen, die es in unserem Leben gegeben hat. Steve Jobs hat einmal gesagt: »Du kannst die Punkte (deines Lebens) nur verbinden, wenn du zurückschaust. Ich finde, beides ist spannend: das Zurückschauen und das Vorausschauen. Die Überlegung, welche Kapitel es in unserer Lebensgeschichte bereits gab, aber auch, was noch kommen wird und wie wir - mit diesem Wissen - unsere Zukunft gestalten können.

Überlege, was dir wichtig war, als du zehn Jahre alt warst

Wir lesen Romane und schauen Serien, um aus den Geschichten von anderen Menschen zu lernen. Aber genauso können wir auch aus unserer eigenen Lebensgeschichte lernen, um zu erkennen: Was war gut? Was hat Spaß gemacht? Was kann ich wiederholen? Was kann ich anders machen?

Die Happiness-Expertin Gretchen Rubin schlägt vor, zu überlegen, was uns glücklich gemacht hat, als wir zehn Jahre alt waren. Ihre Idee: Was uns damals glücklich gemacht hat, macht uns vielleicht immer noch glücklich.

Als ich zehn Jahre alt war, fuhr ich unglaublich gerne mit meinem Mountainbike durch Felder, den Wald und unser Dorf. Wenn ich an diese Zeit denke, dann ist in meiner Erinnerung immer Sommer. Ich fahre mit meinem Mountainbike durch die Natur und das Gefühl einer unglaublichen Freiheit. Am meisten erinnere ich mich an dieses Gefühl.

»Freiheit«, schreibe ich auf ein Post-it und »Fahrrad fahren« und »neue Orte«. Ich habe es schon damals geliebt, meine Umgebung zu erkunden. Auf mich wirken zu lassen. Zuerst war es der Ort, an dem ich aufgewachsen bin, später waren es größere Orte, Städte. Das ist mir geblieben von der Zeit, als ich zehn Jahre alt war. Ich habe damals nicht versucht, neue Orte zu beurteilen. Es gibt auch gar nicht so viel zu verstehen, wenn man zehn Jahre alt ist und am ersten Tag der Sommerferien Fahrrad fährt. Ich wollte einfach das, was ich sah und hörte, auf mich wirken lassen.

Noch heute liebe ich dieses Gefühl, einzutauchen und für einen Moment Teil einer fremden Stadt oder Landschaft zu sein. Völlig abzutauchen und unterzugehen in einer Umgebung, die ich weder verstehen noch bewerten muss. Sondern ich kann in solchen Situationen einfach den Moment genießen.

Vielleicht erinnerst du dich auch an Dinge, die dir mit zehn Jahren Freude gemacht haben. Das können Hobbys, Sportarten sein oder Bücher, die du gelesen hast. Welche dieser Aktivitäten interessieren dich immer noch? Wie kannst du diese umsetzen? Was brauchst du dafür?

Aufgabe: *Was hat dich glücklich gemacht, als du zehn Jahre alt warst?*

Hier ein paar Anregungen, die dir helfen können, diese Frage zu beantworten:

- Welche Hobbys hattest du?
- Welche Sportarten hast du gemacht?
- Welche Bücher hast du gelesen?
- Hast du bestimmte Dinge gesammelt?
- Mit wem hast du Zeit verbracht?
- Welche Aktivitäten (Wandern, Fahrrad fahren, Museum etc.) hast du gemacht?

Was sind deine Red Letter Days?

Nachdem ich mein Leben in verschiedene Kapitel eingeteilt hatte, überlegte ich, welche Wende-, Höhe- und Tiefpunkte es in meinen verschiedenen Lebensphasen gegeben hatte. Auch damit wollte ich erkennen, was zu den Höhen und Tiefen in meinem Leben geführt hatte, wer dabei gewesen war und ob ich aus diesen Ereignissen etwas lernen konnte, das mir für die Zukunft wichtig werden könnte.

Zuerst überlegte ich, welche Red Letter Days es in meinem Leben gegeben hatte. Das schien mir ein leichter Einstieg zu sein.

Red Letter Days sind Tage, die eine besondere Bedeutung für uns haben und die deshalb so heißen, weil die Römer früher wichtige Daten mit roter Tinte in den Kalendern hervorgehoben hatten. Red Letter Days sind also Tage, die man sich rot im Kalendar anstreicht, weil sie wichtig für einen sind. Daten, die man sich merkt, weil an diesen Besonderes passiert ist. Sich an diese Tage zu erinnern, gibt unserer persönlichen Geschichte Bedeutung.

Lasse dir durch den Kopf gehen, welche Tage das in deinem Leben sind. Vielleicht kannst du sie auf Anhieb benennen, aber falls nicht, kann dir vielleicht auch deine Mise-en-Place-Liste weiterhelfen.

Überlege, was du antworten würdest, wenn dich ein Taxifahrer nach deinen Red Letter Days fragen würde. Oder diskutiere deine Red Letter Days mit deinen Freunden oder deiner Familie. Storytelling lebt vom Erzählen und man kann sofort damit anfangen, auch wenn man erst mal nur Teile seiner Story erzählt.

Aufgabe: *Was sind die Red Letter Days in deinem Leben?* Welche Tage hast du dir im Kalender rot angestrichen? Hier eine Übersicht, welche das sein können:

- Hochzeitstage, Kennenlerntage, Geburtstage
- Tage, die das eigene Leben entscheidend verändert haben (zum Beispiel weil man nach einer Krankheit wieder für gesund erklärt wurde).
- Tage, an denen man ein wichtiges Ziel erreicht hat (man hat einen Abschluss gemacht, eine neue Wohnung, ein neues Haus bezogen, berufliche oder persönliche Ziele erreicht).

Einer meiner Red Letter Days ist der 28. September, der Tag, an dem Benjamin mich zum ersten Mal in New York besuchte. Es ist deshalb ein Red Letter Day für mich, weil dieser Besuch ausschlaggebend für unsere Beziehung war. Benjamin, der zum Studieren von Lübeck nach Wien gezogen war, und ich hatten uns ein halbes Jahr zuvor in Wien kennengelernt und uns in einem Uni-Kurs angefreundet.

Ich war damals nur auf der Durchreise in Wien und wusste, dass ich bald wieder abreisen würde. Für eine Beziehung war ich nicht bereit, und ich wollte außerdem unbeschwert in mein neues Leben in New York starten und keine halb angefangene Liebesbeziehung zurücklassen.

Wien - New York erschien mir völlig unrealistisch, und ich hielt es für ziemlich ausgeschlossen, dass man eine Beziehung über eine solche Entfernung führen konnte. Mit schlechter Skype-Verbindung, unterschiedlichen Zeitzonen und Wochen und Monaten, in denen man sich nicht sah. Meine früheren Beziehungen waren an weitaus kleineren Dingen gescheitert als an fast 7000 Kilometern, dem Atlantik und sechs Stunden Zeitverschiebung. Und ich dachte: Das kann nicht klappen!

Aber Benjamin sah das anders. All die Probleme, die ich sah, waren für ihn keine Probleme. Er sah das Big Picture.

Ich hatte mein neues Leben und Studium in New York schon begonnen, als Benjamin seine Eltern anrief und ihnen erklärte: »Ich fliege nach New York! Zu Rebecca!«

»Na, das muss ja die große Liebe sein!«, entgegnete seine Mutter daraufhin mit norddeutscher Nüchternheit.

Aber weder meine Zweifel noch die Sachlichkeit seiner Mutter hielten ihn davon ab, am 28. September nach New York zu kommen. Seitdem ist dieser Tag einer meiner Red Letter Days.

Aber abgesehen von diesen sehr spezifischen Tagen gibt es noch weitere wichtige Ereignisse in unserem Leben, die man nicht unbedingt auf einen bestimmten Tag festmachen kann, aber die die Höhepunkte in unserem Leben bilden.

Was sind die Höhepunkte in deinem Leben?

In fast jeder Geschichte gibt es den großen Höhepunkt, diesen Moment, auf den sich alles zuspitzt. Aber weil unser Leben kein Buch oder Film ist, gibt es in unserem Leben mehrere solcher Höhepunkte.

Einer von ihnen war, als meine Mutter einen Satz sagte, der seitdem in die Sammlung unserer Familienzitate eingegangen ist und auf jedem Familienfest leidenschaftlich gerne zitiert wird. Ich saß damals mit meiner Familie nach einem langen Tag im Auto, als meine Mutter plötzlich rief: »Oh nein, ich glaube, ich habe die Sonnencreme auf dem Kamel vergessen!«

Es war kurz still im Auto, dann mussten wir laut lachen. Wir waren damals auf einer Rundreise durch Indien und hatten den Tag damit verbracht, auf Kamelen durch die Wüste zu reiten.

»Das waren Dromedare«, korrigierte uns Benjamin. »Kamele haben zwei Höcker.«

Aber egal ob Kamele oder Dromedare - meine Mutter hatte die Sonnencreme auf einem dieser Tiere vergessen, und nicht nur dieser Satz war mir in Erinnerung geblieben, sondern der ganze Tag war einer der Höhepunkte in meinem Leben.

Es war die größte Reise, die ich mit Benjamin, meinen erwachsenen Geschwistern und meinen Eltern unternommen hatte, und deshalb einer der besonderen Augenblicke, weil ich gemeinsam mit wichtigen Menschen in meinem Leben eine vielleicht einmalige und außergewöhnliche Erfahrung machen durfte. Meine Geschwister und ich waren ausgezogen, jeder lebte sein eigenes Leben. Aber auf dieser Reise und an diesem Tag waren wir wieder als Familie zusammen. Auf dem Rücken von Kamelen.

Aber die Höhepunkte in unserem Leben müssen nicht unbedingt Momente sein, in denen wir weit weg fahren oder außergewöhnliche Dinge erleben, die man sich nachher als Foto ins Familienalbum klebt. Höhepunkte können manchmal ganz leise daherkommen. Dann etwa, wenn wir Menschen kennenlernen, die unser Leben verändern und besser machen.

Aufgabe: *Was sind die Höhepunkte in deinem Leben?*
Hier einige Beispiele, welche das sein können:

- Kennenlernen von besonderen Menschen in deinem Leben und Momente mit ihnen
- Reisen
- Spannende Projekte
- Erfolgsmomente

Die Höhepunkte in unserer persönlichen Geschichte sind sehr aufschlussreich, weil sie uns zu der Frage bringen, wie man mehr von diesen ins eigene Leben integrieren kann. Wie kann man im Sinne des Silicon-Valley-Mottos: »Story first, product second« diese Höhepunkte aktiv planen? Natürlich kann man es nicht so wirklich planen, einen tollen neuen Freund kennenzulernen, aber man kann Aktivitäten planen, bei dem man neue Leute trifft: Buchclubs besuchen, Sportkurse, sich in lokalen oder Online-Communitys engagieren. Aktivitäten, bei denen man sich regelmäßig sieht und ein gemeinsames Interesse hat, sind die beste Basis für neue Freundschaften und damit für Momente mit großartigen Menschen.

Aufgabe: Überlege, welche Höhepunkte es in deinem Leben gab und welche - vielleicht ähnliche Situationen - du aktiv in deinem Leben planen kannst. Das können auch Reisen sein, neue Freundschaften, Geburtstagspartys. Und weil es beim Storytelling ums Erzählen geht: Rede mit den Menschen in deinem Leben, um die besonderen Momente in eurem Leben. Mit denen, die dabei waren, und mit denen, die vielleicht bei den nächsten Höhepunkten dabei sein werden.

Die Tiefpunkte im Leben

In jeder Geschichte gibt es Tiefpunkte. Im Film ist das der Moment, wo alles zusammenzubrechen droht und der Protagonist plötzlich mit Problemen oder Krisen auf jeder Ebene seines Lebens konfrontiert ist. Diese Tiefpunkte hat vermutlich jeder: gesundheitliche Krisen, Verluste, zerbrechende Beziehungen. Diese Erfahrungen gehören zu unserem Leben dazu, auch wenn wir sie vielleicht am liebsten ausblenden oder vergessen würden. Aber sie haben ebenfalls Einfluss auf unser Leben und sind - unabhängig davon, wie wir sie bewerten - Stationen unserer Geschichte.

Storytelling kann uns helfen, darüber nachzudenken, wie wir diese Tiefpunkte bewerten wollen: Was haben diese Momente nach sich gezogen? Wie erzählen wir diese Tiefpunkte als Teil unserer Geschichte? Wie erzählen wir uns selbst unsere Rolle bei diesen Tiefpunkten?

Wenn man Artikel, Essays oder Biografien aus den USA liest, von Menschen, die Krisen in ihrem Leben überstanden haben, dann taucht oft das Wort »survivor« auf, Überlebender. Man überlebt, man übersteht die Tiefen, Krisen und Krankheiten in seinem Leben. Diese Formulierung finde ich sehr stark: Man erzählt sich die Krisen in seinem Leben nicht als Heldengeschichten, aber auch nicht als Opfergeschichten. Stattdessen ist man ein Überlebender, der durch diese Krisen durchgekommen ist und sie überstanden hat.

Das Besondere für mich ist aber, dass Storytelling helfen kann, die Nuancen von Krisenmomenten zu erzählen. Denn oft sind die Dinge nicht schwarz-weiß, sondern sehr viel komplexer:

- Einem Bekannten von mir wurde gekündigt, er war aber deshalb in der Lage, die letzten sechs Wochen mit seinem todkranken Vater zu verbringen. Eine Zeit, die er sonst nicht gehabt hätte.
- Eine Freund von mir hat eine sehr schwierige, traumatische Beziehung hinter sich, aber hat aus dieser Partnerschaft ein tolles Kind.

Storytelling hilft uns, von einem Schwarz-Weiß-Denken auch in Krisenmomenten wegzukommen und die Schattierungen in unserem Leben wahrzunehmen, zu formulieren, zu erzählen. Was damit letztlich wieder gelingt, ist, dass Storytelling uns hilft, eine andere Perspektive auf die Tiefpunkte in unserem Leben einzunehmen. Wir sehen unsere Geschichte nicht nur schwarz-weiß, sondern auch die Nuancen. Und im besten Fall können wir dadurch in den dunklen Momenten noch Schimmer von Glück wahrnehmen.

Aufgabe: Welche Tiefpunkte gab es in deinem Leben? Überlege, welche Tiefpunkte es in deinem Leben gab und wie du diese bewertest. Wie ist deine Perspektive auf diese Erlebnisse heute? Gibt es Möglichkeiten für dich, in diesen Tiefpunkten Nuancen und Komplexität zu sehen?

Finde die unsichtbaren Wendepunkte in deinem Leben

Genauso wie in einer Geschichte gibt es in unserem Leben aber nicht nur Höhen und Tiefen, sondern auch Wendepunkte. Erlebnisse und Momente, durch die sich unser Leben ändert. Das können Schul- und Uni-Abschlüsse sein, neue Jobs, neue Wohnorte oder neue Beziehungen.

Wenn ich meine eigene Geschichte betrachte, gibt es in ihr die offiziellen oder formalen Wendepunkte, aber auch die weniger sichtbaren. Erlebnisse, die scheinbar keine Spur in unserem Leben hinterlassen, aber unsere Perspektive verändern. Erlebnisse, nach denen wir irgendwie anders durchs Leben gehen.

Wenn du deine Notizen von der Mise-en-place-Übung ansiehst: Was sind die offiziellen Wendepunkte in deinem Leben? Wann hat sich dein Leben verändert?

Aufgabe: Was sind die offiziellen Wendepunkte in deinem Leben?
Für diese Aufgabe kann dir deine Kapitelunterteilung helfen: In welche Kapitel hast du dein Leben unterteilt und welche Punkte waren es, die dir dabei geholfen haben?

Abgesehen von diesen offensichtlichen Wendepunkten in unserem Leben gibt es aber noch Ereignisse, die eher unscheinbarer sind.

Ein solcher nahezu unsichtbarer Wendepunkt war für mich die Zeit, als ich in einem Hochsicherheitsgefängnis arbeitete. Diese Erfahrung veränderte meine Perspektive von Grund auf.

»DU WILLST WAS MACHEN?«, fragte meine Mutter entsetzt, als ich ihr von meinem neuen Nebenjob erzählte. Meine Mutter sprach in Großbuchstaben. Ich war gerade achtzehn geworden, hatte seit Kurzem den Führerschein und war eigentlich damit beschäftigt, Abitur zu machen. Mein Leben bestand damals hauptsächlich aus Statistik, dem Zitronensäurezyklus, Max Frisch und den Fahrten zur Schule in meiner geliebten Klapperkiste namens Elvis. Aber während meine Freunde ihr Geld mit Babysitten oder Nachhilfe verdienten, hatte ich mir einen etwas anderen Nebenjob ausgesucht. Eigentlich hatte ich ihn mir auch nicht ausgesucht, sondern er war mir von einem Freund angeboten worden. Ich sollte im nahe gelegenen Gefängnis den Chor der Inhaftierten leiten und mit diesem die Gottesdienste jeden Sonntag musikalisch gestalten.

»Warum in aller Welt willst du denn dort arbeiten?«, fuhr meine Mutter fort.

Das war eine gute Frage. Was war es, das mich an diesem Job faszinierte? Welche Erfahrung wollte ich machen? Warum wollte ich dort arbeiten?

Ich konnte das damals nur schwer erklären. Würde nicht jeder diesen Job haben wollen? Würde nicht jeder bei so einer Gelegenheit Ja sagen? Mir war der Job angeboten worden, aber ich war fest davon überzeugt, dass jeder meiner Mitschüler lieber im Gefängnis arbeiten würde, als Englisch-Nachhilfe zu geben. Oder etwa nicht?

Auf die Frage meiner Mutter zuckte ich nur mit den Schultern. Mir war zu jenem Zeitpunkt noch nicht klar, was mich dazu gebracht hatte, als Achtzehnjährige den Job anzunehmen. Was mich antrieb. Wie sehr ich andere Menschen und Storys kennenlernen und damit meine eigene Welt größer machen wollte. Das wurde mir erst viel später bewusst.

Am nächsten Sonntag saß ich im Büro des Pastors, als die

ersten Inhaftierten für die Probe vor dem Gottesdienst hereinkamen. Es gab schwarzen Kaffee und Discounter-Marmor-Kuchen, der trocken und unglaublich süß war. Und obwohl wir in dieser tristen Umgebung bei schlechtem Kaffee und noch schlechterem Kuchen saßen, war die Stimmung in unserer Runde gut, fast ausgelassen.

Hauptsächlich wollten die Chormitglieder etwas von mir erfahren und von meinem Leben.

»Wie ist es in der Schule?«, fragten sie.

»Was hast du für Hobbys?«

»Warum in aller Welt verbringst du deine Sonntage hier bei uns im Gefängnis?«

Im Prinzip wollten sie wissen: Wer bist du?

Nach dem Kaffeetrinken gingen wir gemeinsam zur Empore und probten die Lieder. Ich war überrascht, wie viele Leute zum Gottesdienst kamen und wie ernst die Chormitglieder ihre Aufgabe nahmen. Für viele war es weniger der Glaube oder das Singen, warum sie sich im Chor engagierten, als vielmehr die Möglichkeit, für ein paar Stunden weniger allein zu sein und etwas zu machen, irgendetwas, das die Zeit vertrieb.

Nach und nach erfuhr ich, warum jeder hier im Gefängnis war: Wirtschaftskriminalität, Mord, Drogen. Die Taten waren mir aus vielen Jahren *Aktenzeichen XY ... ungelöst* bekannt, aber hier sah ich zum ersten Mal die andere Seite, nicht die des Opfers, sondern die der Täter.

Ich merkte schnell, dass mich das Fernsehen eher schlecht auf meinen Nebenjob vorbereitet hatte: Von dem Augenblick, an dem ich das Gefängnis durch die Hochsicherheitsschleuse betrat, war alles ganz anders, als ich es vermutet hatte. Hier saßen Menschen, die Storys hatten, viele Storys, ein ganzes Leben voller Storys - und nicht nur die eine, die sie hierhergebracht hatte.

Diese Erfahrung war ein Wendepunkt gewesen, den ich erst später als solchen verstanden hatte. Ein Erlebnis, das mir eine neue Perspektive gegeben hatte und die Erfahrung, meine eigene Welt zu vergrößern. Ich hatte dadurch gelernt, dass ich Verbindungen zu Menschen herstellen konnte und wollte, die anders waren als ich. Dass mich ihre Perspektiven interessierten.

»Ich finde die Sache mit den unsichtbaren Wendepunkten superspannend«, kommentierte meine Freundin Rike, die ich bei einem Vorbereitungstreffen für mein Studium in New York noch in Deutschland kennengelernt hatte. Ich zog damals nach New York, sie nach Washington, D.C. »Aber wie findet man diese Wendepunkte in seinem Leben?«, fragte sie mich.

Unsichtbare Wendepunkte sind schwieriger zu finden als die formalen, an denen klar ist, dass sie ein Ende oder einen Neuanfang oder beides suggerieren: der Uni-Abschluss, das Ende der Studienzeit, der Beginn des Berufslebens, eine neue Beziehung, das Ende des Single-Daseins. Dies sind einfach zu benennende Wendepunkte.

Um diese unsichtbaren Wendepunkte in deinem Leben zu finden, kannst du folgenden Fragen nachgehen:

- Welche Ereignisse sind dir besonders in Erinnerung geblieben?
- Was hast nur du erlebt und sonst wenige Menschen?
- Welche Gespräche oder Erlebnisse haben dich lange beschäftigt?
- Wann hast du deine Perspektive zu einem Thema radikal verändert?

Dies sind Möglichkeiten, die unsichtbaren Wendepunkte nachzuvollziehen und unsere eigene Perspektive besser zu verstehen.

Aufgabe: Was sind unsichtbare Wendepunkte in deinem Leben?
Schreibe eine Liste mit den Erlebnissen, die deine Perspektive verändert haben. Welche davon waren besonders herausstechend? Erzähle den Menschen in deinem Leben von den Wendepunkten in deinem Leben, von außergewöhnlichen Erlebnissen, von Ereignissen, die deine Perspektive verändert haben.

Das Ergebnis meiner Mise en place war, dass ich meine Lebensgeschichte chronologisch in verschiedene Kapitel geteilt und Höhe- und Wendepunkte notiert hatte. Ich verstand meine eigene Lebensgeschichte jetzt besser: Ich wusste, was mir in der Vergangenheit wichtig war und was ich daraus mitnehmen wollte für die Zukunft. Ich hatte mich an ganz viele einzelne Geschichten aus meinem Leben wieder erinnert, auf die ich nun jederzeit zurückgreifen konnte, wenn ich neue Leute kennenlernte, ein Business-Lunch hatte oder mich mit meinem Buchclub traf. Und ich hoffe, dass auch du noch mal eine andere Perspektive auf deine Geschichte bekommen hast. Erzähl deine Höhepunkte, Tiefen und Wendepunkte, wenn du das nächste Mal mit Freunden zusammensitzt oder auch beim Bäcker in der Schlange stehst. Rede über deine Red Letter Days, wenn du mit deiner Familie telefonierst. Überlege mit deinen Freunden, wie du mehr von diesen besonderen Momenten in dein Leben lassen kannst.

Mise en place hatte mir einen Überblick gegeben, wie vielfältig meine eigene Lebensgeschichte doch war. Aber eine große Frage war geblieben: Was war der rote Faden, der sich durch all diese Erlebnisse zog? Was war meine Motivation im Leben? Und wie konnte ich diese nutzen, um mein Leben und meine Geschichte nach meinen Werten zu gestalten?

Take-aways: Worum ging es in diesem Kapitel?

1. So wie eine Geschichte in einer Netflix-Serie oder in einem Roman, so hat auch unser Leben Höhen, Tiefen und Wendepunkte. Darüber nachzudenken, hilft zu verstehen, welche Ereignisse uns zu der Person gemacht haben, die wir heute sind.
2. Mise en place: So wie Köche ihren Arbeitsplatz vorbereiten, kannst du dir einen Überblick über die Geschichten in deinem Leben verschaffen. Dieser Überblick kann gleichzeitig als Sammlung für Geschichten dienen, die du bei Treffen mit Freunden oder in der Supermarktschlange erzählen kannst.
3. So wie ein Buch in verschiedene Kapitel eingeteilt ist, gibt es in unserem Leben verschiedene Phasen, die unserem Leben eine Struktur geben.
4. Was wir gerne gemacht haben, als wir zehn Jahre alt waren, kann Aufschluss darüber geben, was uns auch heute noch Freude macht.
5. Die Red Letter Days in unserem Leben sind Tage, die man sich rot im Kalender anstreicht, weil diese Tage wichtig für uns sind. Sich an diese Tage zu erinnern, gibt unserer persönlichen Geschichte Bedeutung.
6. Die Höhepunkte in unserem Leben zu erkennen, kann uns helfen, zu sehen, welche Ereignisse das waren und wie man mehr von diesen Erlebnissen in sein Leben lassen kann.

7. Wir haben es selbst in der Hand, wie wir die Tiefpunkte in unserem Leben erzählen und wie wir unsere Rolle bei ihnen bewerten. Auch die Tiefpunkte sind selten schwarz-weiß, und Storytelling kann uns helfen, diese Nuancen selbst in schweren Momenten unseres Lebens zu sehen und zu verstehen.
8. Es gibt die offiziellen Wendepunkte in unserem Leben, die daran auszumachen sind, dass sich merkbar etwas ändert, wir einen neuen Job annehmen oder eine neue Beziehung eingehen. Die unsichtbaren Wendepunkte sind die, an denen sich unsere Perspektive ändert. Auch sie sind entscheidend für unsere Lebensgeschichte.

Kapitel 3

Wie du herausfindest, was dich wirklich antreibt

Finde dein persönliches Story-GPS

In allen Geschichten geht es eigentlich immer um eine Frage: Warum? Warum handelt der Protagonist so? Was treibt ihn an?

Wir wollen wissen: Warum Jack the Ripper über hundert Menschen umgebracht hat. Warum Piper Kerman in *Orange Is the New Black. Mein Jahr im Frauenknast* Drogen geschmuggelt hat? Warum der Joker, einer der Gegenspieler von Batman, zu dem Menschen geworden ist, der er ist.

Wir lesen, hören oder sehen Geschichten auf der Leinwand oder dem iPad, weil wir wissen wollen, warum Menschen etwas machen. Was ist ihre Motivation? Wir wollen nicht nur wissen, *was* passiert, sondern wir wollen verstehen, *warum* es passiert.

In den letzten Kapiteln ging es mit dem Leidensmythos und der American-Dream-Story schon um einen Bestandteil einer Story: die Perspektive. In diesem Kapitel geht es nun um den anderen Teil, der eine Geschichte ausmacht: die Motivation.

Wenn wir eine Fernsehserie schauen, ist ganz klar, warum ein Charakter so handelt, wie er handelt. Zugrunde liegt eine Motivation des Charakters, deren Entwicklung für Drehbuchautoren und Filmschaffende zum Handwerkszeug gehört. Aber was ist unsere eigene Motivation?

Was treibt uns an? Was ist der Kompass in unserer Lebensgeschichte?

Ich dachte über diese Frage nach, als ich mit mindestens fünfzig anderen Menschen in der Schlange der Tartine Bakery im Mission District in San Francisco stand.

»Es geht bestimmt schnell!«, hatte ich Benjamin versprochen, als wir uns angestellt hatten. Das war vor zwanzig Minuten gewesen, und wir standen immer noch *vor* dem Gebäude der Bäckerei und waren vielleicht insgesamt drei Meter weitergekommen.

Die Tartine Bakery ist so bekannt, dass sie kein Schild und keine Ankündigung braucht. Von außen erkennt man Tartine eigentlich nur an der Warteschlange, die sich zu jeder Tageszeit um das Gebäude windet.

Was ist meine Motivation?, fragte ich mich, während die Schlange sich gefühlt fünf Zentimeter vorwärtsbewegte. Warum mache ich das, was ich mache?

Warum ich hier in der Schlange stand, war leicht zu beantworten. In der Welt der Foodies war die Tartine Bakery eine Legende. Wie eine Sehenswürdigkeit, bei der man zumindest einmal vorbeigegangen sein muss. Nicht zu Tartine zu gehen, war wie nach New York zu fliegen und nicht die Freiheitsstatue zu sehen. Oder nach San Francisco und die Golden Gate Bridge nicht zu besuchen.

In Städten wie San Francisco oder New York sind Essenskreationen wie Cronuts, Regenbogen-Bagels, Kimchi Burritos oder roher Keksteig längst zu einem Event geworden. Was einen dort hintreibt, ist nicht die Tatsache, dass man Hunger hat, sondern die *experience*, die mit dem Essen selber nicht mehr viel zu tun hat. Es geht darum, Teil einer Story zu sein, eines Trends, den Puls der eigenen Zeit zu leben, den Herzschlag einer Stadt zu spüren.

Warum ich hier in der Schlange stand, war also einfach zu

erklären. Aber was war mit den größeren Motivationen im Leben? Warum lieben wir den Menschen, mit dem wir zusammen sind? Warum wohnen wir in der Stadt oder auf dem Dorf oder irgendwo dazwischen? Warum leben wir vegan? Warum fliegen wir oder nehmen die Bahn oder das Auto? Warum leben wir so, wie wir leben?

Mein Mise en place hatte mir einen Überblick über mein bisheriges Leben und die Höhen, Tiefen und Wendepunkte gegeben, die meine Geschichte ausmachten. Aber was war meine Motivation hinter den Ereignissen in meinem Leben gewesen? Was trieb mich an?

Inzwischen hatten wir uns ein paar Meter in der Schlange vorwärtsbewegt, aber wir standen immer noch außerhalb der Bakery auf der Guerrero Street. Ich musste an Anthony Bourdain denken, den Starkoch aus New York. Was war seine Motivation gewesen? Anthony Bourdain war um die ganze Welt gereist, um so authentisch wie möglich zu essen. Er wollte keine langweilige Fünf-Sterne-Küche erleben, sondern in einem Hinterhof in Portugal oder Indien essen, so wie Leute wirklich aßen. Bei der Oma zu Hause. Im Stehen oder auf Holzkisten mit Leuten, die nicht gelernt haben, wie man in einem Sternerestaurant Zwiebeln schneidet.

Bourdains Lieblingsrestaurant war ein einfacher Burgerimbiss, ein paar Meter vom Strand entfernt. Mit Blick aufs Meer, Sonne im Nacken und salzigen Pommes - das sei das beste Gericht seines Lebens, so hatte er einmal gesagt.

Er hatte oft betont, dass mehr zum Essen gehört als die Kartoffeln auf dem Teller. »Ich wollte das beste Gericht«, schrieb er einmal. »Ich wollte Abenteuer.«

Das Essen ist nur ein Teil der Story. Und die Motivation ist nicht Hunger, sondern Abenteuer. Ein kleines bisschen war das auch so bei Tartine.

Nach vierzig Minuten Warten waren wir endlich an der

Reihe. Wir bestellten ein Croissant, einen Cheesecake und zwei Kaffees. Draußen schien die Sonne und wir setzten uns auf eine Holzbank auf der 18. Straße. Mir wurde klar, dass die vierzig Minuten, die wir in der Schlange gestanden hatten, mehr über uns aussagten als über die Qualität der Croissants.

»Und wie schmeckt es?«, fragte ich Benjamin, der sich gerade ein Stück Cheesecake mit der Gabel in den Mund gesteckt hatte.

»Super!«, sagte Benjamin mit vollem Mund und fügte hinzu: »Hat sich gelohnt zu warten.«

Ich musste wieder an meine Post-its an der Balkontür denken: Wenn wir herausfinden wollen, was unsere Story ist, dann müssen wir herausfinden, warum wir die Dinge gemacht haben, die wir gemacht haben. Das wurde mir in diesem Moment klar.

Wir müssen nicht versuchen, die *Erlebnisse* zu verknüpfen, sondern die *Motivationen* dahinter. Die Motivationen sind der rote Faden, der alles zusammenhält. Sie erklären, warum wir das machen, was wir machen.

Mich hat schon immer unglaublich interessiert, *warum* Menschen so leben, wie sie leben. Ich wollte verstehen, warum jemand Hafermilch in seinen Kaffee kippt oder sich von Facebook abmeldet oder ein Tattoo machen lässt oder Kokain nimmt. Warum jemand die AfD wählt oder sich bei Fridays for Future engagiert. Mich interessieren die Storys hinter den Meinungen zu Politik, Religion, Sex, Beziehungen, Medizin, Gesundheit.

Das Warum finde ich viel spannender als das Was - und doch geben wir auf LinkedIn oder bei unseren Lebensläufen immer nur an, was wir gemacht haben. Wir schreiben Jobs, Ausbildung und Praktika auf, ohne die wirklich wichtige Frage zu beantworten: Warum das alles?

»Wenn ich mir LinkedIn-Profile ansehe, frage ich mich auch immer, was wohl dahintersteckt«, erklärte meine Freundin Rike einmal. »Wäre es nicht super, wenn es eine Art LinkedIn des *Warums* geben würde? Bei dem man erfährt, was sich hinter den Fakten verbirgt.«

Ich finde das eine unglaublich spannende Idee, die Motivationen und Hintergrundgeschichten von anderen Menschen zu erfahren. Und anstatt zu sehen, was jemand Großartiges gemacht hat, zu verstehen, warum sie oder er es gemacht hat.

Diese Frage für uns selbst zu beantworten, kann manchmal ziemlich schwierig sein. Und oft ist es leichter, zu erkennen, was *andere* Menschen antreibt, als das für sich selbst zu definieren. Überlege einmal, ob du fünf Menschen aus deinem Freundes- und Bekanntenkreis, deiner Familie oder aus den Medien kennst, deren Motivation du klar benennen kannst. Wie zeigt sich deren Motivation? Wie leben diese Menschen ihre Motivation?

- Mein Freund Dennis zum Beispiel reist in jeder freien Minute. Seine Motivation ist es, so viele Städte und Länder wie möglich kennenzulernen - und zwar nicht als Tourist, sondern gewissermaßen wie ein Einheimischer.
- Mein Bruder arbeitet im Silicon Valley an Tech-Produkten, die Hunderttausende Menschen verwenden, und will damit der Zeit immer einen kleinen Schritt voraus sein.

Die meisten Menschen haben nicht die eine Motivation, sondern mehrere Motivationen. Doch es gibt ein paar Kernmotivationen, die uns antreiben und die du im Folgenden auch für dich selbst bestimmen kannst.

Aufgabe: Benenne die Motivationen von fünf Menschen, die du kennst. Denke dabei an Leute in deinem direkten Umfeld, aber auch an solche, die in der Öffentlichkeit stehen. Oder an fiktionale Personen. Hier geht es nicht so sehr um deine Beziehung zu diesen Menschen, sondern darum, zu erkennen, was deren Motivationen sind und wie sie diese leben.

Was sind deine Bewerbungsgespräch-Motivationen?

»Eigentlich weiß ich nicht, was mich wirklich motiviert«, erklärte mir neulich eine Freundin. Wir saßen gemeinsam am Donaukanal in Wien und beobachteten die Leute, die vorbeigingen. »Ich habe das Gefühl, viele haben das eine Ding, das sie antreibt, aber ich habe das irgendwie nicht«, erzählte sie weiter.

Ich überlegte. Dann fiel mir etwas ein. »Was sagst du denn in Bewerbungsgesprächen, wenn dort nach deiner Motivation gefragt wirst?«

Bewerbungsgespräche und vielleicht noch erste Dates sind einige der wenigen Situationen, in denen wir gefragt werden: »Warum hast du das gemacht?« - »Warum hast du Soziologie studiert?« - »Warum hast du dieses Praktikum gemacht?« - »Warum lebst du so, wie du lebst?« Die Antworten, die man in solchen Situationen findet, habe ich seitdem immer als »Bewerbungsgespräch-Motivationen« bezeichnet. Das heißt, es sind Antworten, die man in einer eher künstlichen Situation findet und in der man mit äußeren Erwartungen konfrontiert ist, anstatt sich zu fragen, was man wirklich will.

Auch wenn in Bewerbungsgesprächen nach unserer Motivation gefragt wird, ist das nicht der Moment, darüber nachzudenken, was uns wirklich bewegt. Aber manchmal kann es helfen, genau diese Bewerbungsgespräch-Motivationen einmal zu formulieren. Um dann abzugrenzen, was einen darüber hinaus motiviert.

Ich überlegte, was meine eigenen Bewerbungsgespräch-Motivationen waren. Ich hatte in den Jahren vor meiner Selbstständigkeit einige Bewerbungsgespräche geführt, um einen Job zu bekommen oder ein Stipendium. Und für diese Stipendienbewerbungen habe ich mehrmals sogenannte »Motivationsschreiben« geschrieben, die meine Motivation für eine Bewerbung erklären sollten. Ich habe die »Motivationsschreiben« von damals nicht mehr gefunden, aber ich bin sicher, dass irgendetwas drin stand von »transatlantische Beziehungen pflegen« oder »persönliche Weiterbildung«. Aber warum hatte ich mich damals wirklich beworben? Was war meine eigentliche Motivation gewesen?

Aufgabe: Formuliere deine Bewerbungsgespräch-Motivationen:

- Was sind deine Antworten, die du in Bewerbungsgesprächen (oder Dates) gegeben hast, warum du das machst, was du aktuell machst?
- Denke an vergangene Jobs: Was waren dort deine Bewerbungsgespräch-Motivationen?

Identifiziere die Motivationen in deinem Leben

Wenn man den eigenen Motivationen auf den Grund gehen will, dann kann es hilfreich sein, die 25er-Methode anzuwenden. Dabei schreibt man zu jedem Punkt aus seinem Lebenslauf fünfundzwanzig Gründe auf, warum man dieses Projekt oder jenen Job angenommen hat.

Fünfundzwanzig Gründe sind viel, und es ist meist ziemlich schwierig, so viele Gründe zu finden, aber genau darum geht es. Es geht darum, dein Denken zu erweitern und die Mikro-Motivationen in deinem Leben zu finden, also die kleinen Motivationen hinter den Dingen, die du gemacht hast.

Die Idee dabei ist: Unsere Motivationen und Mikro-Motivationen sind der rote Faden in unserem Leben. Das, was uns antreibt, verbindet die Dinge, die wir gemacht haben, auch wenn sie noch so unterschiedlich sind.

Wenn wir fünfundzwanzig Gründe finden müssen, warum wir damals mit vierzehn Nachhilfeunterricht gegeben haben, so hilft uns das, über den »Ich brauchte Geld«-Grund hinauszukommen.

Manche dieser Motivationen, weshalb man einen Job angenommen hat, können sich so anhören:

- Weil ich etwas machen wollte, was sonst keiner in meiner Familie gemacht hat.
- Weil ich mich selbst überraschen wollte.
- Weil ich mal etwas Ungewöhnliches machen wollte.
- Weil ich mit Menschen zusammenarbeiten konnte, die mich inspirierten.
- Weil ich zu Fuß zur Arbeit gehen konnte.
- Weil ich eine größere Veränderung in meinem Leben brauchte, aber nicht wusste, wie ich meine Beziehung

beenden sollte. Da schien der Umzug in eine andere Stadt eine Distanz zu bieten.

- Weil ich mich nicht getraut habe, das zu wagen, was ich eigentlich wollte.

Die Idee bei dieser Aufgabe ist erst einmal nicht, die *eine* Motivation zu finden, sondern so viele wie möglich. Diese Übung ist notwendig, um nachher unsere Motivationen zu sortieren und zu sehen, welche sich wie ein roter Faden durch unser ganzes Leben ziehen.

Ich überlegte, was mich dazu bewogen hatte, nach New York zu gehen. Ich wollte so viele Storys wie möglich kennenlernen. Aber was noch? Ich nahm einen Zettel heraus und schrieb darauf: »Warum bin ich mit dreiundzwanzig nach New York gegangen?« Anschließend versuchte ich, fünfundzwanzig Gründe für diese Entscheidung zu finden, darunter folgende:

- Weil ich mit vierzehn einen einzigen Tag in dieser Wahnsinnsstadt verbracht habe und so überwältigt von dieser Erfahrung war, dass ich keine Ahnung hatte, was ich mit diesem Erlebnis machen sollte. Ich konnte es nur wiederholen.
- Weil ich mich ein paar Monate vorher von meinem Freund getrennt hatte und mehr Abstand brauchte als zwei Straßen oder ein anderes Stadtviertel.
- Weil New York für mich ein Versprechen war, dass mein Leben großartig sein könnte, wenn ich nur in dieser Stadt leben würde.
- Weil ich mich noch einmal neu erfinden konnte.
- Weil ich Menschen kennenlernen konnte, die völlig anders waren als ich.

Wenn man eine Geschichte schreibt, sind es meist nicht die ersten Ideen, die gut sind. Gut sind die, die kommen, wenn man scheinbar alles aus seinem Kopf herausgeschrieben hat. Wenn ich einen Artikel schreibe, kürze ich meist den ersten Absatz wieder weg. Weil er überflüssig ist. Offensichtlich. Langweilig. Auch die ersten Absätze in diesem Buch haben nicht lange überlebt.

Wenn ich mir einen Artikel zum Thema »Bahnfahren« überlege, dann schreibe ich zunächst die ersten zwanzig Dinge auf, die mir einfallen. Danach die nächsten zwanzig. Und die nächsten zwanzig. Dann, wenn mir letztlich nichts mehr einfällt, weiß ich: Jetzt ist der Punkt erreicht, an dem es spannend wird. Jetzt komme ich dem näher, was ich eigentlich schreiben will. Genau das können wir auch auf unser Leben anwenden, um herauszufinden, was uns antreibt.

Aufgabe: Schreibe zu jeder Station (Job, Praktika, Urlaub etc.) fünfundzwanzig Gründe auf, die dich motiviert haben, dieses oder jenes zu machen. Sollte dir mehr einfallen, notiere weitere fünfundzwanzig Gründe.

Die 25er-Methode wandte ich auf jeden Punkt, jede Station in meinem Leben an, um herauszufinden, was mich dazu motiviert hat. Dabei halfen mir die Post-its aus meiner Mise-en-place-Übung. Zu jedem Punkt in meiner Lebensgeschichte überlegte ich mir Motivationen, so lange, bis mir nichts mehr einfiel. Irgendwann kam ich dann an einen spannenden Punkt: Ich sah Gemeinsamkeiten. Ich sah plötzlich einen roten Faden, der sich nicht durch die einzelnen Stationen in meinem Leben ergab, sondern durch die dahinter verborgenen Motivationen.

Unsere Motivationen sind der rote Faden in unserer Geschichte, nicht die einzelnen Stationen.

Ich habe in meinem Leben sehr viele unterschiedliche Dinge gemacht, aber obwohl sie so verschieden waren, erkannte ich, dass mich die gleichen Motivationen dazu bewegt hatten. Plötzlich sah ich überall Gemeinsamkeiten: zwischen meinem Geigenstudium und meinem Nebenjob im Gefängnis, zwischen meinem Work-and-Travel-Urlaub auf der Isle of Wight mit sechzehn und meinem Leben in New York.

Welche Gemeinsamkeiten ergeben sich bei deinen Motivationen?

Spannend bei der 25er-Methode ist der Moment, bei dem man plötzlich Gemeinsamkeiten erkennt. Der Moment, an dem man merkt, dass es die gleichen Motivationen waren, die einen dazu bewegt haben, völlig Unterschiedliches anzugehen.

Wenn du die Motivationen für verschiedene Stationen in deinem Leben aufgeschrieben hast, gehe durch deine Liste und überlege, ob es Gemeinsamkeiten bei deinen Motivationen gibt. Wenn ja, notiere sie und versuche, sie in vier zentrale Motivationen einzuteilen.

Bei mir waren es vier Punkte, die sich herauskristallisierten und durch mein Leben zogen. Vier Motivationen, die gewissermaßen der Antrieb hinter meinen Storys waren:

1. **Freiheit:** Vom Fahrradfahren bis hin zur Selbstständigkeit war Freiheit eine meiner größten Motivationen.

2. **Abenteuer:** Langeweile ist für mich eines der schlimmsten Dinge. Um ihr zu entgehen, habe ich vieles ausprobiert, um mein Leben aufregender zu machen.
3. **Menschen und Storys:** Ich habe stets versucht, meine Welt ein bisschen größer zu machen, indem ich Menschen und neue Storys in mein Leben gelassen habe.
4. **Neues entdecken:** Neues zu entdecken, hat mir immer das Gefühl gegeben, das Leben zu feiern.

All diese vier Motivationen lassen sich in einem Satz zusammenfassen: *Ich wollte meine Welt größer machen.* Das war meine Motivation.

Aufgabe: Suche nach gemeinsamen Motivationen

- Welche vier Haupt-Motivationen kannst du benennen? Was ist dir am wichtigsten und warum?
- Versuche, deine vier Motivationen in einem Satz zusammenzufassen.

Tipp: Wie du an meinem Beispiel siehst, muss dieser Satz nicht unbedingt die exakten Wörter enthalten, sondern kann auch ein Statement sein.

Die Motivation und die Frage »Was treibt mich an?« oder »Warum mache ich das, was ich mache« ist ein wichtiger Bestandteil in deiner Geschichte.

Und weil es beim Storytelling wie erwähnt auch immer ums Erzählen deiner Geschichte geht, ist auch hier mein Tipp: Rede mit den Menschen in deinem Leben über deine Motivation. Frage nach, was deine Tante, Mutter, Schwester, Bruder, deinen Friseur oder die Kassiererin an der Tankstelle antreibt. Was motiviert deinen Bäcker, jeden Tag zur Arbeit zu gehen? Was treibt deine Kolleginnen und Kollegen an? Warum hast du das Leben, das du lebst?

Ich habe auf diese Art und Weise schon unglaublich spannende Gespräche geführt und auch fremde Menschen direkt auf eine sehr nette und persönliche Weise kennengelernt: einen Taxifahrer in Indien, eine Ärztin im Krankenhaus, einen Typen auf einer Party in Brooklyn.

Was ich in diesen Konversationen immer gemerkt habe: Uns alle bewegt diese Frage des »Warums« und wir wollen darüber reden. Wir *wollen* uns damit auseinandersetzen. Daher: Erzähl deine Motivation, ganz egal, ob du gerade auf das beste Croissant der Welt wartest oder auf die nächste Straßenbahn.

Take-away: Worum ging es in diesem Kapitel?

1. Geschichten bestehen aus zwei Bestandteilen: unserer Perspektive und unserer Motivation. Hier ging es um unsere Motivation und darum herauszufinden: »Was treibt uns im Leben an?«
2. Die Motivation ist im Prinzip der Motor in allen Geschichten, die wir in Serien sehen oder in Romanen lesen, und so ist das auch in unserer Lebensgeschichte. Wenn wir herausfinden, was uns antreibt, können wir diese Motivation in Zukunft bewusst umsetzen.
3. Versucht man, den roten Faden in der eigenen Lebensgeschichte zu finden, kann es schwierig sein, ihn zwischen den einzelnen Stationen unserer Geschichte zu entdecken. Dieser rote Faden ist dann besonders gut zu erkennen,

wenn man sich mit den eigenen Motivationen beschäftigt. Die sind nämlich oft der Teil, der unsere Geschichte zusammenhält.

4. Unsere wirklichen Motivationen müssen über sogenannte Bewerbungsgespräch-Motivationen hinausgehen, also Motivationen, die man in einer künstlichen Situation aufzählt.
5. Nur selten gibt es eine einzige Sache im Leben, die uns antreibt, meist sind es mehrere. Dafür lohnt es sich, die 25er-Regel anzuwenden, um unser Denken zu erweitern und so viele Gründe wie möglich für unsere Motivationen zu finden. Von da aus lassen sich dann die Haupt-Motivationen in unserem Leben herauskristallisieren.

Kapitel 4

Wie Schreiben dir helfen kann, dein Leben neu zu sortieren

Wenn du herausgefunden hast, was deine zentrale Motivation im Leben ist, dann ist der nächste Schritt zu überlegen, wie du sie umsetzen kannst. Wie kannst du das, was dich antreibt, maximieren und mehr davon in dein Leben holen? Auch hier geht es wieder um das Prinzip »Story first« - zuerst kommt die Geschichte, dann das Leben. Zuerst überlegst du, wie deine Geschichte aussehen soll, dann setzt du sie um.

Die Motivationen im eigenen Leben umzusetzen und zu maximieren, ist ein Prozess. Es ist keine Frage, die man einmal beantworten kann und anschließend ist das Thema erledigt. Aber in den nächsten Kapiteln zeige ich dir Möglichkeiten, wie du mit Storytelling diesen Prozess beginnen kannst. Und eine dieser Möglichkeiten ist das Schreiben.

Mir hat es schon immer sehr geholfen, meine Gedanken schriftlich festzuhalten. Und Schreiben hilft mir nicht nur beim Festhalten, sondern gewissermaßen auch beim Denken. Denn wenn wir unsere Gedanken formulieren und aufschreiben, bringen wir sie automatisch in einen Zusammenhang. Und dieser Zusammenhang kann uns helfen, klarer zu sehen und zu erkennen, wie wir unsere Motivation umsetzen können.

Das Gute beim Schreiben ist, dass man sofort anfangen kann, keinerlei Vorerfahrung braucht und man im Prinzip überall schreiben kann. Ich selbst schreibe am liebsten an belebten Plätzen, aber solange ich meine Kopfhörer mit Musik im Ohr habe, kann ich fast an jedem Ort schreiben: in Cafés, Flughäfen, in Büros, Wohnzimmern, auf einer Wiese und beim Vietnamesen um die Ecke.

Die britische Autorin Virginia Woolf hat einen Essay mit dem Titel *Ein Zimmer für sich allein* geschrieben. Auch wenn sie für ihre Romane Ruhe und einen bestimmten Ort brauchte und für Frauen Schreibräume forderte, sind diese Bedingungen heute nicht unbedingt nötig, um mit dem Schreiben anzufangen.

Ich empfehle dir: Nimm ein neues Notizbuch zur Hand und notiere auf den ersten Seiten deine Motivationen. Im nächsten Schritt kannst du dann immer wieder aufschreiben, wie du diese Motivation in deinem Alltag umsetzen kannst. Dabei kann dir die folgende Übung helfen:

Schritt 1: Speed-Brainstorming-Übung: Welche Möglichkeiten gibt es, deine Motivation umzusetzen?

Stelle dir einen Timer von zehn Minuten. Eine zeitliche Begrenzung kann dir helfen, in sehr kurzer Zeit viele Ideen zu generieren. Dann beantworte die Frage: Welche Möglichkeiten gibt es, meine Motivation umzusetzen?

Tipp: Alles ist erlaubt! Es geht hier nicht darum, welche Ideen du *realistischerweise* umsetzen kannst, sondern was dir allgemein einfällt. Wenn es um kreative Ideenfindung geht, finde ich den Grundsatz »Alles ist erlaubt!« hilfreich. Eigentlich nicht nur hilfreich, sondern er ist überhaupt notwendig, um neue Ideen zu generieren. Auch hier geht es darum, so viele Ideen wie möglich zu *finden,* und nicht darum, sie zu *bewerten.*

Und noch ein Tipp: Bei dieser Übung ist Geschwindigkeit gefragt. Versuche, ohne den Stift abzusetzen, so viele Dinge wie möglich aufzuschreiben. Die US-amerikanische Autorin Courtney Maum beschreibt in einem ihrer Bücher, wie sie einmal einen Clown-Workshop besucht und dort eine Übung gemacht hat, bei der die Teilnehmer dazu aufgefordert wurden, sehr schnell in einem Kreis durch den Raum zu gehen. Sie nannte das »the speed of fun«, also die Geschwindigkeit des Spaßes, und die Idee war, dass man so schnell gehen sollte, dass man gar nicht anders konnte, als andere Leute anzurempeln. Das sei die Geschwindigkeit, so Maum, in der man seinen inneren Kritiker abschaltet. Und genau das soll auch bei der Speed-Brainstorming-Übung erreicht werden: Es geht darum, deinen inneren Kritiker auszuschalten und in einen Flow-Writing-Zustand zu kommen, in dem man schneller schreibt als denkt.

Schritt 2: Die Planung

Beim nächsten Schritt kannst du überlegen: Welche Dinge, die du dir in deiner Brainstorming-Liste notiert hast, kannst du direkt umsetzen? Schreibe diese auf. Was können konkret die nächsten Schritte sein?

Schritt 3: Und Action!

Nun geht es um die Umsetzung. Versuche die Dinge auf deiner Liste umzusetzen beziehungsweise mache den ersten Schritt. Immer wenn du einen Punkt deiner Liste begonnen oder umgesetzt hast, schreibe über deine Erfahrung. Damit bleibst du in einem konstanten Schreibprozess.

Schreiben kann uns helfen, neue Ideen zu generieren, sie umzusetzen und dann im Nachhinein zu reflektieren: Was hat geklappt? Was muss man noch mal überdenken? Es kann uns helfen, die nächsten Schritte zu planen und unsere großen Motivationen umzusetzen. Aber Schreiben kann uns noch in anderer Hinsicht helfen: die Zusammenhänge zu erkennen und diesen roten Faden, der sich durch unser Leben zieht, immer wieder neu zu sehen.

Erkenne Zusammenhänge in deinem Leben

Vor ein paar Jahren war ich am Ende der Welt. The End. So nennen die Amerikaner Montauk, die südlichste Spitze von New York. Am Ende der Welt befindet sich ein Leuchtturm, dessen 137 Stufen man hochkraxeln kann und von wo aus man einen wunderbaren Blick auf die Bucht und das Hinterland hat.

Es gibt zwei Situationen, in denen ich das Gefühl habe, die Zusammenhänge in meinem Leben zu sehen. Eine davon ist, wenn ich mich an einem höhergelegenen Punkt befinde, von dem aus ich eine unglaubliche Aussicht auf eine Stadt, das Meer oder weite, grüne Landschaften habe, so wie damals, als ich in Montauk auf dem Leuchtturm stand. Ich weiß nicht, was in diesen Momenten im Gehirn passiert, aber diese Mischung von Aussicht und Wind, der einem um den Kopf weht, gibt mir das Gefühl, nicht nur mit Weitblick auf das Meer zu sehen, sondern auch auf mein Leben.

Die andere Situation, in der ich Zusammenhänge in meiner Lebensgeschichte erkenne, ist mit dem Schreiben verbunden. Beim Schreiben bringe ich meine Erlebnisse in ein Narrativ. Denn jedes Mal, wenn wir über unsere Erlebnisse schreiben, kreieren wir automatisch einen Kontext, ein Narrativ.

Der Psychologe Jerome S. Bruner formulierte es so: »Menschen verarbeiten die Welt nicht in einzelnen Ereignissen, genauso wenig, wie sie einen Text Satz für Satz verarbeiten. Sie geben Ereignissen und Sätzen einen Rahmen und bringen sie in einen größeren Kontext.« Genau dieser Prozess passiert beim Schreiben. Wir erkennen Muster und entwickeln eine Geschichte für unser Leben. Wir schaffen Bedeutung, indem wir uns unsere Welt und unser Leben mit Storys konstruieren. Und Schreiben hilft uns, diese Storys offenzulegen.

Was mich schon immer am Schreiben fasziniert hat, ist das Paradoxon, dass man Abstand zu seinem Leben bekommt, indem man sich mit ihm beschäftigt. Indem ich über die Details in meinem Leben schreibe, schaffe ich Distanz. Und diese Distanz kann uns helfen, klarer zu sehen und Dinge zu planen.

Es gibt etliche Schreibübungen, mit denen man beginnen kann, und manchmal reichen fünfzehn Minuten am Tag, um diese Zusammenhänge im Leben zu sehen. Hier ein paar Fragen, die dich dabei begleiten können:

- Was hast du heute erlebt?
- Worüber hast du nachgedacht?
- Wen hast du getroffen?
- Mit wem hast du geredet?
- Was ist dir davon in Erinnerung geblieben?
- Wie unterscheidet sich dieser Tag von dem, den du vor einem Jahr erlebt hast? Vor zwei Jahren? Vor fünf?

Indem wir uns mit konkreten Fragen und Details beschäftigen und eine Story drum herum entwerfen, schaffen wir

Abstand und können so - aus der Distanz eines Leuchtturms gewissermaßen - die Zusammenhänge in unserem Leben sehen.

Bevor ich am Ende der Welt auf den Turm geklettert war, hatte ich meine Umgebung von ganz Nahem betrachtet. Ich war in den Wochen zuvor durch die Straßen von Manhattan gelaufen, war zu Konzerten gegangen und in Ausstellungen. Aber jetzt, wo ich ich am Ende der Welt auf einem Leuchtturm stand, hatte ich Abstand zu all diesen Dingen und eine andere Perspektive. Die Zeit in Montauk war gleichzeitig auch das Ende meiner Zeit in New York, aber mir wurde in diesem Moment auf dem Turm klar, was ich aus New York nach Wien mitnehmen wollte: das erlebnisorientierte Leben, das ich in New York geführt hatte. Ein Leben, in dem das nächste Ereignis stets in Reichweite ist.

Die New Yorker leben permanent auf das nächste Ereignis hin: das nächste Konzert, das nächste Treffen mit Freunden, das nächste Projekt.

Joel Grey, Sänger und Schauspieler, hat das einmal sehr treffend formuliert: »Ich habe im Prinzip mein ganzes Leben damit verbracht, mich auf das zu freuen, was als Nächstes kam: die nächste Rolle, der nächste Meilenstein, die nächste großartige Show, die ich sehen wollte.«

Genau dieses erlebnisorientierte Leben hatte auch mein Leben in den letzten Wochen zusammengehalten. Das war der Zusammenhang. Um den zu sehen, brauchte ich Abstand und eine neue Perspektive.

Schreibe deine Story mit aller Komplexität und mit allen Gegensätzen

Schreiben kann uns helfen, Zusammenhänge zu erkennen. Aber noch etwas: Schreiben kann uns auch die Komplexität in unserer Lebensgeschichte aufzeigen und uns dabei unterstützen, diese nicht nur zu akzeptieren, sondern zu feiern.

Während meines Promotionsstudiums hatte ich das Gefühl, nur eines sein zu dürfen: Forscherin. Ich hatte das Gefühl, es wäre verboten, nach rechts und links zu schauen. Wenn ich ernst genommen werden wollte, musste ich mich nur auf das konzentrieren, was vor mir lag: meine Doktorarbeit, Archivmaterial und Sekundärliteratur. Ich hatte aber schon damals viele verschiedene Interessen und die hatten nicht alle mit staubigen Manuskripten und der Vergangenheit zu tun.

Als ich dann die Uni verließ, war das für mich eine Befreiung. Plötzlich konnte ich mehr sein als nur eine reduzierte Version meiner selbst. Ich konnte ich selbst sein. Mit all meinen Gegensätzen und Konflikten.

Und ich fand plötzlich Menschen, die nicht so geradlinig und nur auf eine Sache fokussiert waren, unglaublich interessant. Ich mochte Personen, die ihre Gegensätze auslebten. Und genau da kann uns Schreiben helfen. Beim Schreiben geht es nicht darum, eine glatt geschliffene und reduzierte Story von sich selbst zu erfinden, sondern es bietet uns die Möglichkeit, verschiedene Versionen von uns selbst sein zu dürfen. Wir können uns im Prozess des Schreibens darüber bewusst werden:

- Welche Gegensätze gibt es in meinem Leben?
- Welche Brüche gibt es? Was macht mein Leben eigentlich wirklich spannend?
- Was scheint sich in meinem Leben zu widersprechen?

Ich finde, genau das sind die spannenden Punkte in einer Lebensgeschichte, und wenn ich jemanden neu kennenlerne, sind das meist genau die Aspekte, die im Nachhinein bei mir hängen bleiben. Dinge im Leben zu haben, die sich widersprechen, ist für mich das Spannendste! Und das fängt bei unseren Interessen an für Beethoven und Watsky, Almodóvar und Sex Education, David Bowie und Justin Bieber, Graphic Novels, Thomas Mann und die Texte auf den Rückseiten von Shampoo-Flaschen, lautes Lachen und sich auf der Couch zurückziehen, New York und die Berge, Bagels und Low-Carb, für Greta Thunberg und das Fliegen.

Unsere Geschichte darf komplex sein. Und mehr noch: Unsere Geschichte lebt von Komplexität. Wir brauchen keine Labels oder Schubladen - weder für uns selbst noch für andere. Und um diese Komplexität in unserer Persönlichkeit und in unserer Lebensgeschichte zu sehen, kann uns das Schreiben helfen. Es zeigt uns, dass wir für dieselbe Motivation, die uns antreibt, ganz verschiedene Alternativen haben.

Schaffe Schreibrituale, die deinem Gehirn signalisieren: »Jetzt ist Zeit zum Schreiben!«

Schreiben gehört zu meinem Alltag dazu. Und genau deshalb sind mir Schreibrituale so wichtig. Am liebsten schreibe ich in einem Café, aber ich habe - unabhängig vom Ort - noch eine andere Möglichkeit, mich selbst in Schreiblaune zu versetzen: meine Playlist.

Ich habe inzwischen mehrere Playlists erstellt, die mich sofort in Scheibstimmung versetzen, egal ob das am Flughafen ist oder zu Hause auf der Couch. Vielleicht hat das am Ende gar nicht so viel mit der Playlist zu tun, sondern dass man sich Rituale schafft, die den Schreibprozess für einen symbolisieren.

Meine fünf Lieblingssongs zum Schreiben:

- »Café de Flore« von Doctor Rockit
- »Apocalypse« von Cigarettes After Sex
- »Space Song« von Beach House
- »The Upsetter« von Metronomy
- »Comeback Kid« von Sharon Van Etten

Das Wichtigste beim Schreiben ist, es mit einem Ritual zu verbinden, egal ob man sich dazu einen Kaffee macht oder ein Glas Wein trinkt, ob man sich eine Kerze anzündet oder eine Zigarette. Diese kleinen Dinge scheinen bedeutungslos zu sein, aber sie signalisieren uns: »Jetzt ist Zeit zum Schreiben.«

Eine Freundin von mir kann nur mit ihrem Lieblingsstift schreiben, eine andere schreibt nur nachts, »wenn niemand mich stört«. Ein Freund muss beim Schreiben rauchen.

Mit dem Schreiben ist es ein bisschen wie beim Coaching. Dort ist die große Idee, dass alles, was du wissen musst, schon in dir selber ist. Die Aufgabe des Coaches ist es, dich dahin zu bringen und dabei zu begleiten. Beim Schreiben ist es ähnlich. Die Autorin Dani Shapiro hat es so ausgedrückt: »Die Seite ist dein Spiegel. Was in dir passiert, wird zurückreflektiert.«

Schreiben ist ein Ent-faltungs und Ent-wicklungs-Prozess. Es kommt nichts Neues von außen dazu, aber paradoxerweise können wir unser Leben neu schreiben mit dem, was wir an Leben haben.

Das Gute ist: Man kann jederzeit beginnen. Man kann da anfangen, wo man ist. Man braucht kein Equipment und keine mentale Vorbereitung. Man kann einfach starten und sein Leben und seine Story neu schreiben.

Auch wenn man schreibt, erzählt man seine Story. Nämlich sich selbst. Und das kann empowering, aufregend, inspirierend sein und vor allem Spaß machen. Du hast es selbst in der Hand, wie du dir selbst deine eigene Story schreibenderweise erzählen willst, über welche Themen du schreibst und welche Charaktere in deinen Storys vorkommen. Das Wichtigste ist nur: Einfach anfangen!

Das Wichtigste ist: Einfach anfangen!

Manchmal fragen mich Leute nach Schreibtipps. Die Fragen reichen von »Wie entwickelt man eine Schreibroutine?« bis hin zu »Welchen Stift kannst du zum Schreiben empfehlen?«. Ich kann nur eine Antwort auf beide Fragen geben: Beim Schreiben ist es wie mit vielen Dingen im Leben: Einfach machen! Es kommt nicht auf den Stift an oder ob man per Hand schreibt, einen Laptop benutzt oder die Notizen-App auf dem Smartphone. Das Wichtigste ist: Einfach anfangen. Der Trick besteht einzig darin, auch dann zu schreiben, wenn man nur fünf Minuten Zeit hat und an der Haltestelle auf den Bus wartet.

Stephen King hält in seiner Autobiografie *Das Leben und das Schreiben* fest, dass man auch dann lesen soll, wenn man nur ganz kurz Zeit hat: »Wartezimmer sind für Bücher gemacht.« Und das Gleiche gilt auch fürs Schreiben. Ich habe schon auf Zetteln, Quittungen oder in die Notizen-App meines Smartphones geschrieben, wenn gerade nichts anderes da war.

Es kommt nicht darauf an, wie lange man schreibt, nur dass man es macht. Je öfter man diese kleinen Momente im Leben ausnutzt, desto einfacher wird es. Und es wird nicht nur einfacher, es macht auch unglaublich viel Spaß, seine eigene Story zu schreiben und sich bewusst zu werden:

Das hier ist mein Leben. Das ist meine ganz persönliche Geschichte.

Take-aways: Worum ging es in diesem Kapitel?

1. Wenn es um die Frage »Wie können wir unsere Motivationen umsetzen und leben?« geht, kann uns Schreiben helfen. Hier können wir neue Ideen finden, unsere Motivationen umzusetzen, die nächsten Schritte planen und im Nachhinein reflektieren, wie es geklappt hat.
2. Schreiben kann uns helfen, die Zusammenhänge in unserem Leben zu erkennen. Wenn wir über die Ereignisse in unserem Leben schreiben, entwickeln wir automatisch ein Narrativ, das uns dabei unterstützt, das Erlebte in einen Kontext einzuordnen.
3. Das Paradoxe ist: Indem wir uns mit den Dingen in unserem Leben beschäftigen, schaffen wir es, Abstand dazu zu gewinnen. Schreiben kann uns diese Distanz ermöglichen und damit eine andere Perspektive auf unsere Geschichte.
4. Es geht nicht darum, eine glatt geschliffene Version deiner Lebensgeschichte zu Papier zu bringen, sondern darum, Komplexität und Brüche zu erkennen. Meistens sind das die spannendsten Geschichten, die hängen bleiben, wenn wir jemanden neu kennenlernen.
5. Das Wichtigste beim Schreiben ist: Einfach anfangen! Manchmal reichen schon fünf Minuten. Es kommt nicht darauf an, wie lange man sich hinsetzt, sondern dass man anfängt. Auch Schreiben bedeutet seine eigene Story zu erzählen, nämlich sich selbst.

Kapitel 5

Meeresschildkröten, einarmige Banditen und wie man Storys wieder loslässt

Als ich in Harvard studierte, war ich einmal bei einem Coach. Ich wollte herausfinden, ob ich nach meinem Doktor-Abschluss an der Uni bleiben sollte. Mit Freunden, die in ähnlichen Situationen waren, hatte ich in endlosen Diskussionen die Vor- und Nachteile einer Unikarriere diskutiert, aber irgendwann war ich nicht weitergekommen.

»Wieso gehst du nicht zu einem Coach?«, schlug eine Freundin vor. »Ich mache das auch, und es ist super!«

Hier saß ich also auf einem weichen Plüschsofa und erwartete, eine Antwort darauf zu finden, was ich nach meinem Abschluss machen sollte. Es roch im Raum nach Orangenblüte. Auf dem Couchtisch standen zwei Schildkröten aus Stein und eine Packung Taschentücher.

»Wieso willst du überhaupt deine Promotion beenden? Du könntest ja auch sofort aufhören«, sagte die Coachin.

Darüber hatte ich bislang nicht nachgedacht. Ich hatte die Option, sofort aufzuhören, nie bedacht. Konnte ich mein Studium abbrechen? Jetzt, wo ich so weit gekommen war? Insgeheim hatte ich mich längst gegen eine akademische Laufbahn entschieden, wieso wollte ich dann noch den Abschluss machen?

Die Coachin sah mich an und sagte: »Ich glaube, du hast ein Problem damit, Dinge, die du angefangen hast, wieder zu beenden.«

Ich nahm eine von den Steinschildkröten in die Hand. Schildkröten können, wenn Gefahr droht, ihren Kopf einziehen. Sie können sich zurückziehen, bis eine herausfordernde Situation vorbei ist. War ich wie eine dieser Schildkröten? Hatte ich meinen Kopf in den letzten Jahren eingezogen und mich gar nicht getraut, darüber nachzudenken, mit der Uni aufzuhören?

Mir war es immer relativ leichtgefallen, bei Anfragen oder Angeboten Nein zu sagen. Aber wesentlich schwerer fiel mir, Dinge wieder loszulassen, letztlich die Entscheidung zu treffen, sich von ihnen zu trennen, aufzuhören, gewissermaßen eine Handlung in unserer Lebensgeschichte zu beenden. Oft habe ich sehr lange an etwas festgehalten und mir Sätze gesagt wie: »Es gab ja auch gute Zeiten.« Oder: »Vielleicht ändert es sich ja wieder.«

Manchmal werden wir in Geschichten hineingezogen oder sind Teil von Geschichten, die vielleicht nicht oder nicht mehr unsere eigenen sind. Das können Jobs sein, die sich verändert haben und nicht mehr das erfüllen, was wir am Anfang gesucht haben. Oder Beziehungen, die sich nicht mehr richtig anfühlen. In denen wir nicht mehr wir selbst sein dürfen. Und irgendwann müssen wir aktiv entscheiden, ob wir weiter Teil einer Story sein wollen oder nicht.

Dieses Loslassen von Handlungssträngen in unserem Leben kann unglaublich schwierig sein, aber es ist ausgesprochen wichtig, um seine eigene Story zu leben und glücklich zu sein.

Ich habe im Laufe der Zeit viele Dinge in meinem Leben aufgegeben: Beziehungen, Jobs, Ängste, Zucker, Alkohol, Fleisch, Freundschaften. All diese Dinge waren auf ihre jeweils eigene Art schwierig aufzugeben.

Mit zweiundzwanzig brauchte ich fünf Anläufe, um mich

von meinem damaligen Freund zu trennen. Unsere Beziehung war gut, wir hatten die gleichen Interessen, wir liebten Kunst, Architektur, Berlin. Aber es klappte einfach nicht.

Auch Jobs waren für mich schwierig loszulassen. Ich sah einen Job immer auch als Beziehung. Man verbringt in seinem Beruf einen Großteil seiner Lebenszeit, man arbeitet mehr als man schläft, man sieht seine Kollegen öfter als die eigene Familie. Ein Job ist eine Beziehung mit einem Unternehmen, aber darüber hinaus auch mit uns selbst. Hier machen wir das, worin wir gut sind, womit wir Geld verdienen. Ein Job ist eine Beziehung mit unseren Fähigkeiten und den Menschen, die an diese Fähigkeiten glauben.

An dieser »Job-Beziehung« habe ich manchmal länger als notwendig festgehalten. Weil ich mir dachte:

- Beständigkeit ist wichtig.
- Manchmal muss man Dinge »durchziehen«.
- Man muss Schwierigkeiten aussitzen.

Nach dem Gespräch mit der Coachin rief ich meine Schwester Sarah an und unterhielt mich mit ihr darüber, warum es so schwer sei, Dinge wieder loszulassen.

»Das ist das Einarmiger-Bandit-Phänomen«, erklärte sie.

»Einarmiger Bandit? Dieser Glücksspielautomat?«

»Genau. Je mehr Münzen du reinwirfst, desto schwerer ist es aufzuhören. Je mehr du investierst, desto schwieriger ist es, dich zu lösen.«

Inzwischen bin ich besser darin geworden, loszulassen und toxische Situationen zu verlassen. Ich bin bereit, sehr viel zu verzeihen. Aber ich gehe nicht mehr mit einem sinkenden Schiff oder einer nicht glücklich machenden Beziehung unter. Es gibt Geschichten in unserem Leben, die wir loslassen müssen, die einfach nicht mehr Teil unserer Geschichte sein dürfen.

Eine dieser Geschichten war ein Job, den ich loslassen musste, um meine persönliche Geschichte zu leben. Eine andere Geschichte war die Beziehung zu einem Freund, mit dem ich seit Jahren eine schwierige Verbindung hatte. Jedes Mal, wenn wir uns trafen, hatte ich das Gefühl, wie auf Zehenspitzen durch das Gespräch zu tapsen, um ja nichts Falsches zu sagen. Jede kleinste Bemerkung konnte zu einem explosiven Verhalten führen, über das ich im Nachhinein noch tagelang nachdachte. Dann fragte ich mich: Hätte ich mich anders verhalten können? Was konnte ich dem entgegensetzen?

Im Grunde meines Herzens denke ich: Es gibt niemanden, der meine Freundschaft nicht verdient hätte. Aber trotzdem gibt es die Beziehungen, die einem die Energie rauben und die gute Laune, die einen das Glas halb leer sehen lassen. Und irgendwann ganz leer. Und manchmal sieht man nicht einmal mehr ein Glas. Diese Beziehungen geben einem ein schlechtes Gefühl, wenn man sich trifft. Aber man hat sie, einfach weil sie schon so lange in unserem Leben sind und man das Gefühl hat, sie gehören irgendwie zum Inventar unseres Lebens.

Aber was passiert, wenn wir diese Beziehungen durch unser Leben schleifen? Wir verlieren den Fokus für unsere eigene Geschichte. Und die Offenheit dafür, neue Dinge in unser Leben zu lassen. Dinge, die wir vielleicht noch gar nicht kennen. Aber die keinen Platz haben, weil wir festhängen und nicht loslassen können.

Damals, in meiner Coaching-Session in Harvard, hatte ich mich gefragt, ob ich wie eine Schildkröte reagiert und mich in dieser herausfordernden Situation in meinen Panzer zurückgezogen hatte. Aber eigentlich war die Sache ein bisschen anders: Es war weniger ein Zurückziehen gewesen als ein Befreien.

In den Jahren, die auf dieses Erlebnis folgten, befreite ich mich und ließ los: Ich machte meinen Abschluss schließlich doch, aber ich verließ die Uni und begann einen völlig neuen Karriereweg. Ich war frei.

Und ich lernte: Manchmal muss man sich von den Geschichten, in denen man drin hängt, befreien. Auch Schildkröten machen das. Die Meeresschildkröte, zum Beispiel. Die Meeresschildkröte verbringt den Großteil ihres Lebens im Meer. Das Wasser, in dem sie sich bewegt, ist ihr Lebensraum und für sie notwendig. Gleichzeitig ist sie aber dauerhaft einem toxischen Element ausgesetzt - dem Salz im Meerwasser. Die Meeresschildkröte überlebt nur deshalb, weil sie es schafft, das Salz aus dem Wasser wieder loszulassen. Denn würde sie es nicht loslassen, würde sie sterben. Aber wieder und wieder schafft die Meeresschildkröte es, das Salz - über ihre Tränen - loszulassen. Die Meeresschildkröte muss »weinen«, um das, was ihr nicht guttut, aus ihrem Körper herauszuspülen. Jeden Tag aufs Neue muss sie loslassen.

Auch für uns ist es manchmal notwendig, uns von diesem »Salz« im Leben zu trennen. Damit wir in dem Wasser, in dem wir schwimmen, nicht nur irgendwie überleben, sondern darin baden können.

Take-aways: Worum ging es in diesem Kapitel?

1. Manchmal ist es notwendig, Geschichten, die sich in unserem Leben angesammelt haben, loszulassen. Wir werden in Geschichten hineingezogen oder sind Teil von Geschichten, die vielleicht nicht mehr unsere eigenen sind, und irgendwann müssen wir entscheiden, ob wir diesen Teil der Geschichte weiterleben wollen oder nicht.
2. Geschichten sammeln sich aus verschiedenen Gründen in unserem Leben an:
   - Wir fangen zu viele Dinge an.
   - Wir lassen uns von anderen zu etwas überreden.
   - Wir treffen keine Entscheidung oder erst sehr spät.
   - Es fällt uns schwer, Dinge loszulassen.
   - Wir überreden uns selbst und finden »gute Gründe«, uns auf Dinge einzulassen.
3. Manchmal erleben wir das »Einarmiger-Bandit-Phänomen«: Je mehr wir investieren, desto schwieriger wird es, loszulassen.
4. Manchmal ist es notwendig, uns - genauso wie die Meeresschildkröte - von dem »Salz« im Leben zu trennen und loszulassen, um unsere Story nicht nur zu ertragen, sondern zu leben.

Kapitel 6

Wie erfindest du dein Leben neu?

Such dir eine Rolle aus,
die dir so richtig Spaß macht!
William Shakespeare

Bevor man neu anfängt, ändert man seine Story

Viele Neuanfänge beginnen nicht mit einer Trennung oder einer neuen Beziehung. Sie beginnen nicht mit einem neuen Haus oder einer neuen Wohnung. Und auch nicht damit, dass man samstagnachmittags seine Kündigung schreibt. Sie beginnen lange vorher. Mit einer Idee. Mit einer Story. Bevor wir neu anfangen, ändern wir unsere Story und unsere Vorstellung davon, wer wir sein können.

Lange bevor ich meinem damaligen Chef im Gespräch gegenübersaß oder die Kündigung am Computer tippte, änderte ich meine Geschichte. Das war kein bewusster Prozess, aber jeden Tag bewegte ich mich ein bisschen mehr in eine andere Richtung und hin zu einer anderen Geschichte, die ich mir selbst erzählte. Jeden Tag sah ich mich ein bisschen weniger als Angestellte und ein bisschen mehr als Unternehmerin.

Dieses Phänomen - man ändert zuerst seine Story und dann sein Leben - trifft auf viele unserer Lebenssituationen zu. Diesen Prozess beschreibt auch die New Yorker Psychologin Diane Vaughan in ihrem Buch *Uncoupling: Turning Points in Intimate Relationships.* Darin geht sie der Frage nach:

Was passiert, wenn Menschen zusammen sind und sich trennen? Um das herauszufinden, hat sie etliche Paare interviewt, und sie kam zu dem Ergebnis: Lange bevor Menschen sich trennen, ändern sie ihr Narrativ. Sie ändern ihre Geschichte, befinden neu, wer sie sind und in Zukunft sein wollen.

In einer Partnerschaft hat man eine gemeinsame Story. Die Story, wie man sich kennengelernt hat, wie man zusammengekommen ist, von den Meilensteinen einer Beziehung wie Hochzeit, Geburt der Kinder, Anschaffung von Haustieren. Wenn man dabei ist, sich zu lösen, verändert man diese Story. »Unsere Story« wird zu »meiner Story«. Eine gemeinsame Story wird zu einer einzelnen Story. Oft läuft dieser Prozess unbewusst ab. Wir sagen nicht: »Jetzt ändere ich meine Story«, sondern wir entwickeln uns schrittweise weiter und treffen dann irgendwann eine Entscheidung.

»Irgendwie rede ich von meiner Dissertation schon in der Vergangenheitsform«, erklärte mir meine Nachbarin Muriel neulich, dabei hatte sie ihre Doktorarbeit noch nicht beendet. »Als ob das schon hinter mir liegen würde«, fügte sie hinzu.

»Wahrscheinlich hast du deine Story schon geändert«, sagte ich. »Du blickst schon nach vorne, auf das, was danach kommt und wo du danach hinwillst.«

Das Verändern der Story gilt aber nicht nur für Trennungen und Kündigungen, sondern auch für neue Dinge in unserem Leben: für eine neue Beziehung, für einen neuen Job, eine neue Freundschaft. Wir erzählen uns selbst eine Story, warum wir uns auf dieses Neue einlassen wollen.

Bevor ich nach New York ging, habe ich meine Story geändert. Je mehr ich mich mit der Stadt beschäftigte, Bewerbungen schrieb und schlussendlich den Flug buchte, desto mehr sah ich mich als jemand, der mit dreiundzwanzig alleine nach New York ziehen würde. Ich hatte mein Narrativ geändert, lange bevor ich im Flugzeug saß. Und das zeigt einmal mehr: Wir sind die Autoren unserer eigenen Geschichte. Wir haben Möglichkeiten, unser Leben zu planen wie eine Geschichte und zu entscheiden, wie wir leben wollen. Story first.

Das gilt selbst dann, wenn wir uns in Krisensituationen befinden. Auch wenn unsere Möglichkeiten eingeschränkt sind, können wir bestimmen, wie wir reagieren und die Rolle in unserer Lebensgeschichte gestalten wollen. In welchen Beziehungsdynamiken wir sein wollen und in welchen nicht.

In diesem Kapitel geht es um verschiedene Möglichkeiten, die eigene Story neu zu erfinden. Wie können wir Neues in unser Leben lassen, das uns eine andere Perspektive gibt und uns klarer sehen lässt, was wir wirklich wollen? Wie finden wir Inspiration in unserem Leben? Woher wissen wir, was der nächste Schritt ist? Was können wir machen, wenn wir nicht mehr weiterkommen? Wie finden wir den Mut zu springen?

Das Lunch-Talk-Prinzip

Während meiner Zeit in San Francisco fanden jeden Dienstagmittag die sogenannten Lunch Talks statt, eine Eventreihe, zu der Leute von außerhalb eingeladen wurden, um einen Vortrag zu halten. Dieses Format gibt es nicht nur im Silicon Valley, sondern ebenso in vielen Unternehmen und Organisationen in Deutschland. Auch wenn diese Events vielleicht andere Namen tragen, ist die Idee immer die gleiche: Man will Leute dazuholen, die anders sind, die nicht im eigenen Saft schmoren, sondern eine neue Perspektive mitbringen. Denn eine neue Perspektive auf das, was man macht und woran man arbeitet, kann im besten Fall zum entscheidenden Durchbruch führen. Es kann helfen, die eigene Geschichte neu zu erzählen oder eine ganz andere. Lunch Talks sollen uns inspirieren, über die Themen, mit denen wir uns beruflich beschäftigen, noch einmal anders nachzudenken und neue Verbindungen zu erkennen.

Irgendwann habe ich mich gefragt: Was wäre, wenn wir dieses Lunch-Talk-Prinzip auch für unser Privatleben nutzen, um unsere Geschichte oder Themen unter einer völlig anderen Perspektive zu sehen? Wie können wir die Dinge, die uns bewegen, nochmals aus einer bislang unbekannten Betrachtungsweise wahrnehmen, um dann mit mehr Klarheit auf unsere Geschichte zu schauen?

Meine Idee war, eine Lunch-Talk-Serie für mein privates Leben zu machen. Und das ist heutzutage so einfach wie noch nie zuvor. Mit Podcasts, Online-Kursen, YouTube, TikTok oder Instagram können wir heute ganz einfach von zu Hause aus unsere persönlichen Lunch Talks organisieren und so Ideen in unser Leben lassen, die uns helfen, unsere eigene Geschichte neu zu sehen und unsere Perspektive zu erweitern, und die uns Anstöße geben, wie wir unsere Lebensgeschichte neu erfinden können.

Vor einiger Zeit hatte ich einen Podcast gehört, der meine Perspektive und mein Leben verändert hatte. Und wieso sollte man das nicht auch geplant, mit einem Lunch-Talk-Format, erreichen können?

Damals hatte ich eine Folge des Podcasts *Happier in Hollywood* gehört. Zwei TV-Produzentinnen, Liz Craft und Sarah Fain, berichteten im Podcast über ihre Arbeit und ihr privates Leben. In dieser Folge ging es um das Thema, warum man sein Leben nicht immer nur vereinfachen sollte, sondern warum es manchmal auch gut sein kann, sein Leben *komplizierter* zu machen.

Sarah Fain überlegte damals, sich ein Riesenkaninchen, ein Flemish Rabbit, zuzulegen, das mitunter die Größe eines Ponys erreichen kann! Zu diesem Zeitpunkt war ihr Leben eigentlich schon »kompliziert« und schwierig genug: Ihre beiden Eltern waren schwer krank, ihre Mutter litt an Alzheimer. Musste oder sollte man sich in so einer Zeit das Leben mit einem übergroßen Kaninchen noch komplizierter machen?

Ich fand die Frage faszinierend. Anstatt dem generellen Trend der Simplifizierung und Minimalisierung zu folgen, setzte sich Sarah Fain mit dem genauen Gegenteil auseinander: Was passiert, wenn ich mein Leben komplizierter mache? Kann das gut sein? Kann mir das einen Ausgleich zu all dem Schwierigen und den negativen Emotionen bieten? Kann eine Verkomplizierung mein Leben vielleicht sogar besser machen?

Diese Podcast-Folge gab mir eine neue Sichtweise, und unweigerlich dachte ich darüber nach, was dieser Ansatz für mein Leben bedeuten könnte. Das passiert oft automatisch, wenn wir Storys hören. Wir fragen uns dann: »Was bedeutet das für mich?« Im Prinzip sehen wir uns immer selbst in den Geschichten von anderen Menschen und bedenken, meist unbewusst: »Wie sehe ich das?« Oder: »Wie ist das Gehörte im Verhältnis zu meiner eigenen Story zu setzen?«

Mein Leben war damals eher auf der komplizierten Seite: Ich hatte meinen Job gekündigt, mich selbstständig gemacht und arbeitete so viel wie noch nie. Ich hatte neue Kundenprojekte, organsierte Events, Workshops und Vorträge, zudem schrieb ich an einem Buch. Sollte ich meine Situation noch komplizierter machen? Ich war nicht an einem Riesenkaninchen interessiert, aber schon seit vielen Jahren spielte ich mit dem Gedanken, ob ich mir einen Hund zulegen sollte. Ein Hund würde mein Leben als Selbstständige deutlich komplizierter machen. Aber vielleicht auch besser?

Noch Wochen und Monate, nachdem ich diese Podcast-Folge gehört hatte, beschäftigte mich meine veränderte Perspektive. Etwas war in mir angestoßen worden. Ich informierte mich über Züchter und Hundehaltung und holte irgendwann Charlie in München ab.

Neue Perspektiven oder Anstöße müssen aber nicht zufällig in unser Leben kommen, sondern wir können mit einer persönlichen Lunch-Talk-Serie ein wenig nachhelfen. Natürlich wird nicht jeder Podcast oder jedes Buch unser Leben verändern, aber indem wir bewusst neue »Stimmen« in unser Leben lassen, haben wir die Möglichkeit, einen anderen Blick auf unsere Lebensgeschichte zu werfen. Wir haben so die Gelegenheit, unsere eigene Welt mit den Storys von anderen Menschen größer zu machen.

Wie kannst du dieses Lunch-Talk-Prinzip nun konkret in deinem Leben umsetzen?

1. Nimm dir pro Woche eine Stunde Zeit, um dich deinem persönlichen Lunch Talk zu widmen. Das kann eine Mittagspause sein oder eine Stunde an einem Samstagnachmittag.
2. Überlege, welche Themen oder Fragen dich gerade beschäftigen. Erstelle eine Liste mit diesen Themen. Ich finde, es ist immer spannend, die Storys von Menschen zu hören, die ähnliche Erfahrungen wie ich gemacht haben, die aber andere Perspektiven entwickelt haben. Das gibt mir die Möglichkeit, meine Erfahrungen neu zu sehen und zu bewerten.

3. Benutze Services wie YouTube oder Podcast-Apps wie eine Suchmaschine und suche gezielt nach den Themen auf deiner Liste.
4. Und hier kommt der Spin: Wähle aber nicht nur die Ergebnisse aus, die dich interessieren, sondern klicke auch mal auf die Headlines, die du eigentlich nicht anklicken würdest. Das ist eine ideale Möglichkeit, neue Sichtweisen auf das eigene Leben zu bekommen. Bei den Lunch Talks geht es weniger darum, Bestätigung für unsere bereits vorhandene Perspektive zu bekommen, sondern darum, Neues zu entdecken. Und das gelingt dann am besten, wenn wir uns nicht fragen: »Was passt zu mir?«, sondern: »Was ist neu für mich?«

Verschwende keinen Trigger

Wenn es darum geht, deine Story neu zu erfinden, ist ein wichtiger Schritt, überhaupt herauszufinden: Was will ich eigentlich? Was interessiert mich?

Vermutlich kennt jeder das Gefühl, dass wir den ganzen Tag mit Storys von anderen Menschen konfrontiert sind: auf Social Media, in den traditionellen Medien, Geschichten von Freunden und Bekannten. Manche Storys sind wirklich spannend, gehen aber im Alltagsstress schnell unter. Und abends haben wir das Gespräch mit der Freundin oder den Podcast, der total interessant war, schon fast wieder vergessen.

Wenn man seine Story neu erfinden will, geht es auch darum, eine gewisse Sensibilität für die Dinge und Ideen in unserem Leben zu entwickeln, die etwas anstoßen können. Mein Motto dazu: »Was auch immer für mich persönlich durch den Lärm dringt, ist es wert, dass ich ihm nachgehe.«

Mein Yoga-Lehrer in San Francisco hat das ein bisschen knapper formuliert. Er hat immer gesagt: »Never waste a trigger!« Verschwende keinen Trigger. Geh den Dingen nach, die dir auffallen, die dich reizen, die dich beschäftigen.

Inzwischen versuche ich das ganz bewusst zu machen, indem ich mich frage: »Warum reizt mich das?« Oder: »Was sehe ich darin?« Oder: »Was ist der Trigger für mich? Warum beschäftigt mich das? Warum freut/nervt/pusht mich das?«

Es ist leicht, die Trigger in unserem Leben zu ignorieren. Wir sind schließlich busy genug. Wir müssen den Ideen, die in unser Leben kommen, nicht nachgehen. Niemandem fällt es auf, wenn wir die Trigger ignorieren. Aber ich glaube, diese Trigger - in welcher Form auch immer sie in unser Leben dringen - können ein Antrieb für uns sein, unsere Story neu zu erfinden.

Was kann alles ein Trigger sein? Ein Trigger können Gespräche sein, Meetings mit Kollegen, aber auch ein Instagram-Post, ein Podcast, ein Zeitungsartikel, eine Serie, ein Film, ein Tweet, eine Plakatwerbung. Im Prinzip kann alles um uns herum uns einen Anstoß geben, uns zu fragen: Was reizt mich? Und wieso würde ich dem jetzt gerne nachgehen?

Um diese Sensibilität zu kultivieren und das festzuhalten, was dich bewegt, kannst du am Abend die Themen und Ideen aufschreiben, mit denen du im Laufe des Tages konfrontiert wurdest.

Aufgabe: Überlege, welche Gespräche du tagsüber geführt, welche Artikel du gelesen hast. Was davon fandest du interessant? Über welche Fragen hast du noch länger nachgedacht?
Diese Übung wird immer einfacher, je länger du sie machst. Ziel ist es, dass du nach ein paar Tagen nicht erst abends, sondern im Laufe des Tages immer wieder merkst: Oh, das ist ja interessant! So kannst du immer genauer überlegen, was du aus diesen Anregungen für dein Leben mitnehmen willst.

Der Podcast, der mich inspirierte, über einen Hund nachzudenken, war ein Trigger für mich. Ein anderer war eine Fernsehserie, die mich letztlich inspirierte, mich für ein Studium in Harvard zu bewerben.

Es war eine dieser Sommernächte in Wien, die einen erst um zwei Uhr morgens schlafen lassen, wenn es zwar noch nicht kühler geworden ist, aber man irgendwann so müde ist, dass man trotz Hitze nicht anders kann, als in die Träume abzudriften.

»Wollen wir noch eine Serie schauen?«, hatte ich Benjamin an diesem Abend gefragt. Benjamin ist einer der wenigen Menschen, die ich kenne und die völlig immun gegen Binge Watching sind und nach einer Folge auch wirklich genug haben. Das Phänomen kenne ich persönlich nicht. Ich kippe in einige Storys und Serien so sehr rein, dass ich das Gefühl habe, erst weiterschauen zu *müssen*, damit mein sonstiges Leben weitergehen kann.

Es war wahrscheinlich die Hitze, denn Benjamin ließ sich von mir ausnahmsweise zu einer weiteren Folge der Krimiserie *Numb3rs* überreden. In *Numb3rs* geht es um einen Mathematiker, Charlie, der Kriminalfälle löst. Das ist die große Story dieser Serie. In dem Teil, den wir an diesem Abend sahen, ging es aber neben Mathematik und Kriminalfällen (die ich alle schon wieder vergessen habe) um die Frage, ob Charlies Freundin Anna eine Stelle an der Harvard University annehmen soll.

Ich überlegte, was ich an Annas Stelle gemacht hätte.

»Ich glaube, ich würde den Job annehmen«, sagte ich zu Benjamin.

»Okay.« Benjamin gehört zu den Leuten, die am liebsten ganz still Fernsehen gucken, während ich am liebsten alles kommentiere oder viele rhetorische Fragen stelle, die sich anhören, als würde mein Gegenüber die Serie bestens kennen.

»Also, ich würde den Job annehmen«, wiederholte ich.

»Hmm ...«

»Ich meine: Es ist Harvard! Wer schafft es schon nach Harvard?«

»Hmm ...«

»Ich würde auch als Putzfrau nach Harvard gehen.«

»Mit deiner Stauballergie?«, meldete sich Benjamin jetzt ungläubig zu Wort.

»Ich meine, es ist Harvard!«

»Dann mach das doch!«, sagte Benjamin.

Ich überlegte. Konnte ich nach Harvard gehen? War das eine Option für Normalsterbliche?

Irgendwann war die Folge zu Ende und irgendwann schliefen wir trotz Hitze ein. Aber die Frage ließ mich in den nächsten Tagen und Wochen nicht mehr los: Konnte ich in Harvard studieren?

Die Serie hatte mich getriggert. In den Tagen nach dem nächtlichen Binge Watching googelte ich »Harvard« und »Application Process«. So kompliziert sah das Bewerbungsverfahren gar nicht aus. Und wieso sollte ich es nicht einfach mal versuchen?

In den nächsten Monaten folgten viele Bewerbungshürden, finanzielle Hürden, schlaflose Nächte, Zweifel und Tränen. Immer wieder sah es so aus, als würde es doch nicht klappen. Aber etwas mehr als ein Jahr, nachdem ich *Numb3rs* gesehen hatte, begann ich tatsächlich in Harvard zu studieren.

Der US-amerikanische Neurowissenschaftler Paul Zak hat herausgefunden, dass die Storys, die wir zum Beispiel in Serien oder Filmen sehen, unseren Hormonspiegel verändern. Storys begünstigen eine Oxytocin-Produktion; wir produzieren mehr Oxytocin - auch als »Kuschelhormon« bekannt, das prosoziale Verhaltensweisen bedingt.

Zak kam im Rahmen einer Studie, in der er Teilnehmern eine Filmsequenz vorspielte und vorher und nachher Blut entnahm, zu der Erkenntnis, dass Geschichten körperlich auf uns wirken. Vielleicht kennt ihr das Phänomen auch: Ihr werdet mit einem emotionalen Spendenaufruf einer Organisation konfontiert, und in den nächsten Tagen denkt ihr immer mal wieder an diese zu Herzen gehende Geschichte und spendet vielleicht auch etwas. Was dort stattfindet, ist eine Art postnarrativer Effekt, nämlich ein Anstieg der Oxytocin-Produktion, der teilweise noch Tage später nachweisbar ist.

Ich bin keine Neurowissenschaftlerin, aber irgendetwas hatte mich an diesem Abend, als ich die Krimiserie sah, getriggert - und dieses Gefühl hielt noch tagelang an.

Wir alle haben diese Trigger im Leben. Aber manchmal sind wir zu busy oder abgelenkt, um ihnen nachzugehen. Oder aber wir erlauben uns nicht, sie zu verfolgen, weil wir glauben, dass es sowieso nicht klappt, wir es für unrealistisch halten oder es als Tagträumerei abtun. Aber wieso sollten wir es nicht einfach mal versuchen?

Lange Zeit dachte ich nicht darüber nach, was mich zu der Bewerbung in Harvard inspiriert hatte. Wenn man in Harvard studiert hat, wird man so gut wie nie gefragt: »Warum ausgerechnet Harvard?« Aber irgendwann erinnerte ich mich wieder daran, was mich auf die Idee gebracht hatte, dort zu studieren. Mir wurde klar, wie unglaublich wichtig die Geschichten sind, die wir hören, sehen und erzählen. Die Geschichten, mit denen wir uns selbst konfrontieren. Dass diese Geschichten in Podcasts und Romanen und Büchern nicht einfach ein Nice-to-have sind, sondern Bedeutung und Einfluss auf unser Leben haben. Und genau deshalb ist es so unglaublich wichtig, dass Geschichten produziert werden, die divers sind und in denen wir uns selbst sehen können. Meine Anekdote, wie mich eine Fernsehserie nach Harvard gebracht hatte, ist nichts Triviales, sondern eigentlich etwas Politisches.

Ich hatte mich in Charlies Freundin selbst gesehen. Ich konnte mich mit ihrem Struggle und ihrer Entscheidung identifizieren. Hätte ich mich auch in Harvard beworben, wenn es sich in der Serie nicht um eine Frau gehandelt hätte, die dorthin gehen wollte, sondern um einen älteren Mann?

Einer meiner Lieblingssprüche, der auch die Bedeutung von Storys abbildet, lautet: »If you can see it, you can be it.« Wenn du dich selbst in einer Rolle sehen kannst, wenn du dich selbst mit einer Person identifizieren kannst, kannst du diese Rolle sein. Die Storys, mit denen wir uns umgeben, sind kein Freizeitprogramm, keine nette Unterhaltung, sondern sie beeinflussen unser Leben. Sie geben uns die Möglichkeit, uns selbst in einer Geschichte zu sehen. Und dann auch diese Geschichte zu leben.

Gerade weil Serien und Filme so einen großen Einfluss haben, gibt es viele Initiativen, vielfältigere und diverse Storys auch zu zeigen. Denn Frauen sind in der Film- und

Fernsehbranche immer noch unterrepräsentiert. Nicht nur als Produzentinnen, sondern auch auf der Leinwand. Lediglich 33 Prozent aller Filmcharaktere sind Frauen. Frauen über vierzig sind nur noch zu 25 Prozent repräsentiert. Und Women of Color (WoC) machen nur einen Bruchteil dieser Rollen aus. Dabei brauchen wir genau diese Geschichten, um uns selbst in diesen zu sehen. Aber was, wenn diese Storys gar nicht erzählt werden?

***

Alle möglichen Geschichten in unserem Leben können ein Trigger sein, um neu über unser Leben nachzudenken. Und um zu überlegen: Was will ich verändern? Wie sehen meine nächsten Schritte aus? Was macht mein Leben besser?

Für Autoren sind diese Trigger enorm wichtig, denn neue Geschichten beginnen meist nur mit einem Funken, einem Satz, einer Frage, einem Beruf, einem Wort, einem Gefühl.

Das Gleiche gilt auch für Unternehmen: Ideen für neue Produkte entstehen oft aus einem persönlichen Problem oder einem Bedarf. Unternehmen werden gegründet, weil es noch keine ausreichende Lösung für ein persönliches Problem oder eine Frage gibt:

»Ich wollte preisgünstig in einer anderen Stadt übernachten, aber ich hab keine einfache Möglichkeit dafür gefunden.«

»Ich wollte besser mit meinen Kollegen kommunizieren, auf einem Messenger, der nur für die Arbeit gedacht ist.«

Um diese ganz alltäglichen Dinge überhaupt wahrzunehmen, bedarf es einer gewissen Sensibilität und Neugier. Einer Sensibilität, diese kleinen Alltagssituationen zu sehen und zu hinterfragen. Neu über diese Dinge nachzudenken und ihnen einen anderen Spin zu geben. Alles um einen herum mit einem großen Fragezeichen zu versehen. Zu fragen: »Was wäre, wenn?« Oder: »Warum ist das so? Wie könnte es anders sein?« Oder: »Was ist das Gegenteil davon?«

»Warum hat sich Ketchup nie verändert?«, hat sich einmal der kanadische Autor Malcolm Gladwell gefragt. Senf hat sich verändert, Soßen haben sich verändert, aber Ketchup ist immer gleich geblieben, stellte Gladwell fest, bevor er für den *New Yorker* den Essay »The Ketchup Conundrum« schrieb.

Die gleiche Sensibilität, die wichtig für kreative Prozesse ist oder für Business-Ideen, können wir auch für unser Leben kultivieren, indem wir durch unseren Alltag gehen und fragen: »Warum ist das so?« Und: »Was reizt mich?« Denn unsere persönlichen Neuanfänge beginnen oft mit einem Gedanken, einer Situation, einer Frage, einem Problem, wenn wir mit einer gewissen Sensibilität durchs Leben gehen.

»Bei mir war es der Satz ›Ich will nicht bei der Telekom sterben‹«, erzählte Benjamin mir. »Irgendwann ist mir dieser Satz in den Kopf gekommen und hat mich nicht mehr losgelassen. Ich habe gesehen, wie meine Kollegen ihr Dienstjubiläum feierten. Zwanzig Jahre. Dreißig Jahre. Dann irgendwann pensioniert wurden und ihr ganzes Leben nur bei einem Arbeitgeber geblieben waren. Als ich ein weiteres dieser Dienstjubiläen sah, kam mir dieser Satz in den Kopf und ließ mich nicht mehr los.«

Wir werden jeden Tag mit so vielen Inhalten konfrontiert, aber ich halte an meinem Motto fest: »Was auch immer durch den Lärm dringt, ist es wert, dass ich ihm nachgehe.« Sensibilität zu kultivieren, kann unsere Wahrnehmung schärfen und uns dazu bringen, genauer zuzuhören. Und das ist unglaublich wichtig, wenn es darum geht, seine eigene Story zu finden.

Jedes Jahr versuchen unzählige Menschen mit Neujahrsvorsätzen ihr Leben zu ändern: Sie wollen mehr Sport machen, aufhören zu rauchen, gesünder essen. Nur um Mitte Januar diese Vorsätze wieder aufzugeben. Das liegt daran, dass wir unsere Gewohnheiten auf einen Schlag zu ändern versuchen, aber nicht unsere Geschichte.

Was bedeutet das?

Wenn wir unser Leben ändern wollen, müssen wir nicht zuerst unsere Gewohnheiten ändern, sondern die Story, die wir uns dazu erzählen.

Dazu ein Beispiel: Jeden Januar melden sich unzählige Menschen in einem Fitnessstudio an. Sie wollen das Ergebnis ändern, und das Ergebnis kann sein: mehr Sport zu machen, fitter zu sein, abzunehmen oder Ähnliches. Aber mit ihrer neuen Mitgliedschaft müssten sie auch ihre Story ändern, die sie sich selbst zu diesem Thema erzählen.

Unsere Gewohnheiten sind ein Ergebnis unseres Lebens. Aber wir können nicht einfach nur das Ergebnis ändern, sondern wir müssen zuerst unsere Story ändern, damit sich dann das Ergebnis, unsere Gewohnheiten, ändert. Auch hier gilt: Story first. Zuerst ändern wir unsere Story, dann unsere Gewohnheiten.

Wenn man sich im Fitnessstudio anmeldet, hat man wahrscheinlich Gründe dafür. Man hat eine Motivation und ein »Warum«, das einen zu dieser Anmeldung bringt. Aber das ist nur der erste Schritt.

Im nächsten Schritt - und am besten vor Abschluss einer zweijährigen Mitgliedschaft - können wir uns fragen: Welche Story erzählen wir uns - auch unbewusst? Wie wollen wir uns unsere neue Story erzählen?

Also: Anstatt sehr abstrakte Gründe zu benennen (»fitter«, »sportlicher«, »stärker« werden), können wir überlegen, was unsere Story ist. Und die kann - um beim Beispiel vom Fitnessstudio zu bleiben - so aussehen:

»Ich bin ein Mensch, der in seine Gesundheit investiert.«

»Ich gehe Dinge aktiv im Leben an, und Sport ist genauso wie anderes eine Aktivität.«

Beginne diese Sätze immer mit »Ich« und formuliere sie in der Gegenwart: »Ich bin«, »Ich mache« etc. Das hilft dir, deine zukünftige Story jetzt schon zu sehen.

Besonders gut ist es, wenn du die Veränderung, die du machen willst, mit deiner Vergangenheit verknüpfen kannst. Frage dich: Wie hängt die neue Veränderung mit deiner größeren Story oder deiner größeren Motivation zusammen?

Um beim Beispiel Fitnessstudio zu bleiben: Wenn deine Story ist, dass du einen aktiven Lifestyle haben willst, so überlege, wo es Beispiele für diese Aktivität in deinem Leben gibt, die nicht unbedingt mit Sport zu tun haben.

Diesen Fokus auf das »Wie« hat auch Benjamin Franklin, einer der Gründerväter der Vereinigten Staaten, vorgenommen, als er mit zwanzig Jahren auf einem Blatt Papier definierte, *wie* er sein wollte und welche Charaktereigenschaften ihm wichtig waren. Damals schrieb er auf, wer er sein wollte und welche dreizehn Fähigkeiten ihm wichtig waren. Zu jedem dieser Werte fand er Beispiele, wie diese konkret aussehen sollten. Auch Franklin hat gewissermaßen nach dem Prinzip »Story first« gelebt. Er hat zunächst seine Story definiert und diese dann umgesetzt.

Die dreizehn Tugenden von Benjamin Franklin, verfasst im Alter von zwanzig Jahren:

1. Mäßigung. Esse nicht aus Langeweile, trinke nicht zur Euphorie.
2. Stille. Rede nicht, wenn es anderen oder dir selbst nicht dient, vermeide achtlose Gespräche.
3. Ordnung. Lasse alles seinen Platz haben; lass jeden Bereich deiner Arbeit seine Zeit haben.
4. Entschlossenheit. Entscheide, was du machen willst; setze das um, was du entschieden hast.
5. Sparsamkeit. Gib nichts aus, was nicht anderen oder dir selber hilft; verschwende nichts.
6. Fleiß. Verschwende keine Zeit, beschäftige dich immer mit Nützlichem, lass alles los, was nicht notwendig ist.
7. Aufrichtigkeit. Täusche andere nicht; denke gutartig und fair, und rede auch so.
8. Gerechtigkeit. Tue niemandem Unrecht oder unterlasse die Dinge, die deine Pflicht sind.
9. Maß halten. Vermeide Extreme; unterlasse es, anderen Verletzungen zuzufügen, auch wenn du diese für gerechtfertigt hältst.
10. Sauberkeit. Toleriere keine Unsauberkeit am Körper, Kleidung und Wohnung.
11. Ruhe. Lass dich nicht durch Kleinigkeiten beunruhigen oder durch Vorfälle, die unvermeidlich sind.
12. Enthaltsamkeit. Sei enthaltsam, außer wenn es um Gesundheit oder Nachwuchs geht, aber nie aus Langeweile oder um deinen eigenen oder den Frieden von jemand anderem zu stören oder deinen Ruf.
13. Bescheidenheit. Imitiere Jesus und Sokrates.

Auch wir können unsere Geschichte auf einem Blatt Papier oder in der Notiz-App unseres Smartphones neu erfinden und planen. Wir können nicht nur versuchen, einem Ergebnis hinterherzulaufen, sondern - viel wichtiger - überlegen, wie wir uns selbst sehen und wie wir unsere eigene Geschichte erzählen wollen.

Think Big

Wenn ich eine amerikanische Eigenschaft nennen müsste, dann wäre es die Fähigkeit, das Big Picture zu sehen. Groß zu denken. Auch das ist eine Perspektive, die uns dabei helfen kann, unsere Story neu zu erfinden.

Ich finde es unglaublich wichtig, das Big Picture zu sehen, gewissermaßen die Gesamtsituation, auch wenn man mit vielen Details in seinem Leben beschäftigt ist.

So ging es mir zum Beispiel bei der Planung unserer Hochzeit. Hier wurde mir ziemlich deutlich bewusst, was es heißt, groß zu denken. Denn während ich überlegte, wie man unsere Gäste am besten vom Flughafen in die Stadt bringen konnte, hatte mein New Yorker Freund Chris einen ganz anderen Zugang zu dem Thema.

»Wenn ich einmal heirate, dann in der Karlskirche«, sagte Chris. Er war für ein paar Wochen nach Wien gekommen, und wir saßen zusammen in einer Kneipe und waren inzwischen beim zweiten Glas Wein angelangt. Der beste Zeitpunkt für große Ideen, die nicht mehr ganz auf dem Boden bleiben.

»Was meinst du damit, du würdest in der Karlskirche heiraten?«, fragte ich interessiert. Es war Januar, und im Juni wollten Benjamin und ich heiraten. Standesamtlich.

»Die Karlskirche ist für mich einfach die schönste Location in Wien«, fuhr Chris fort. »Wenn du reingehst, hast du das Gefühl, du betrittst ein Kunstmuseum. Aber nicht so ein überwältigendes, sondern eins, das irgendwie gemütlich und einladend ist und wo man vielleicht an einer Bar noch einen Espresso bekommt.«

Ich hatte eigentlich gar nicht vorgehabt, in einer Kirche zu heiraten. Und die Karlskirche war für mich mehr eine der großen Sehenswürdigkeiten in Wien als eine Kirche. Aber irgendwie fand ich total spannend, was Chris erzählte. Konnte man als normaler Mensch überhaupt in der Karlskirche heiraten? Oder war dieser Ort nicht für die Königsfamilien und Superreichen dieser Welt reserviert?

»Und dann trittst du nach draußen«, schwärmte Chris weiter, »und vor dir liegt die Stadt auf der einen Seite und ein Park auf der anderen. Das volle Leben!«

»Die Karlskirche wäre traumhaft, aber ich glaube nicht, dass man dort heiraten kann«, wandte ich ein.

»Warum nicht?« Chris trank einen Schluck von seinem Wein. »Ich würde einfach mal fragen. Also, wenn ich heiraten würde, würde ich dort heiraten!«

Ich überlegte. Chris hatte recht. Ich mochte seine New Yorker Art zu denken und nicht alles mit einem »Das kann sowieso nicht klappen«-Einwand zu versehen, noch bevor man einen Gedanken zu Ende gedacht hat. Aber genau das passiert uns so oft und hindert uns dann daran, auf diese großen Ideen zu kommen.

In den USA habe ich genau das Gegenteil erlebt. Hier wird das Motto »Think Big« von allen gelebt. Während meiner Zeit dort habe ich erlebt, wie die Menschen um mich herum meine eigenen Zweifel mit einer ganz einfachen Frage beantworteten: »Warum nicht?« Und wie die Amerikaner das, was wir vielleicht als »Träume« bezeichnen, »Möglichkeiten«

nennen. Und dass das nicht nur eine Formulierungsfrage ist, sondern eine Lebenseinstellung.

Chris ist ein Meister darin, in allem immer das Big Picture zu sehen. Die großen Möglichkeiten. Er kann abstrahieren, um die kleinen Dinge in einem großen Kontext zu sehen. Eine Vogelperspektive einzunehmen.

Diese Perspektive ist der Grund, warum ich auch jetzt noch nach New York fahre. Ich fahre nicht nach New York, um über die Brooklyn Bridge zu gehen oder die Freiheitsstatue anzuschauen. Die Statue of Liberty ist schön, aber was mir viel wichtiger an diesen Besuchen ist, ist zu sehen, wie dieses »Think Big« jeden Tag von Tausenden Menschen gelebt wird.

Um diese veränderte Perspektive zu erleben, muss man nicht auf der Brooklyn Bridge stehen oder an der Statue of Liberty vorbeischippern, es reicht eigentlich schon, wenn man bei einem Falafel-Stand in der Schlange steht. Ich habe mir an eigentlich völlig unbedeutenden Orten schon die großen Fragen gestellt: Was ist das Größte, das ich mir vorstellen kann? Was bedeutet für mich das große Leben? Wie kann ich »groß« denken, für meine Beziehungen, meinen Beruf, mein Leben? Wie kann ich mehr von dem, was mir Spaß macht, in mein Leben holen?

Wir sind oft so tief drin in unserem eigenen Leben und hängen fest in Details oder in Meetings, wir warten auf den Zug oder auf eine WhatsApp-Nachricht. Der Abstand auf unser Leben fehlt uns genauso wie das große Denken. Und einmal im Jahr, am 31. Dezember, überlegen wir uns ein paar Vorsätze für das neue Jahr, die vielleicht bis Mitte Januar vorhalten und dann untergehen.

Aber wie behält man das Big Picture nicht nur im Auge, sondern vielleicht auch im Fokus?

***

Neulich erklärte mir eine Freundin, mit der ich über das Thema »Think Big« sprach: »Ich wurde von meinem Chef gefragt, ob ich im Unternehmen nicht eine Führungsrolle annehmen will. Das wäre mir selbst nie eingefallen.« Sie sah mich fragend an. »Ich weiß gar nicht, wie ich über meine eigenen Limitationen hinauskommen kann, was dieses große Leben für mich bedeutet.«

Ich überlegte. Mir half es, nach New York zu fliegen und mit so vielen Leuten wie möglich dort zu reden. Über Lebensentwürfe, Entscheidungen, Möglichkeiten. Aber das hatte natürlich seine Grenzen, denn nicht jedes Mal, wenn eine Entscheidung anstand, konnte ich mich ins Flugzeug setzen.

»Mir hilft es immer«, sagte ich, »mit anderen Leuten darüber zu reden, um eine andere Perspektive auf das eigene Leben zu bekommen. Im besten Fall haben andere Menschen eine Außenperspektive und sehen das große Ganze.«

»Und wenn es nicht so viele Leute in meinem Bekanntenkreis gibt?«, fragte meine Freundin.

»Dann überleg doch, welche Leute du gut findest. Und warum du sie gut findest«, schlug ich vor. »Man kann sich auch Inspiration von außen holen!«

Noch nie konnten wir uns von so vielen Menschen in allen Belangen unseres Lebens inspirieren lassen. Über Social Media können wir Menschen auf der ganzen Welt folgen. Wir können uns von ihnen Rat holen und von ihren Erfahrungen profitieren, ganz gleich, ob es darum geht, Cashewmilch selber zu machen, ein Haus zu kaufen, umzuziehen, Kinder zu kriegen oder zu adoptieren, die beste Hochzeit zu organisieren, den richtigen Partner zu finden. All diese Storys von anderen Menschen können uns als Inspiration dienen, was das große Leben für uns bedeutet.

»Wer inspiriert dich denn?«, fragte meine Freundin.

Ich überlegte. Mir fielen Menschen wie Arianna Huffington oder Greta Thunberg ein. Dann aber auch Personen wie meine Freundin Ronke, die immer ein neues Projekt verfolgt und sich in Themen und Ideen reinstürzt und so ihr Leben ständig aufregend gestaltete. Aber was machte ich tatsächlich mit diesen Storys, um größer zu denken und diese Storys zu leben?

Das Gespräch in der Kneipe mit Chris hatte mich inspiriert, gleich am nächsten Tag in der Karlskirche anzurufen. Am Sonntag. Dort war das Büro natürlich nicht besetzt, aber ich wurde sofort am Montagmorgen zurückgerufen.

»Natürlich können Sie in der Karlskirche heiraten«, erklärte mir ein enthusiastischer Küster. »Wir freuen uns auf Sie!«

Ich war völlig überrascht. So einfach war das? Ich schrieb Chris eine Textnachricht: »Ich glaube, wir heiraten in der Karlskirche!«

»Super!«, antwortete Chris. »Ich wusste, dass das klappt!«

Mit der Idee des Think Big im Hinterkopf formulierte ich mein persönliches Motto. Es lautete: »Immer oben anfangen - runter kommt man von ganz alleine.«

Auch das ist für mich das große Leben: Wenn wir uns nicht von unseren Unsicherheiten und Ängsten dazu verleiten lassen, das Zweitbeste oder Drittbeste zu nehmen. Das Sicherste. Diese Einstellung hat mir sehr geholfen, die großen Dinge im Leben anzugehen. Nach New York zu ziehen, mich in Harvard zu bewerben, bei der *Huffington Post*, bei *Forbes*. In der Karlskirche zu heiraten.

Und was meine große Lebensplanung betrifft, ist inzwischen auch klar, was Think Big bedeutet: selbstständig zu sein, zu schreiben, in einer Großstadt zu wohnen, mit meinem Mann zusammen zu sein, besondere Menschen und Beziehungen in meinem Leben zu haben, einen Hund zu haben, regelmäßig in die USA zu reisen, Partys zu feiern, die in Erinnerung bleiben, tolle Menschen und Persönlichkeiten zu treffen, immer wieder Neues zu erleben.

Drei Tipps: Wie schafft man es, das Big Picture zu sehen?

1. Abstand gewinnen. Um das Big Picture zu erkennen, ist es wichtig, Abstand zu gewinnen. Das kann dir gelingen, wenn du aus deinen Routinen oder deiner gewohnten Umgebung herauskommst.
2. Mit Leuten reden. Wann immer wir uns auf ein Gespräch auch wirklich einlassen, haben wir Gelegenheit, eine andere Perspektive kennenzulernen. Das können wir für unsere eigene Lebensgeschichte nutzen, indem wir andere fragen: »Was ist deine Perspektive dazu?« Oder: »Wie siehst du das?«
3. Such dir Menschen, die dich inspirieren. Viele Menschen in meinem Leben sind unglaublich inspirierend. Sie in meinem Leben zu haben, gibt mir einen Zugang zum Big Picture.

Das große Leben ist aber für jeden ein anderes, und auch Think Big bedeutet für jeden etwas anderes: Für einige besteht es darin, sich voll auf die Familie konzentrieren zu können, für andere ist es die Karriere, wieder andere wollen beides. Das große Leben können Häuser auf dem Land oder Stadtwohnungen sein, Kinder, Partner, Lover, Haustiere, Rooftop-Partys, Kaffeekränzchen, Abendgarderobe oder Hoodies. Manchmal beinhaltet Think Big auch, sich zu verkleinern. Sich von einem Partner zu trennen, Freunde loszulassen, einen Job, der voller Versprechen gewesen war, loszulassen.

Was auch immer Think Big für einen besagt, es ist eine Möglichkeit, das eigene Leben besser zu machen. Schöner. Aufregender. Größer. Deshalb ist es für unsere persönliche Story ein sehr wichtiges Prinzip. Es ist die Idee, die größte Geschichte zu leben, die man sich vorstellen kann. Sich zu fragen: »Was ist die größte Story für mich persönlich?«

Warum man die besten Ideen hat, wenn man nicht damit rechnet

Immer wenn ich mit einem Problem oder einer kreativen Aufgabe nicht weiterkomme, versuche ich, aus meiner Routine auszubrechen. Ich muss meine gewohnte Umgebung verlassen und irgendwo hingehen, wo ich sonst nicht bin, um auf neue Gedanken zu kommen. Auch Bewegung hilft mir in solchen Fällen, und da ist es fast egal, ob ich wandern gehe oder im Zug sitze und gewissermaßen bewegt werde.

Ich glaube nicht, dass wir unsere Story neu erfinden können, wenn wir am Schreibtisch sitzen und auf unsere volle Inbox starren. Für die Neuerfindung unserer Lebensgeschichte müssen wir kreativ werden, und dazu lautet mein Grundsatz: »Raus aus der Routine!«

Während meiner Zeit in San Francisco hatten wir häufig Walking Meetings. »Walking Meetings sind normale Meetings, nur dass du nicht am Schreibtisch sitzt, sondern durch die Stadt wanderst«, erklärte mir ein Kollege, als ich zum ersten Mal davon hörte.

Statt in einem fensterlosen Konferenzraum zu sitzen, wanderte ich damals mit einer Investorin durch den Mission District. Wir tranken Kaffee, shoppten in Secondhandläden und unterhielten uns. Ich lernte sie so viel intensiver kennen, als dies in einem Meetingraum möglich gewesen wäre. In San Francisco stellte ich fest: Man hat bessere Ideen, wenn man die gewohnte Umgebung verlässt und aus dem Alltagstrott im Büro ausbricht.

Routinen können wichtig sein, aber sie können auch unsere festgefahrenen Denkmuster bestärken. Und gerade für neue Ideen - egal ob im beruflichen oder in meinem Privatleben - hilft es, aus dem Trott auszubrechen. Aber wie macht man das? Wie verlässt man das Gewohnte? Und wie lässt man sich auf das Neue ein?

Jeder von uns weiß, wie es sich anfühlt, nicht mehr in der Tretmühle zu sein, dann, wenn wir im Urlaub sind. Im Urlaub werden unsere Routinen unterbrochen, und für eine begrenzte Zeit leben wir eine andere Story, mit einem anderen Tagesablauf und anderen Erlebnissen. Hier schaffen wir es, quasi aus dem Nichts heraus - und eigentlich nur, weil wir an einem anderen Ort sind - unser Leben neu zu erfinden. Und diesen Neuanfang auch zu genießen.

Die ersten Tage im Urlaub, die ersten Tage in einer neuen Stadt sind für mich magisch. Jede Begegnung, jedes Gespräch, jede Situation ist plötzlich etwas Besonderes, selbst wenn man nur mit einer Packung Spaghetti im Supermarkt in der Schlange steht. Im Urlaub haben wir die Möglichkeit, für eine begrenzte Zeit neu zu definieren, wie wir leben wollen. Während dieser Zeit tauchen wir ein in eine neue Welt, die von anderen Regeln und Menschen bestimmt wird als die, die man kennt.

Eine Welt, zu der man noch nicht gehört und doch plötzlich Teil davon ist. Eine Welt, in der Wissen und Fähigkeiten gefordert sind, die man noch nicht hat. Von denen man noch nicht mal wusste, dass man sie brauchen könnte. Das macht das Spannende dieser ersten Urlaubstage aus.

Aber was wäre, wenn man dieses Urlaubserlebnis auch auf unsere Geschichte übertragen könnte? Wenn wir unsere Story mit einer Leichtigkeit verändern und neu erfinden könnten, die wir alle aus unseren Urlaubserfahrungen kennen?

Hier ein paar Ideen, wie das im Alltag gelingen kann, Routinen zu durchbrechen:

1. Erkunde ein neues Stadtviertel oder einen Nachbarort, den du nicht gut kennst.
2. Suche nicht dein Stammcafé auf, sondern Lokalitäten, in denen du noch nie warst; bestelle Dinge, die du noch nie bestellt hast.
3. Leihe dir Klamotten von einer Freundin, deiner Schwester oder Nachbarin und trage sie.
4. Verabrede dich zum Mittagessen mit einer Kollegin oder einem Kollegen, mit dem du bisher noch wenig zu tun hattest.
5. Suche dir einen neuen Podcast.
6. Kaufe dir eine Zeitschrift, die nichts mit deinem Leben zu tun hat.

All das kann aus Routinen herausholen und dich dazu bringen, neue Ideen für dein eigenes Leben zu entwickeln.

Ich finde, der beste Zeitpunkt, um über seine Story nachzudenken, ist beim Geschirrspülen. Oder wenn man in der Schlange im Café steht und seinen Kaffee bezahlen will. Beim Kartoffelschälen. Rasenmähen. Beim Spaziergang mit dem Hund. Und natürlich unter der Dusche.

Ich liebe diese Zwischenmomente im Leben. Das Zusammensitzen nach dem Mittagessen, wenn man Gedanken auf Servietten kritzelt. Die kurzen Pausen im Leben. In diesen Momenten passiert so viel - und trotzdem sind sie völlig unterschätzt. Sonst wären wir alle viel bemühter, diese bewusst in unser Leben zu holen. Aber anstatt kreativ zu sein, sind wir busy. Ich persönlich habe meine besten Ideen oft beim Geschirrspülen.

»Kannst du das Geschirr dann bitte auch abtrocknen?«, ermahnt mich Benjamin immer.

Leider erstreckt sich mein kreativer Prozess aber nur auf das Abwaschen, nicht auf das Abtrocknen oder Wegräumen, was ihn mitunter wahnsinnig macht.

»Abtrocknen und Wegräumen lenken mich zu sehr ab«, erkläre ich. »Dabei kann ich mich nicht konzentrieren.«

Wenn ich das saubere Geschirr wegräume, dann klackern die Töpfe gegeneinander, dann räume ich Teller in den Schrank, und statt über etwas Wichtiges nachzudenken, fällt mir ein, dass wir noch Zwiebeln brauchen. Aber Geschirrspülen ist für mich Meditation.

Meinem New Yorker Freund Bill geht es ganz genauso. Wir sind Geschirrspül-Seelenverwandte. Einmal waren er und sein Mann Bob bei uns in Wien zu Besuch, als ich nachts um 2:43 Uhr von Geschepper geweckt wurde. Ich war so müde, dass ich kurzzeitig vergessen hatte, dass wir Besuch hatten, und tapste schlaftrunken in die Küche. Dort sah ich

Bill, der beide Arme in einer riesigen Schaumwolke vergraben hatte und wie in Trance nicht nur das schmutzige Geschirr abwusch, sondern auch das, das für ihn so aussah, als könne es einen »fresh up« gebrauchen.

»Sorry, Honey, aber ich konnte nicht schlafen«, sagte Bill und deutete auf die Spüle. »Ich musste einfach noch über etwas nachdenken.«

Wir alle kennen das, dass wir unter der Dusche die besten Ideen haben. Inzwischen gibt es auch einige wissenschaftliche Erklärungen dafür, warum das so ist. Es hat mit der Kombination von Wasser, Entspannung und Langeweile zu tun, die uns diese Ideen beschert. Gerade dann, wenn wir nichts denken, haben wir die besten Ideen. Das ist irgendwie die Ironie unseres Nervensystems.

Aber es gibt Tage, da habe ich das Gefühl, dass diese Minuten unter der Dusche nicht ausreichen, um die Fragen, mit denen ich mich beschäftige, zu beantworten.

Ich habe mich oft gefragt, wie man diese Zwischenmomente herstellen kann. Ausnutzen kann. Planen. Würde es reichen, mehr Pausen zu machen? Aber was fängt man in ihnen an? Müssten es repetitive Tätigkeiten sein? Bücher sortieren? Oder solche, wo wir uns langweilen? Wie beim Schlangestehen im Supermarkt.

Das Spannende an diesen Momenten ist, dass sich durch sie unser Blick auf unsere Story plötzlich verändert. Normalerweise hängen wir mitten in ihr, wir sind Teil davon, wir *sind* unsere Story. Aber in manchen Augenblicken, wenn wir nicht darüber nachdenken, beim Rauchen oder beim Geschirrspülen, treten wir einen Schritt zurück. Wir sehen die Dinge auf einmal aus einer Distanz. Einer, die wir brauchen, um die Dinge überhaupt erst zu erkennen.

Wie weit können wir uns entfernen? Wie nah lassen

wir Dinge an uns heran? Wie flexibel können wir zwischen Nähe und Ferne wechseln? Gerade in den Zwischenmomenten unseres Lebens (und manchmal wirklich nur für einen Moment) eröffnen sich für uns neue Perspektiven.

Nähe und Distanz ist ein Thema, mit dem ich mich jeden Tag beschäftige, seitdem ich einen Hund habe. Unser Hund Charlie verändert seine Schlafposition und damit seine Perspektive, je nachdem, wie nah oder weit entfernt er von uns sein will. Sein Bedürfnis nach Nähe und Distanz ändert sich alle zehn Minuten. Er verändert ständig seinen Platz: von der Couch zum Teppich. Vom Teppich zum Tisch.

Auch für uns verändert sich in den kleinen Momenten unseres Lebens die Perspektive. Es sind Augenblicke, in denen wir kurz beides haben: Nähe und Distanz. Intimität und Abstand. Fokussierung und Distanz. Und genau das brauchen wir, wenn wir unsere Story neu erfinden wollen.

Take-aways: Worum ging es in diesem Kapitel?

1. Bevor man sein Leben ändert, ändert man seine Geschichte. Lange vor einer Kündigung, einer Trennung oder einer neuen Beziehung ändern wir unsere Story darüber, wer wir sind und wer wir sein können.
2. Das Lunch-Talk-Prinzip: Unternehmen holen sich Inspiration von außen, um einen neuen Blickwinkel auf die Themen und Fragen zu bekommen, an denen man arbeitet. Das Gleiche können wir auch für unser Privatleben machen, indem wir uns bewusst eine Stunde pro Woche mit neuen Podcasts, Online-Kursen, Artikeln und Perspektiven auseinandersetzen.

3. Verschwende keinen Trigger: Überlege, was dich reizt und warum, und gehe diesen Dingen und Geschichten nach. Beobachte, wohin sie dich führen. Schreibe dir die Sachen auf, die dich interessieren. Leicht hat man selbst spannende Gespräche abends schon wieder vergessen.
4. Wenn es darum geht, deine Geschichte neu zu erfinden, dann ist eine gewisse Sensibilität notwendig, um zu erkennen, was einen interessiert.
5. Wenn wir unser Leben neu erfinden wollen, müssen wir mit der Story anfangen und nicht mit dem Ergebnis. Anstatt zu formulieren, wie wir uns verändern wollen, können wir überlegen, was diese Veränderung für die Geschichte bedeutet, die wir uns erzählen.
6. Think Big: Was würde es für dein Leben bedeuten, »groß« zu denken? Was ist die »größte Story«, die du dir vorstellen kannst zu leben?
7. In den Zwischenmomenten unseres Lebens haben wir oft die besten Ideen. Dann, wenn wir im Supermarkt an der Kasse stehen oder unter der Dusche. In diesen Augenblicken können wir manchmal eine neue Perspektive auf unsere Geschichte bekommen, indem wir plötzlich beides haben: Nähe und Distanz, Fokussierung und Weitsicht.

Kapitel 7
Probiere deine Story aus

Woher weiß man, was man will?

Neulich wurde ich gefragt: »Rebecca, wie hast du überhaupt herausgefunden, was du eigentlich machen willst?« Ich hatte gerade einen Vortrag bei einem großen Unternehmen gehalten, und eine Frau im Publikum hatte mich nach der Veranstaltung angesprochen.

Es war nicht das erste Mal, dass mir diese Frage gestellt wurde. »Woher weiß man, was man will?« ist eine Frage, die viele Menschen beschäftigt und die auch mich lange beschäftigt hat.

Die Frage ist deshalb so schwierig zu beantworten, weil es eine so große Dynamik in unserem Leben gibt. Das Leben um uns herum ändert sich in rasanter Geschwindigkeit. Wir müssen uns selbst und unseren Platz in einer Welt finden, die konstant in Bewegung ist. Das ist kompliziert und führt dazu, dass wir auch mit Nachdenken oder Googeln oft nicht weiterkommen.

Aber hier kann uns Storytelling helfen, die Geschichten in unserem Leben nicht nur zu *erzählen*, sondern auch zu planen und *auszuprobieren*. Auch hier kommt die Story zuerst. Bei dieser Herangehensweise überlegt man zuerst die Geschichte und probiert diese dann aus. Sozusagen vom Schreibtisch ins Leben. Die Idee dabei ist, nicht nur eine Story auszuprobieren, sondern mehrere. Und sich mit dieser Methode Fragen zu nähern wie: »Was ist meine Story? Was will ich eigentlich machen?«

Während der Zeit, in der ich in San Francisco in einem der größten Technologieunternehmen der Welt, bei Salesforce, arbeitete, habe ich erlebt, wie wichtig dieses Ausprobieren oder Prototyping für Unternehmen ist. Immer wenn Tech-Unternehmen ein neues Produkt oder ein neues Feature planen, probieren sie zunächst Dinge in kleinen Experimenten aus, um zu entscheiden: Funktioniert das so? Müssen wir etwas ändern? Wie kann es weitergehen? Im Prinzip sammeln sie Daten, um auf diese Weise die nächsten Schritte zu planen und nicht nur einem Bauchgefühl oder einer Idee nachzugehen.

Prototyping nimmt inzwischen in vielen Branchen eine große Rolle ein: in der Design- und Produktentwicklung, aber auch in den Filmstudios Hollywoods. Filme wie Produkte durchlaufen mehrere Testphasen, bevor sie endgültig realisiert werden. Dabei gilt das Silicon-Valley-Motto: »So früh prüfen wie möglich.« Je eher man seine Idee auf Lebensfähigkeit testen kann, desto besser.

Dieses Prototyping können wir aber auch für unser Leben und unsere eigene Geschichte vornehmen. Um so herauszufinden: Funktioniert das? Passt das zu mir? Was will ich eigentlich? In unserer schnelllebigen Zeit ist das eine sehr hilfreiche Herangehensweise.

Das Gute ist: Wir haben, vermutlich ohne es zu wissen, bereits Prototyping gemacht. Wir alle haben Dinge ausprobiert und dann entschieden, ob sie zu uns passen oder nicht. Ich habe zum Beispiel mit neunzehn zuerst Geige studiert, dann aber herausgefunden, dass meine berufliche Zukunft woanders liegt. Aus den Informationen, die ich über mich selbst gewonnen habe, habe ich Konsequenzen gezogen. Ich habe noch mal etwas anderes studiert und mich schließlich selbstständig gemacht.

Wenn es darum geht, unsere Lebensgeschichte zu planen, liegt die Kunst darin, dieses Ausprobieren gezielt zu betreiben und - wenn möglich - in einem kurzen Zeitraum zu testen. Der Vorteil davon ist, dass wir nicht Monate oder gar Jahre einer Vorstellung hinterherlaufen, die dann ganz anders ist, als wir sie uns ausgemalt haben.

Auch hier kann man etwas von Unternehmen lernen. Bevor Unternehmen viel Geld und Zeit in ein neues Produkt stecken, produzieren sie ein MVP, ein Minimal Viable Product, ein minimal lebensfähiges Produkt. Das ist ein Produkt, das die einfachste Version ist von dem, das man sich dann am Ende vorstellt. Und ein solches MVP können wir auch für unser Leben und für damit verbundene Fragen entwickeln. Fragen wie:

- Wie ist es, auf dem Land oder in einer Stadtwohnung zu leben?
- Will ich Kinder? Oder Haustiere?
- Was macht mein Leben erfüllter? Glücklicher? Aufregender?
- Wie kann ich meine Wochenenden gestalten?

Wenn wir unsere Lebensgeschichte planen wollen, können wir Fragen wie diese in kleinen Experimenten beantworten. Im Grunde ist auch hier die Idee, Daten über sich selber zu sammeln:

- Wie wäre es, ein Haustier zu haben? Oder Kinder?
- Wie wäre es, wieder Single zu sein?
- Wie wäre es, vegan zu leben?

Um diese Fragen zu beantworten, können wir uns einen Hund im Tierheim ausleihen oder zur Kurzzeitpflege aufnehmen, ein Wochenende alleine wegfahren oder probeweise versuchen, uns vegan zu ernähren. Wir können Leute aus unserem Bekanntenkreis nach ihren Erfahrungen fragen oder für begrenzte Zeit in ihrem Lebensentwurf begleiten. Um herauszufinden: Will ich das? Passt das zu mir?

Die Musikerin und Performance-Künstlerin Amanda Palmer hat zum Beispiel, um die Entscheidung zu treffen, ob sie Kinder haben will oder nicht, für ein paar Wochen bei einer Freundin und ihrem Kind gewohnt, um zu »erleben«, wie das ganz normale Leben und der Alltag mit einem Kleinkind so ist. Inzwischen hat Amanda Palmer selbst einen vierjährigen Sohn.

Natürlich ist dieses Life-MVP nicht so wie danach das echte Leben mit dieser Entscheidung. Einen Nachmittag mit einem Hundewelpen zu verbringen ist nicht so, wie sich jeden Tag um einen Hund zu kümmern. Aber das muss es auch nicht. Prototyping ist nur der erste Schritt. Man macht kleine Tests, um zu überlegen: Wie sieht mein *nächster* Schritt aus? Und das kann in vielen Lebenssituationen relevant sein, vom Karriere- oder Positionswechsel bis hin zu einer Neudefinierung von Beziehungen.

Wenn Unternehmen ein Produkt entwickeln, ist Prototyping nichts, das man einmal macht und dann ist das abgeschlossen. Im Gegenteil: Prototyping findet ständig und in unzähligen Wiederholungen statt. Man entwickelt ein Produkt, man testet, man verbessert, man testet neu. Prototyping ist eine Reihe von Wiederholungen eines Tests, den man stets ein bisschen verändert. Man sagt auch: »Prototyping ist die Kunst, effizient zu scheitern.«

Genauso ist es mit unserem Leben. Prototyping ist nichts, das abgeschlossen ist. Im Prinzip geht es immer wieder darum, Dinge zu finden, die man ausprobieren kann. Spannend ist dabei, dass Prototyping einem erlaubt,

Dinge auch tatsächlich zu machen. Man muss nicht stundenlang vor einer Pro- und Kontra-Liste sitzen, sondern man testet verschiedene Dinge aus, anstatt nur über sie nachzudenken.

Was sind Ideen in deinem Leben, die du ausprobieren könntest? Wie lange würde es dauern, diese zu testen? Was wäre der kleinstmögliche Test für sie?

Bei dieser Herangehensweise geht es darum, den nächsten Schritt zu planen. Mit Denken kommt man bis zu einem bestimmten Punkt, mit Schreiben vielleicht ein kleines bisschen weiter. Aber irgendwann müssen wir unseren Kopf und unseren Schreibtisch verlassen, in eine U-Bahn steigen oder in ein Auto und losfahren, um zu sehen, ob uns das Ziel gefällt oder wir lieber woanders hinfahren sollen. Nach Berlin. Oder München. Oder einfach nur zu unserem Italiener nebenan.

Prototyping ist keine Frage des Alters, des Berufsstands oder des Bankkontos: Wir alle sind in einem konstanten, dynamischen Versuch, um herauszufinden, was wir eigentlich wollen. Wie das Leben funktioniert. Und welche Rolle wir darin einnehmen wollen. Es ist auch eine Möglichkeit, unsere großen Träume auszuprobieren, ohne direkt unser ganzes Leben umzustoßen.

Die Autorin Danie Shapiro erzählt auf ihrem Blog von ihrer Mutter, die sich mit neunzig Jahren, kurz vor ihrem Tod, gegen das Sterben mit den Worten wehrte: »Aber ich bin doch gerade erst dabei herauszukriegen, wie alles funktioniert.«

Als Kind hatte ich die Vorstellung, Erwachsene wüssten, wie das Leben funktioniert. Aber jetzt, wo ich selbst in einem

Alter bin, in dem man als erwachsen gilt, weiß ich, dass wir alle keine Ahnung haben. Wir wissen vielleicht, wie man eine Glühbirne wechselt, oder können einen Schokoladenkuchen backen. Aber der Rest? Da sind wir alle immer noch dabei, herauszufinden, wie das Leben funktioniert. Mit Prototyping können wir dem vielleicht einen kleinen Schritt näher kommen.

Wie kannst du deine Story ausprobieren?

1. Schreibe die aktuellen Themen und Fragen in deinem Leben auf.
2. Wie kannst du Antworten auf deine Fragen finden, indem du kleine Experimente durchführst? Kennst du Menschen, die deine Story bereits leben? Kannst du mit diesen Menschen reden? Kannst du sie einen Tag oder eine Woche lang in ihrem Alltag begleiten? Wie kannst du die Frage ganz praktisch angehen?
3. Nach dieser Phase des Ausprobierens: Was hast du gelernt? Was war neu? Wie kann dein nächster Schritt aussehen?
4. Eventuell ergeben sich aus diesem Prozess neue Fragen: Wie kannst du wiederum diese testen?

Schaffe einen Writers' Room für dein Leben

Eine andere Möglichkeit, unsere Lebensgeschichte zu planen, ist, eine Art Writers' Room für unser Leben zu machen. Was bedeutet das?

Wenn Drehbücher für Serien und Filme in Hollywood entwickelt werden, gibt es häufig einen Writers' Room, in dem sich mehrere Drehbuchautoren oder Produzenten treffen und in dem neue Ideen, Handlungsmöglichkeiten und Charakterentwicklungen ausprobiert werden. Ein Writers' Room ist also ein Ort, an dem mehrere Drehbuchautoren zusammenkommen und gemeinsam eine neue Story entwickeln. Die Idee dahinter ist, dass sich in einer Gruppe und aus Diskussionen heraus eine besondere Dynamik ergibt, durch die kreative Einfälle entstehen, die es nicht geben würde, wenn man alleine am Schreibtisch sitzt.

Das Gleiche können wir für unser Leben machen, quasi einen Writers' Room für unser Leben, um unsere Geschichte mit lieben Menschen, denen wir vertrauen, zu planen und zu entwickeln. Dabei ist die Frage nicht: »Wie können wir unser Leben verbessern?«, sondern: »Wie können die Geschichten, die es aktuell in unserem Leben gibt, weitergehen und sich positiv entwickeln?«

Hier sind ein paar Ideen und Spielregeln für einen persönlichen Writers' Room:

- Überlege, welche Menschen es gibt, mit denen du offen über dein Leben und dessen Gestaltung reden kannst.
- Hauptsächlich geht es nicht darum, zu sehen, wie man das eigene Leben verbessern kann, sondern wie unsere Storys in positiver Weise weiterentwickelt werden können. Der Fokus ist nicht: Was kannst du besser machen?, sondern: Wie kannst du die Geschichten in deinem Leben weiterentwickeln?
- Die wichtigste Regel für alle Teilnehmenden: Alle Ideen müssen positiv und wertschätzend sein. Nur so können neue Möglichkeiten erkundet werden.
- Nicht jede Idee muss passend sein, aber wir können beim Writers' Room für unser Leben auch eine gewisse Offenheit erlernen.

Und so kann ein Writers' Room ablaufen:

1. Definiere zunächst verschiedene Bereiche in deinem Leben, für die du dir Anregung in deinem Writers' Room wünschst. Dies können sein: Karriere, Beziehung, Freundschaften, Fitness, Freizeit, Projekte. Diese Aspekte können jedes Mal flexibel gewählt werden.
2. Bereite zu den Bereichen einige Story Prompts vor, Ideen oder Fragen, die als Ausgangspunkt genommen werden können. Einige Beispiele: »Wohin soll ich als Nächstes reisen und warum?« - »Soll ich mir ein Haustier zulegen? Welches und wenn ja, warum?« - »Wie kann ich mehr Abenteuer/Stabilität/Freude in mein Leben lassen?«

Ähnlich wie bei Drehbüchern ist hier die Idee, neue Anregungen für die eigene Lebensgeschichte zu bekommen. Von Menschen, die uns gut kennen und wertschätzen. Und diese Ideen dann zu diskutieren.

Erzähle allen von deiner Idee

Wenn Silicon-Valley-Unternehmen einen ersten Prototypen erstellt haben, tragen sie ihn so schnell wie möglich hinaus in die Welt.

»Hat denn keiner Angst, dass man ihre Idee klaut?«, fragte mein Freund Dennis, der mich damals in San Francisco besuchte.

»Die Angst, ein Produkt zu entwickeln, das an einer Zielgruppe vorbei entwickelt wurde, ist viel größer«, antwortete ich. »Die Unternehmen wissen, dass es mehr braucht als eine gute Idee, um Erfolg zu haben. Nämlich eine gute Umsetzung.«

Oft wollen wir die Ideen, die wir haben, festhalten. Wir wollen sie sichern, schützen. Wenn es um unsere Lebensgeschichte geht, haben wir wahrscheinlich weniger Angst, jemand würde unsere Idee nachmachen. Eher haben wir Angst, dass unsere Idee sich verändert und vielleicht nicht lebensfähig ist, wenn wir sie loslassen.

Die Änderung dessen, woran wir glauben, ist manchmal schmerzhaft und manchmal notwendig. Diesen Prozess kann Prototyping beschleunigen.

Früher habe ich gedacht, ich müsste meine Ideen *zuerst* umsetzen, bevor ich über sie reden *darf*. Ich muss zuerst ein Buch fertig schreiben, bevor ich anderen davon erzähle. Ich muss zuerst mehr Sport machen, mich gesünder ernähren, mehr in meine Weiterbildung investieren, bevor ich anderen davon erzähle. Denn was wäre, wenn ich allen davon berichte und es dann am Ende nicht schaffe? Wäre das nicht unglaubwürdig?

In den USA ist das oft andersherum. Auch hier gilt: »Story first.« Und heutzutage sehe ich das ganz genauso. Wir müssen von Anfang an über unsere Ideen, Beziehungen, Projekte sprechen, gerade weil sie klein und zerbrechlich sind. Gerade am Anfang brauchen sie die Unterstützung von anderen Menschen. Wir brauchen den Austausch, selbst wenn dann aus einem Projekt nichts wird, wir das Buch doch nicht schreiben, wir keinen Sport machen oder wir doch nicht aufhören zu rauchen oder doch weiter Zucker konsumieren.

Auch dieses Buch ist das Ergebnis dieses Erzählens und Prototypings. Von einem Ausprobieren in vielen Gesprächen von Kaffee bis hin zu Gin Tonic, mit meinen Agenten, Freunden, Bekannten, meiner Lektorin, mit Fremden auf Twitter. Ich habe die Ideen in diesem Buch in Workshops und Gesprächen ausprobiert. Und immer wieder habe ich die Menschen in meiner Umgebung gefragt: »Was ist euch wichtig? Was bedeutet es für euch konkret, eure Story zu leben? Wie hat Storytelling euch geholfen?«

Durch dieses Prototyping habe ich unglaublich viel gelernt: über die Menschen, mit denen ich - in welcher Form auch immer - in Kontakt war, aber auch über mich selbst. Die Gespräche haben mir geholfen, Entscheidungen zu treffen, und mir neue Ideen aufgezeigt.

Und du kannst dieses Prototyping für deine Geschichte ebenso nutzen. Erzähle deine zukünftige Story. Probiere deine Story in Gesprächen aus. Rede mit Taxifahrern, Lehrern, Ärztinnen und Freunden über deine Story. Beobachte, was passiert und wie sie sich weiterentwickelt. Oft ist Reden eine Abkürzung und du findest auch selber - im Dialog - meistens ganz spannende Ideen. Denn häufig kommt in einem Gespräch etwas auf, an das man noch nicht gedacht hat und das uns selbst anders denken lässt. Und genau darum geht es.

Tipp: Rede nicht nur mit Menschen, die du gut kennst, über deine Ideen, sondern auch mit Fremden! Ich finde es sehr hilfreich, auch mit Menschen über Ideen zu reden, die weder mich kennen noch sich im gleichen Umfeld oder Thema bewegen. Von dem Moment an, wenn du anderen von deiner Idee erzählst, wird sich deine Idee und Vorstellung verändern. Das kann beängstigend sein, aber das bedeutet nur, dass deine Idee lebensfähig wird und sich weiterentwickelt.

Das Ziel ist: Keinen Plan B mehr zu haben!

Als ich Anfang zwanzig war, saß ich eines Abends in einem Restaurant im New Yorker East Village und wartete auf einen Freund. Dabei malte ich alle meine zukünftigen beruflichen Möglichkeiten in einer Art Baumdiagramm auf eine Serviette. Wenn Plan A nicht funktioniert, dachte ich, dann habe ich immer noch Plan B bis Z.

Heute hat sich meine Perspektive zu diesem Thema grundlegend verändert. Ich will gar keinen Plan B mehr haben. Natürlich funktionieren nicht alle Dinge, die man sich vornimmt. Aber Prototyping hilft einem, Sachen auszuprobieren und sich nicht von vornherein mit dem Zweitbesten zufriedenzugeben, nur weil es leichter erreichbar scheint. Wir können stattdessen die großen Träume in unserem Leben ausprobieren und dann entscheiden, wie es weitergeht. Manchmal finden wir dabei auch heraus, dass Plan A eigentlich doch nicht so toll war, wie wir gedacht haben - und daher auch nicht wirklich die erste Wahl ist.

Prototyping kann einem dabei helfen, das herauszufinden und nicht von vorneherein Dinge abzuschreiben, weil diese vielleicht zu weit weg oder zu unrealistisch erscheinen. Die ehemalige Präsidentin der Harvard University, Drew Faust, nennt dies die »Parkplatztheorie des Lebens«, eine Theorie, die sie oft mit Absolventinnen und Absolventen teilt: Wenn man mit dem Auto unterwegs zu einem Freund ist und plötzlich 500 Meter vor dem eigentlichen Ziel einen Parkplatz findet und diesen auch nimmt, dann hat man sich gewissermaßen für den Plan B des Parkplatzes entschieden. »Parke nicht sechs Blöcke von deinem Ziel entfernt, weil du einen einfachen Parkplatz auf dem Weg gefunden und Angst hast, dass du keinen anderen mehr findest«, schreibt Drew Faust über die Parkplatztheorie.

Genauso ist es auch mit unserem Leben. Ein Plan B ist eine gute Option, die Sicherheit bieten kann. Aber mit Prototyping können wir auch die anderen Möglichkeiten ausprobieren, Risiken minimieren und herausfinden, was Plan A eigentlich konkret für uns bedeutet. Wir richten unser Leben nicht nach dem Parkplatz aus, der sechs Blöcke von unserem Ziel entfernt ist, sondern können ausprobieren, welcher Ort und welche Story für uns die richtigen sind.

Wenn eine Idee nicht funktioniert, lass sie los

Während meiner Zeit im Silicon Valley habe ich gemerkt, wie sich mein Verständnis vom Scheitern langsam veränderte. Im Silicon Valley gibt es ein anderes Verständnis zum Thema Scheitern: Man scheitert nicht, man orientiert sich neu. Man probiert Dinge aus, verändert sie, probiert wieder neue Dinge aus. Das Ganze ist ein dynamischer Prozess.

Was wir »Scheitern« nennen, nennen die Amerikaner »Pivot«. Man hat sein ganzes Leben lang Schuhe verkauft, aber plötzlich will niemand mehr Schuhe haben. Also beginnt man, Fitness-Tracker anzubieten. Das ist kein Scheitern, sondern ein Pivot. Ein Umschwenken. Eine Neuorientierung. Und das funktioniert im Business genauso wie in unserem Leben.

Dieses Umformulieren ist nicht einfach nur eine sprachliche Finesse, denn die Formulierung von Dingen beeinflusst, wie wir uns selbst sehen. »Ich bin gescheitert« ist eine andere Story als »Ich orientiere mich neu«.

Ich finde dieses neue Narrativ unglaublich hilfreich, um unser Leben neu zu bewerten und positiv in die Zukunft zublicken. Es ist einfach, unser eigenes Leben als eine Serie von Misserfolgen zu erzählen. Auch in meinem Leben gab es viele Dinge, die man als gescheitert bezeichnen könnte. Nur um ein paar zu nennen:

- Mein Geigenstudium, das ich zwar abschloss, aber nicht weiterverfolgt habe.
- Meine akademische Karriere, die ich abgebrochen habe.
- Mein Job in der Software-Branche, den ich für die Selbstständigkeit aufgegeben habe.
- Bücher, die über das Exposé nicht hinauskamen.
- Private Beziehungen und Liebesbeziehungen.

Es ist unglaublich einfach, unser Leben als eine Serie des Scheiterns zu erzählen. Doch die Idee des Ausprobierens erlaubt uns nicht nur, unsere Geschichte zu planen, sondern sie auch anders zu erzählen und Misserfolge als Stationen unseres Lebens zu sehen und nicht unbedingt als Irrwege. Denn auch wenn ich keine Konzertgeigerin geworden bin, keine akademische Karriere verfolge und meinen Job als CMO in einem Software-Unternehmen aufgegeben habe, so haben mich doch all diese Stationen auf irgendeine Weise weitergebracht und zu dem Punkt, an dem ich jetzt bin. Und auch wenn es vielleicht abgedroschen klingt: ohne diese Phasen der Neuorientierung und des Ausprobierens wäre ich nicht da, wo ich jetzt bin.

Ich habe Zeit investiert, um herauszufinden, was ich *nicht* machen will, aber dafür habe ich einen Lebensentwurf, mit dem ich ziemlich glücklich bin und der genau die richtige Mischung an Abenteuer, neuen Erlebnissen, Reisen und Freiheit hat. Durch viel Prototyping habe ich erfahren, was ich will, und konnte so die Dinge ausschließen, die ich nicht will. Und ich freue mich jedes Mal, wenn ich jemandem weiterhelfen kann, der mich fragt: »Rebecca, wie hast du eigentlich herausgefunden, was du machen willst?«

Aber ich bewerte nicht nur meine Vergangenheit inzwischen anders, auch meine Gegenwart und Zukunft lebe ich nach dem Prinzip des Prototypings. Denn dort läuft auch nicht immer alles glatt und auch - wenn viele Leute nur meine Erfolgs-Storys sehen - so gibt es mindestens genauso viele Projekte, die alle nichts werden oder die zu Beginn ganz anders aussahen. Das gehört zum Leben als Selbstständige dazu. Aber inzwischen verbuche ich all diese Erfahrungen als Prototyping.

Dieses Umformulieren ermöglicht mir auch eine gewisse Leichtigkeit und den Mut, neue Projekte anzugehen. Und ich hoffe, dass es dir ebenso hilft. Nicht nur, um eine andere Perspektive auf vergangene Misserfolge zu erhalten, sondern auch als Möglichkeit, deine Story in vielen kleinen Schritten auszuprobieren. Und mit jedem Versuch näher an die Geschichte heranzukommen, die aufregend, inspirierend und großartig ist und von der du sagen kannst: »That's it! Das ist meine Story!«

Welche Erlebnisse in deinem Leben kannst du umformulieren?

1. Überlege, welche Erlebnisse es in deinem beruflichen und privaten Leben gab, die du vielleicht als Scheitern formuliert hast, ob du diese nicht auch als Prototyping verbuchen kannst.
2. Was hast du aus diesen Erlebnissen gelernt?
3. Wie haben sie dir vielleicht auch gezeigt, was du nicht willst?
4. Wie kannst du diese Erlebnisse umformulieren und sie als Stationen auf deinem Lebensweg sehen, der ja nicht immer geradlinig sein muss?

Take-aways: Worum ging es in diesem Kapitel?

1. Oft kommen wir mit Nachdenken nicht weiter. Wir müssen die Storys in unserem Leben ausprobieren, um herauszufinden, was eigentlich unsere Story ist. Das können wir in vielen ganz alltäglichen Situationen tun: Erzähl deine Story oder deine zukünftige Story Freunden, Familien oder dem Hundesitter. Das Erzählen deiner Story ist eine Möglichkeit, eine neue Story auszuprobieren!
2. Schaffe einen Writer's Room für dein Leben, suche nach Menschen, denen du vertraust und mit denen du Ideen und neue Storys und Möglichkeiten für dein Leben brainstormen kannst.
3. Erzähle allen von deiner Story. Im Gespräch hat man meistens die besten Ideen und kann sie zudem im Dialog ausprobieren.
4. Wenn du merkst, dass eine Idee nicht funktioniert, lass sie los.
5. Formuliere Erlebnisse in deinem Leben neu: Prototyping statt Scheitern. Das hilft bei der Neubewertung unserer Vergangenheit und gibt uns gleichzeitig eine gewisse Leichtigkeit für die Gegenwart und die Zukunft.

Kapitel 8

Storys müssen gelebt werden – Vom Storytelling zum Storyliving

Vor einiger Zeit besuchte ich meine Freundin, die Regisseurin Mirjam Unger, am Filmset. Sie war gerade dabei, eine neue Staffel der österreichischen Erfolgsserie *Vorstadtweiber* zu drehen und hatte mich eingeladen, sie am Dreh zu besuchen (und auch mal ganz kurz durchs Bild zu laufen).

Während ich hinter der Kamera auf meinen Auftritt wartete, lernte ich in einer Drehpause Alois kennen.

»Ich bin Fokussierer«, stellte er sich vor.

»Ah«, antwortete ich mit fragendem Blick, den Alois schon gewohnt zu sein schien, wenn er über seinen Job redete. Ich hatte keine Ahnung, was ein Fokussierer machte.

»Ich bin für den Fokus zuständig«, erklärte er und deutete auf ein Objektiv und seinen Platz neben dem Kameramann.

Jetzt machte es bei mir »klick«. Ein Fokussierer ist dafür zuständig, das Bild scharf zu stellen, die Menschen, die durchs Bild laufen, zu fokussieren, damit der Film, den wir nachher sehen, nicht verschwommen ist.

»Spannend!«, sagte ich.

Was ich spannend dabei fand (und was neu für mich war), war die Tatsache, dass Fokussieren ein ständiger Prozess war. Es reicht nicht, einmal eine Kameraeinstellung zu machen, sondern jedes Mal, wenn ein Schauspieler sich bewegt oder umherläuft, muss dieser Fokus manuell neu gefunden werden. Das faszinierte mich. »Fokussieren« war ein dynamischer Prozess, und eigentlich gab es am Set ständig so etwas wie eine »Re-Fokussierung« oder »Nachschärfung«, wie es bei den Kameraleuten hieß.

Ich fand das deswegen so faszinierend, weil das nicht nur auf die Kameraführung beim Film zutrifft, sondern auf unsere Lebensgeschichte. Wenn es darum geht, unsere eigene Story zu leben, brauchen wir genau das: eine Fokussierung und im Prinzip auch eine ständige Re-Fokussierung und Nachschärfung, bei der man kleinere Anpassungen und Änderungen macht. Es reicht nicht, eine tolle Story zu erfinden, wir müssen sie auch fokussieren und - weil sich unser Leben genauso bewegt wie Schauspieler im Film - immer wieder re-fokussieren.

In New York habe ich gelernt, dass wir die Autoren unserer Lebensgeschichte sind. Am Filmset in Wien wurde mir klar, dass unsere Story zu leben bedeutet, unseren Fokus zu finden, und zwar immer wieder aufs Neue. Wir müssen das in den Blick rücken, was uns wichtig ist, und unsere Geschichte immer wieder neu »nachschärfen«.

Und auch bei diesem Nachschärfen unserer eigenen Geschichte können wir Storytelling anwenden: Unser Plan für unser Leben ist nicht in Stein gemeißelt, sondern wir können diesen - auch in Krisenmomenten - immer wieder neu finden. Wenn wir unseren Fokus verloren haben, können wir jederzeit nachschärfen.

Das Gute ist: Wir können sofort damit beginnen, unseren Fokus zu finden oder neu zu finden. Wir können die großen Fragen angehen oder die kleinen. Wir können jetzt sofort unsere Story nachschärfen.

Aber was bedeutet das genau, diesen Fokus zu finden und unsere eigene Story zu leben? Es bedeutet, ein Leben zu führen, in dem wir ganz wir selbst sein können. In dem wir uns nicht verstellen müssen, sondern das, an das wir glauben, auch ausdrücken und leben können. Aber weil sich alles permanent verändert, sich bewegt und dynamisch ist, müssen wir immer wieder neu justieren. Wir müssen immer wieder neu unseren Fokus finden.

»Ist das denn nicht unglaublich egoistisch, immer wieder seinen eigenen Fokus zu suchen?«, fragte mich eine Freundin, der ich davon erzählte.

»Im Gegenteil«, antwortete ich. »Je mehr wir uns trauen, unser eigenes Leben zu leben, desto mehr können wir anderen Menschen helfen, das auch zu tun.«

Das ist wie die Sache mit der Sauerstoffmaske im Flugzeug. Jedes Mal, wenn ich im Flugzeug sitze, kommt folgende Durchsage: »Setzen Sie sich zuerst die Sauerstoffmaske auf, dann helfen Sie Kindern und Mitreisenden.« Wir müssen erst uns selbst helfen, um anderen Menschen helfen zu können. Und das gilt nicht nur für eine Notfallsituation im Flugzeug, sondern ebenso für unser Leben. Wir müssen erst unsere eigene Story leben, unseren Fokus und Re-Fokus finden, um anderen zu helfen, das Gleiche zu tun.

Schreibe ein Mission Statement für dein Leben

Um diesen Fokus für unsere Story zu finden und zu formulieren, können wir ein Mission Statement für uns selbst und unsere Story schreiben. Dabei geht es um folgende Fragen: *Wie* will ich durchs Leben gehen? Was ist die große Frage, das Thema in meiner Lebensgeschichte? Was ist mir wichtig? Wo will ich hin? Welche Veränderungen will ich anstoßen?

Viele Unternehmen formulieren heute ein Mission Statement, in dem es genau um diese Fragen geht. Es geht um die

Werte, die Bedeutung und die Mission einer Organisation: Welche Probleme wollen wir lösen? Was ist uns wichtig? Woran glauben wir? *Wie* leben wir unsere Werte?

Ich finde es spannend, ein solches Mission Statement auch einmal für unser Leben und für uns selbst zu formulieren. Auch hier geht es darum, für sich selbst klarer zu sehen, was das Big Picture unseres Lebens ist. Es geht dabei nicht primär um unsere Ziele, Bucket Lists oder nächsten Schritte. Das Mission Statement ist keine Sammlung von Neujahrsvorsätzen, sondern es geht darum, wer wir sind, wie wir durchs Leben gehen wollen und was unser Fokus ist.

Beim Mission Statement ist auch entscheidend, welche Wirkung wir mit unserer eigenen Geschichte auf die Welt haben wollen. Was soll unser Fußabdruck sein? Weniger im ökologischen Sinne, sondern in der Art, dass wir Dinge um uns herum verändern wollen.

Inspiriert hat mich dazu der israelische Bestsellerautor und Historiker Yuval Harari, der sein Mission Statement so formuliert hat: »Keep your eyes on the ball. Focus on the main global problems facing humanity.« Und auch: »Learn to distinguish reality from illusion« sowie »Care about suffering.« Also auf Deutsch in etwa: Bleibe fokussiert. Fokussiere dich auf die großen globalen Probleme der Menschheit. Lerne Realität von Illusion zu unterscheiden. Kümmere dich um Leid.

Im Prinzip beantwortet dieses Mission Statement die folgenden Fragen, die dir helfen können, auch dein ganz persönliches Mission Statement zu schreiben. Mein Tipp ist, zu diesen Fragen erst mal zu brainstormen und alle Antworten, die einem einfallen, aufzuschreiben. Auch hier kannst du die 25er-Methode aus Kapitel 4 anwenden, die dabei hilft, unser Denken zu erweitern. Das Mission Statement ist - wie wir bei Harari gesehen haben - eher kurz, und das Ziel sollte sein, die eigene Mission so zu formulieren, dass man sie sich leicht merken kann:

- Wie will ich sein?
- Was ist die große Frage, das Thema in meinem Leben, auf das ich mich fokussieren will?
- Was will ich lernen? Was ist mir wichtig? Wo bin ich jetzt noch nicht, aber wo will ich hin?
- Wer oder was liegt mir am Herzen?
- Was ist der Impact, den ich mit meiner persönlichen Geschichte auf andere und die Welt haben will? Was ist mein Einfluss im Leben? Was ist mein Fußabdruck?

Mein persönliches Mission Statement ist gut sichtbar an unserem Kühlschrank aufgehängt und lautet: »Sei mutig, frei, großzügig und enthusiastisch. Suche nach den Storys von anderen Menschen, auch den unerzählten und ungelebten. Investiere in Beziehungen, schaffe Connection.«

Mein Mission Statement ist ein bisschen anders aufgebaut als das von Harari. Das liegt daran, dass ich zusätzlich zu den Dingen, die ich tun will (»suchen«, »investieren«, »schaffen«) im ersten Satz beschreibe, wie ich sein will. Harari fokussiert sich auf das Tun, ich ergänze es in meinem Mission Statement noch um die Weise, wie ich durchs Leben gehen will.

Mir war es wichtig, bestimmte Wörter in meinem Mission Statement zu haben: »mutig, frei, großzügig und enthusiastisch«. Diese Wörter bedeuten für mich: sich zu trauen, Dinge anzugehen, mit denen man gegen den Strom schwimmt; einen Lebensentwurf zu leben, der anders, radikal und mutig ist; enthusiastisch und überschwänglich durchs Leben zu gehen.

Geschichten sind das, was mich am meisten interessiert. Gerade wenn es Storys sind, die wir nicht schon hundertmal gehört haben, sondern die einem abends um halb drei in einer Bar erzählt werden. Die unerzählten oder noch nicht öffentlich erzählten Storys interessieren mich. Und ich glaube fest daran, dass es das Erzählen der eigenen Story ist, das uns einander näherbringt. In Beziehungen und als Gesellschaft.

So schreibst du dein Mission Statement:

1. Mache eine Liste mit Adjektiven, wie du sein willst und wie du gerne durchs Leben gehen willst.
2. Aus dieser Liste suche dir drei bis fünf Wörter heraus, die dir ganz besonders am Herzen liegen.
3. Dann überlege, was du »tun« willst. Auf welche Themen willst du dich fokussieren? Was ist dir wichtig? Hier kann dir auch deine Motivation, die du in Kapitel 3 definiert hast, weiterhelfen.

Schaffe neue Erinnerungen

Wenn es darum geht, unsere eigene Geschichte zu leben, dann geht es auch darum, bedeutungsvolle Momente in unserem Leben zu schaffen. Momente, an die wir uns gerne erinnern.

Aber an was und an welche Erlebnisse erinnern wir uns? In zwei Stunden, in zwei Wochen, Monaten, in zwei Jahren, zwanzig Jahren? Wie können wir diese Erlebnisse in unser Leben lassen, die unser Leben und unsere Story reicher, voller und besser machen? An die wir auch noch nach Jahren zurückdenken?

Damit wir uns an Erlebnisse erinnern, müssen diese anders sein, neu sein und aus unserer Routine herausstechen. Wir erinnern uns nicht an den zehnten Besuch in unserem Stammrestaurant oder an den sechsundfünfzigsten Arbeitsweg, weil sich alle diese Ereignisse in unserem Gedächtnis zu einer einzigen Erinnerung zusammenziehen. Um Erinnerungen im Leben zu schaffen, müssen wir aus dieser Routine ausbrechen, neue Erlebnisse suchen, Neues in unser Leben lassen.

Das ist der Grund, warum wir uns so gut an das erinnern, was wir zum ersten Mal erleben: der erste Besuch in einer neuen Stadt, die erste Begegnung mit einem Menschen, der zu einem guten Freund wurde. Wir erinnern uns an die ersten Male in unserem Leben. An Hochzeiten oder Urlaubsreisen in ferne Länder, an neue Bekanntschaften oder außergewöhnliche Begegnungen.

Als ich mit meiner Familie für zwei Wochen nach Indien fuhr, um dort eine Hochzeit mitzuerleben, war das eine Reise, die mir in ihren vielen Details mein ganzes Leben lang in Erinnerung bleiben wird: mit Henna-Tattoos, einer Giftschlange im Garten, dem Kamelritt in der Wüste, einer Tuk-Tuk-Fahrt durch Delhi, bei der man das Gefühl hatte, so richtig Teil der Stadt und höchstens eine Armlänge von Autos, Elefanten, Vespas und Straßenverkäufern entfernt zu sein. In kurzer Zeit erlebte ich viele neue Dinge, die mir in Erinnerung blieben und ganz stark mit dieser Zeit verknüpft sind.

Aber um Erinnerungen zu schaffen, müssen wir nicht unbedingt verreisen oder heiraten. Wir können mit diesem Anspruch auch durch unseren Alltag gehen und dort ganz bewusst Erinnerungen schaffen. Indem wir uns fragen: Was kann ich machen, an das ich mich später noch erinnern werde? Es müssen nicht immer diese ganz großen lebensverändernden Erlebnisse sein, wir können auch kleine Dinge neu entdecken, die unser Leben aber interessanter machen.

Benjamin und ich gehen zum Beispiel mit dieser Einstellung oft an die Speisekarte im Restaurant heran. Wir überlegen dabei nicht »Was schmeckt uns?«, sondern »Was ist neu für uns?« und »Was kennen wir noch nicht?«.

»Ich weiß nicht, ob ich das Yam Nuea nehmen soll oder das Yam Woon Sen«, überlegte Benjamin. Es war Freitagabend und wir saßen in einem Restaurant in der Nähe des Donaukanals. Seit wir beide Anthony Bourdains *Geständnisse eines Küchenchefs* gelesen hatten, hatte sich unser Essengehen radikal verändert. Bourdain war berühmt geworden, weil er verschiedenste Länder der Welt bereist hatte, um so außergewöhnlich wie möglich zu essen (Stichwort: lebendes Schlangenherz!) oder so wie früher bei Oma zu Hause. Wir beide fanden das spannend und hatten diese »Bourdain«-Experience für uns selbst interpretiert. Bisher hatten wir noch kein pulsierendes Schlangenherz auf einer Speisekarte gefunden, aber immerhin viele neue Gerichte entdeckt, von denen wir gar nicht wussten, dass sie existierten - und vor allem nicht, dass sie uns schmeckten. Mit unserer sehr falschen Aussprache von Gerichten wie Hoi Jo oder Chawanmushi sendeten wir dann ein Signal an die Außenwelt: »Die beiden haben zwar keine Ahnung, sind aber gewillt, *alles* zu probieren.« Und damit haben wir kulinarisch und sozial bereits ein paar sehr schöne Erinnerungen gemacht.

Um die Erinnerungen an unsere kulinarischen Höhepunkte zu bewahren, sammelt Benjamin seit mehreren Jahren die Visitenkarten von Restaurants, in denen wir waren. Wir haben inzwischen Hunderte Visitenkarten von Restaurants in Indien, New York, San Francisco, Wien und Reinfeld (eine kleine Stadt in der Nähe von Lübeck). Ich weiß gar nicht mehr, warum und wann genau Benjamin angefangen hat, diese Visitenkarten zu sammeln. Aber jede erzählt eine Story, in der es um Essen geht (in einem Fall allerdings auch um eine Lebensmittelvergiftung), aber eigentlich noch um viel mehr. Denn die Visitenkarten sind nicht nur eine Abfolge gastronomischer Erlebnisse, vielmehr erzählen sie die Geschichte unserer Beziehung. Unsere Story.

Drei Tipps: Wie kannst du neue Erinnerungen in deinem Alltag schaffen?

1. First Time: Mache Dinge zum ersten Mal. Probiere unbekannte Gerichte in Restaurants, probiere eine neue Sportart, entdecke fremde Orte und Plätze, treffe Menschen oder nimm Kontakt auf zu Menschen, die du gerne in deinem Leben hättest.
2. Ergänze Routinetätigkeiten mit neuen Erlebnissen. Hör dir zum Beispiel auf dem Arbeitsweg einen neuen Podcast an (nicht nur eine neue Folge) oder das Album eines dir unbekannten Künstlers.
3. Versuche, Dinge nicht zu bewerten, versuche nicht zu fragen: »Gefällt mir das?«, sondern überlege: »Ist das etwas Neues? Was kann ich davon lernen?«

Beginne ein Magic-Moments-Journal

Es geht aber nicht nur darum, besondere Momente in unser Leben zu lassen, sondern diese auch festzuhalten, wenn sie passieren. Das ist die Idee des Magic-Moments-Journals - eine Möglichkeit, die großartigen Momente festzuhalten, damit wir sie uns jederzeit wieder bewusst machen und uns langfristig daran erinnern können.

Im Grunde ist ein Magic-Moments-Journal ähnlich wie ein Gratitude Journal, was bei uns als Dankbarkeitstagebuch bekannt ist. Beim Gratitude Journal geht es darum zu fragen:

Wofür bin ich heute dankbar? Beim Magic-Moments-Journal: Was war ein magischer Moment für mich?

Aber was genau sind magische Momente in unserem Leben? Und was macht sie aus?

Für mich sind es Momente, die nicht nur aus unserem Alltag herausstechen, sondern in denen man auch eine andere Perspektive auf sein eigenes Leben und die eigene Lebensgeschichte bekommt. Man erhält eine Idee davon, wer oder wie man sein könnte. Und dieser Auslöser kann ein Gespräch auf einer Party oder an der Bushaltestelle sein. Aber auch andere Dinge können einen Magic Moment auslösen: der erste Schritt zu einem neuen Ziel, Reisen, neue Projekte.

Beim Magic-Moments-Journal führt man sich diese Momente und welchen Einfluss diese auf unsere Perspektive haben, vor Augen. Hier kann man fragen: Was war gut? Und warum war das gut? Wie hat das meine Perspektive verändert?

Der Vorteil an diesem Journal ist, dass man es nicht jeden Tag zur Hand nehmen muss, sondern nur dann, wenn man einen dieser magischen Momente erlebt hat.

Für mich war die spannendste Erkenntnis, dass diese Magic Moments in allen Lebenssituationen auftauchen können, sogar in Bewerbungsgesprächen oder Schuhgeschäften. Wir können überall und in ganz verschiedenen Kontexten und dann, wenn wir es am wenigsten erwarten, Magic Moments erleben.

Ich finde, es lohnt sich, sie alle aufzuschreiben. Denn zum einen vergessen wir sogar leider die großartigen Momente in unserem Leben immer viel zu schnell oder haben diese zumindest nicht so vor Augen. Und zum anderen hilft uns dieses Aufschreiben dabei festzuhalten, wie sich unsere Perspektive weiterentwickelt und wie wir in diesen Momenten eine Idee bekommen, wer wir sein wollen. Diese neue Perspektive ist das Entscheidende, um uns weiterzubringen und um diese Idee, die wir von uns selbst bekommen, dann auch zu leben.

Einer dieser Magic Moments war für mich das dreistündige Bewerbungsgespräch an der Harvard University, bei dem ich mir zu Beginn an einem Selbstbedienungs-Getränkeautomaten statt Wasser einen Ein-Liter-Becher Monster Energydrink abgefüllt hatte.

Dazu muss man wissen: Ich gehöre nicht zu den Menschen, die Koffein oder Energydrinks in rauen Mengen vertragen. Im Gegenteil: Zu viel Koffein führt bei mir zu einem Zustand, der irgendwo zwischen Hyperaktivität und Panik angesiedelt ist, sodass ich Energydrinks normalerweise um jeden Preis vermeide.

Aber hier saß ich nun mit meinem Ein-Liter-Becher Energydrink zwischen holzvertäfelten Wänden, die Ehrfurcht einflößend wirkten. Dazu kam, dass es unglaublich heiß war und es bereits Stunden her war, seitdem ich etwas getrunken hatte.

Ich nahm einen großen Schluck von meinem Monster-Energydrink. Die Professorin lachte mich an.

»Erzählen Sie mal, was Sie so gemacht haben«, sagte sie in perfektem Deutsch. Nur ein leichter Akzent verriet, dass sie Amerikanerin war.

Ich weiß nicht, ob es der Energydrink war oder meine Aufregung, tatsächlich hier zu sein, aber ich redete fröhlich, energiegeladen und in einem wahnsinnigen Tempo drauflos. Es war einer der Momente, die mein Leben veränderten. Ein Moment, in dem nicht alles stimmte, aber der vielleicht gerade deshalb irgendwie gut war.

Fast alle meine Magic Moments haben mit anderen Menschen zu tun. Man trifft sich, zufällig oder geplant, und irgendetwas passiert und schafft einen Moment, der weit über die Begegnung hinausgeht. Und der einen manchmal tagelang, wenn man Glück hat, wochen- und monate- oder vielleicht auch jahrelang weiterträgt.

Ein paar Wochen nach meinem Gespräch in Harvard erhielt ich die Zusage für ein Studium. Der Monster-Energydrink, meine Aufregung, Hyperaktivität und die ganze Atmosphäre dort hatte etwas in Bewegung gesetzt. Emotional Energy. Eine Energie, die in manchen Momenten unseres Lebens frei wird und mit der wir etwas machen können. Und die uns eine ganz andere Perspektive auf unser Leben, unsere Story gibt.

Im Grunde war es genau das, was damals bei dem Aufnahmegespräch in Harvard passiert ist: Einen Magic Moment lang habe ich mich selbst so gesehen, wie ich sein konnte. Und das ist das Besondere, was diese Momente ausmacht: Wir sehen uns nicht, wie wir sind, sondern wir sehen das große Leben und unser Potenzial. Wir sehen unser Leben, wie es sein kann, wenn wir uns trauen, es wirklich zu leben.

Ein anderer Magic Moment war vor über zehn Jahren, als ich auf einer Party zweier Dokumentarfilmemacherinnen in New York landete. Es war Winter und ich wollte eigentlich den Abend zu Hause verbringen, aber ich hatte einem Freund versprochen, ihm beim Umzug zu helfen. Wie für New York typisch entwickelte sich auch dieser Abend völlig anders als geplant, und zwei Stunden nachdem ich den letzten Blumentopf aus dem Taxi in die neue Wohnung meines Freundes getragen hatte, landete ich mit seinem Mitbewohner auf einer Film-Party. Anstatt zu Hause auf der Couch zu liegen, war ich in einer West-Village-Bar, Rotweinglas in der Hand, lachte laut und redete mit Dutzenden neuen Leuten, die ich noch nie getroffen hatte, über New York und Filme.

»Könntest du dir vorstellen, in unserem nächsten Film mitzuspielen?«, fragte mich eine der beiden Filmemacherinnen. Ich hatte ihr gerade erzählt, dass ich Geige spiele, und sie war ganz begeistert davon, mich in ihrem nächsten Film unterzubringen.

Ich habe viele Magic Moments auf Partys erlebt. Irgendwas an der Mischung von Rotwein, Musik, später Stunde und Gesprächen hat mir immer viel gegeben. Ich würde es vielleicht nicht als »Party-Therapie« bezeichnen, aber im Prinzip war es genau das. Eine alternative Welt, die man für ein paar Stunden betritt und die dazu führt, dass man einen Moment erlebt, der einem das Alltägliche nimmt und man nicht mehr an Dinge wie Steuer, Einkaufen oder Busfahren denkt, einen Moment, der größer als alles andere ist.

Ich habe auf Partys viel über Freundschaft, Beziehungen, Connection und mich selbst gelernt. Und Momente erlebt, die einen weitertragen.

Aus meiner Gastrolle in dem Dokumentarfilm wurde dann nichts. Ich zog wieder nach Wien, und der Flug nach New York war den Produzenten zu teuer. Aber das machte nichts. Ich hatte an dem Abend eine Ahnung von dem bekommen, wie mein Leben aussehen konnte. Wer *ich* sein konnte. Ich hatte einen neuen Einblick auf meine Geschichte bekommen und wie sich diese weiterentwickeln könnte. Ich hatte einen Magic Moment erlebt.

So beginnst du ein Magic-Moments-Journal:

1. Überlege, welche Magic Moments es in deinem Leben schon gab. Schreibe in Stichworten auf, warum diese Momente so besonders für dich waren.
2. Wo warst du, als du diese Momente erlebt hast, wer war dabei, welches Gefühl hattest du gehabt?

3. Wie hast du dich selbst gesehen? Welche Idee von deinem Leben hat dir dieser Moment gegeben?
4. Wie hat sich deine Perspektive verändert?
5. Hat dieser Moment Veränderungen für dich angestoßen?
6. Stelle dir diese Fragen jedes Mal, wenn du einen Magic Moment erlebst.
7. Freue dich an jedem dieser Momente. Wenn sie passieren. Wenn du sie aufschreibst. Und wenn du sie wieder liest.

Sei großzügig zu Fremden

Eines meiner Lebensmottos ist seit vielen Jahren: »Sei großzügig zu Fremden!« Ich habe diese Großzügigkeit von Menschen, die ich gar nicht oder nur sehr flüchtig kannte, vielfach in meinem Leben selbst erlebt.

Als ich achtzehn war, bekam ich von einem Menschen, den ich zuvor noch nie persönlich getroffen hatte, ein Auto geschenkt. Der Sohn meiner ehemaligen Grundschullehrerin hatte ein Auto geerbt und überlegte, was er mit seinem derzeitigen Wagen machen sollte. Seine Antwort war: verschenken. Und zwar an jemanden, der noch kein Auto hatte. An mich.

Es war ein Akt absoluter Großzügigkeit, der mir damals unglaublich viel bedeutete und mir das Gefühl gab, die glücklichste Person auf der Welt zu sein. Nicht unbedingt, weil ich auf einmal ein Auto bekommen hatte, sondern weil ich Großzügigkeit von einem mir völlig unbekannten Menschen erfahren hatte.

Das Auto, das ich damals geschenkt bekam, war eine ziemlich Klapperkiste, die ich liebevoll auf den Namen »Elvis« taufte. Dass Elvis so viele Macken hatte, machte ihn für mich sympathisch, fast menschlich. Mal ließen sich die Türen nicht öffnen, dann dauerte es ewig, bis der Motor ansprang. Ein anderes Mal ließ sich der Kassettenrecorder nicht mehr ausstellen. Aber wer ist schon perfekt!?

In dieser Zeit, in der ich noch bei meinen Eltern wohnte, war dieses Auto mein ganz persönlicher Lebensraum.

Ein knappes Jahr nachdem ich das Auto als Geschenk erhalten hatte, fuhr ich auf einer Bundesstraße, als plötzlich schwarzer Rauch aus der Motorhaube aufstieg. Neben mir wurde gehupt. Ich überlegte, irgendwo anzuhalten, aber wo? Der Rauch vor mir wurde immer dichter, und irgendwann hielt ich einfach am Straßenrand an, während die anderen Autos an mir vorbeirasten. Elvis erwies mir noch einen letzten Liebesdienst, ausnahmsweise ließ sich die Fahrertür problemlos öffnen und ich konnte ohne Probleme aus meinem brennenden Auto aussteigen. In den nächsten zehn Minuten musste ich dabei zusehen, wie mein Auto samt darin gelagerten Klamotten, Inlineskates und Büchern vollständig abbrannte.

Auf mein Gefühl der Großzügigkeit, das ich mit diesem Auto geschenkt bekommen hatte, hatte dieses Erlebnis keinen Einfluss. Im Gegenteil. Ich wusste, dass ich eine Klapperkiste bekommen hatte und dass doch jemand an mich gedacht hatte, machte diese Klapperkiste für mich zu einem großen Geschenk, das weit über das Auto und seinen materiellen Wert hinausging. Seitdem ist Großzügigkeit für mich ein wichtiges Lebensprinzip und bedeutet für mich, meine Story zu leben.

Es müssen aber nicht unbedingt Autos sein, die wir verschenken. Es reichen auch kleine Dinge. Das kann ein Kaffee sein, den wir der Person, die hinter uns in der Schlange steht, ausgeben. Ein Abendessen, das wir für die Personen am Nebentisch bezahlen.

Als ich einmal zu Studentenzeiten mit zwei Freunden in Boston abendessen ging, wurden wir von zwei Frauen am Nebentisch eingeladen. Da das Lokal so klein war, waren wir während des Abendessens ins Gespräch gekommen. Die beiden luden uns nicht nur zum Abendessen ein, sie bestanden auch darauf, dass wir mit ihnen nach dem Essen ins nahe gelegene italienische Eisgeschäft »Mike's Pastry« gingen, um dort unbedingt »die besten Cannoli der Welt« zu probieren. Für einen kurzen Moment waren wir durch diese Großzügigkeit miteinander verbunden und zu »Freunden« geworden, die man nach einem guten Essen noch zum Nachtisch einlädt. Wir haben uns nach diesem Abend nie mehr wiedergesehen.

Großzügigkeit ist aber nicht unbedingt materiell, sondern mehr eine Art Geisteshaltung. In den USA habe ich erlebt, was es bedeutet, großzügig gegenüber Erfolg von anderen Menschen zu sein: Man weiß, der Erfolg eines anderen wird mir selbst nichts wegnehmen. Ganz im Gegenteil, man freut sich, solche erfolgreiche Menschen in seinem Bekanntenkreis zu haben, denn das macht einen selbst auch ein bisschen mit-erfolgreich.

Aber auch unsere eigene Geschichte zu teilen, ist eine Form der Großzügigkeit. Geschichten können Veränderungen anstoßen, ermutigen und Möglichkeiten aufzeigen. Manchmal bieten Storys die Möglichkeit, sich in ihnen selbst zu sehen. Die Geschichte, die wir mit einer Freundin oder einem Fremden teilen, kann genau zum richtigen Zeitpunkt kommen und etwas bewirken. Anders als ungefragt erteilte Ratschläge können Geschichten eine Perspektive geben, ohne eine direkte Handlungsanweisung zu sein. Unsere Geschichte zu erzählen, ist ein Akt der Großzügigkeit.

Mache Angst nicht zum Co-Autoren deines Lebens

Die eigene Geschichte zu leben, erfordert nicht zuletzt Mut. Wir müssen den Mut aufbringen, auf uns selbst zu vertrauen, wenn wir unser Leben nach dem ausrichten, was uns antreibt und motiviert.

Es ist einfach, sich von Ängsten und Zweifeln abbringen zu lassen. Von Zweifeln wie »Bin ich gut genug?«, »Wird das klappen?« oder »Ist das Risiko es wert?«.

Meine Philosophie dazu: Jeder von uns hat Zweifel und Ängste. Und die reisen neben uns und mit uns durchs Leben. Sie sind gewissermaßen unsere Beifahrer. Die Kunst besteht aber darin, sich nicht ins Steuer greifen zu lassen und Angst nicht mitbestimmen zu lassen, wenn es darum geht: Soll ich das machen?

In solchen Situationen frage ich mich immer: »Warum zweifele ich an einer Entscheidung?« Wenn die Antwort ist: »Weil ich Angst vor etwas habe«, dann weiß ich, dass ich Wege finden muss, diese zu überwinden. So erging es mir auch bei der Sache mit den Bären.

Einmal war ich kurz davor, einen Yoga-Retreat abzusagen, weil ich plötzlich Angst vor Bären bekommen hatte. Der Retreat fand damals im kalifornischen Nationalpark Lassen statt, in dem es neben anderen (nicht weniger gefährlichen) Tieren auch Bären gab. Was mich selbst am meisten überraschte: Bis dahin wusste ich nicht einmal, dass ich Angst vor Bären hatte! Aber mit den Bären ist es genauso wie mit vielen Dingen im Leben: Manchmal weiß man erst, wovor man Angst hat, wenn man damit konfrontiert wird.

Ich saß damals vor meinem Computer und starrte auf ein ungefähr zehnseitiges PDF, das mein Yoga-Lehrer Pete verschickt hatte und das sehr ausführlich die Gefahren und die möglichen (meist tödlichen) Konsequenzen einer Begegnung mit Bären ausführte.

Das Problem war - so hieß es dort -, dass sich die Bären in den großen Nationalparks nach und nach an die Menschen gewöhnt hätten. »Manchmal werden Bären aggressiv, weil sie sich daran gewöhnt haben, unser Essen zu bekommen«, las ich weiter in Petes E-Mail. »Bären können einfach und zu jeder Zeit in unsere Zelte einbrechen. Bewahre daher niemals Essen, Getränke, Drogerieartikel oder Müll im Zelt auf.«

Ich fand, das klang sehr bedrohlich. Ich war sehr stolz auf meine Überlebensstrategien in einer Großstadt, aber hier, quasi in der Wildnis, würden mir meine Erfahrungen nichts nutzen. Hier galten andere Gesetze als die, auf der Rolltreppe rechts zu stehen, um links die vorbeieilenden Menschen nicht zu behindern.

Ich war schon ewig nicht mehr campen gewesen, und auch wenn ich mich in vielen Städten dieser Welt auskannte und diese mit einer gewissen Leichtigkeit und Google Maps navigieren konnte, hatte ich das sichere Gefühl, dass »Natur« etwas war, auf das ich schlecht vorbereitet war. Und die Bären waren da nur eine der Gefahren auf einer langen Liste von gefährlichen Pflanzen und Tieren wie Berglöwen (Pumas) oder Poison Ivy (»Giftefeu«, der einem bei Kontakt die Haut verbrannte).

Aber war ich den Bären wirklich so hoffnungslos ausgeliefert? Wie war die Situation tatsächlich? Ich hatte Angst, weil ich die Situation nicht einschätzen konnte, und das verunsicherte mich. Ich erinnerte mich daran, dass eine Teilnehmerin in meinem Yogakurs gefragt hatte, ob die Bären im Lassen-Volcanic-Nationalpark genauso angriffslustig seien wie jene im Yosemite-Nationalpark. Daraufhin googelte ich

»Bears Yosemite« und verbrachte die nächsten vierzig Minuten damit, mir Bilder anzusehen, auf denen Bären in ein Auto eingebrochen waren, das Abendessen einer fünfköpfigen Familie verspeisten oder es sich in einem Zelt gemütlich gemacht hatten. Danach las ich einen Artikel über eine tödliche Bärenattacke. Und noch einen.

Zwischendurch googelte ich: »Wie verhalte ich mich, wenn ich von einem Bären angegriffen werde?« Meine intuitive Idee, sich einfach tot zu stellen, schien keine gute Idee zu sein. Stattdessen solle man besser »zurückschlagen«. Ich fragte mich, wie ich in einem Zweikampf mit einem Bären bestehen sollte und ob dieser Retreat wirklich eine gute Idee gewesen war. Musste ich wirklich jede Erfahrung machen?

»Ich kann da nicht mitfahren!«, erklärte ich Benjamin und klappte den Computer zu.

»Ruf mich einfach an, wenn irgendwas ist«, bot Benjamin an. »Im Notfall hole ich dich ab!«

Aber das war leichter gesagt als getan, denn der Retreat, zu dem ich fuhr, war nicht nur ein Yoga-Retreat, sondern gleichzeitig ein Digital-Detox-Retreat. Mitten unter den Bären gab es weder WiFi noch Handyempfang. Für eine Woche.

»Wahrscheinlich ist die Situation gar nicht so schlimm und euer Yoga-Lehrer verschickt diese Hinweise ausschließlich aus Versicherungs- und Haftungsgründen«, versuchte Benjamin mich zu beruhigen.

Das beruhigte mich auch. Aber nur ein bisschen. Nur bis ich meiner Angst nachgab und weitergoogelte. Auch die Ratgeber schienen irgendwann am Ende ihrer Ratschläge zu sein und ein Autor schrieb auf die »Zweikampf«-Frage nur »Just stay smart!« - Sei einfach schlau! Was »schlau« in diesem Zusammenhang hieß, blieb unklar.

Tipp: In Situationen, wo du Angst hast, höre auf zu googlen oder schalte den Kanal, der deine Angst füttert, aus (egal ob das Nachrichten, Social Media oder bestimmte Gespräche sind).

Benjamin verstand meine Angst nur bedingt: »Du hast doch schon ganz andere Dinge gemacht!«, erklärte er. »Du warst alleine campen auf der Isle of Wight, du hast in einem Hochsicherheitsgefängnis gearbeitet, du hast ein Praktikum im Krankenhaus gemacht, obwohl du Angst vor ansteckenden Krankheiten hast, du bist, ohne jemanden dort zu kennen, nach New York gezogen.«

Er hatte recht. Ich habe schon oft Dinge gemacht, vor denen ich irgendwie Angst hatte. Das war bei dem Job im Gefängnis so gewesen, genauso wie bei meinen Reisen nach New York, in eine mir damals völlig unbekannte Stadt, in der ich niemanden kannte. Ich hatte immer Angst. Auch jetzt bei den Bären fühlte es sich genauso an.

Ich fragte mich damals, ob Mut ein Muskel ist, den man trainieren kann. Quasi Pilates gegen unsere Angst. Nur dass wir statt Muskelgewebe unsere Angst konfrontieren.

Ich habe meiner Angst nie erlaubt mitzubestimmen. Meine Angst hatte nie das letzte Wort gehabt. Vielmehr war es etwas anderes, das mich antrieb und mir zeigte, dass es sich lohnte, seine Angst zu konfrontieren: Neugier, Entdeckerfreude, Abenteuer. Auch wenn ich Angst hatte, war ich davon überzeugt, dass mich die neuen Erfahrungen zu der Person machen würden, die ich sein wollte. Mutig. Offen für neue Erfahrungen, Abenteuer, Storys. Die Angst war die Nebenwirkung, die ich in Kauf nehmen musste.

Irgendwann nahm ich mir vor, Entscheidungen nicht aus Angst zu treffen. Es nervt, Angst zu haben. Aber ich habe mir vorgenommen, dass ich nichts ablehnen darf, nur weil ich Angst davor habe. Die ehemalige Snowboarderin Julia Dujmovits, österreichische Goldmedaillengewinnerin, sagte in ihrem TEDx-Talk 2018: »Ein Ziel ist für mich erst dann groß genug, wenn es mich einerseits fasziniert, aber mir andererseits auch Angst macht.«

Ich weiß, dass Angst auch sein Gutes hat. Wenn man es schafft, seine Angst in die richtige Richtung zu bringen, schafft man es in den Bereich von Höchstleistungen, in die »Zone of Genius«, wie Amerikaner es nennen. Aber das geschieht erst im Nachhinein, wenn man bereits in der Gefahrenzone ist. Das ist die »gute« Angst.

Die gefährliche Angst ist die, die wir im Vorfeld haben. Die uns davon abhält, uns überhaupt in solche Situationen zu begeben. Die uns einredet: »Ich kann das nicht. Das ist nichts für mich.« Die Angst, die uns das Gefühl gibt, wir sind Hochstapler, die nur zufällig ausgewählt, nur zufällig in Betracht gezogen wurden. Vielleicht sogar weniger als »zufällig«, vielleicht nur »aus Versehen«.

Das Gute ist aber, dass jedes Mal, wenn wir uns auf diese Situationen einlassen, die Angst kleiner wird. Eleanor Roosevelt, Menschenrechtsaktivistin und ehemalige First Lady, formulierte es einmal treffend so: »Du gewinnst Stärke, Mut und Zuversicht bei jeder Erfahrung, bei der du anhälst und der Angst ins Gesicht blickst. Du musst die Sache machen, die du nicht kannst.«

Letztlich bin ich auf dem Yoga-Retreat keinem Bären begegnet. Erst auf dem Rückweg und als ich mit Benjamin im Auto durch eine Wohnsiedlung fuhr, entdeckten wir plötzlich einen Braunbären. Wir hielten an und sahen, wie der Bär dicht an unserem Auto vorbeilief. Er hatte keine Angst vor uns. Ich hatte keine Angst vor ihm. Er sah freundlich aus. Mir tat es leid, dass wir Menschen in seinen Lebensraum eingebrochen waren und er - aufgrund seiner Zutraulichkeit - nun plötzlich zu einer Gefahr für uns geworden war.

Ich hatte dem Bären ins Gesicht geblickt, fast wie Eleanor Roosevelt es beschrieben hatte. Ich war eine Woche in der Natur gewesen, fernab der Zivilisation, ich hatte das gemacht, von dem ich angenommen hatte, dass ich es nicht konnte. Ich hatte Angst nicht zum Co-Autoren meiner Geschichte gemacht.

Welche Bären gibt es in deinem Leben?

Ein Jahr später schrieb Pete in seinem Newsletter: »Wir begegnen Bären auf unserem Weg jeden Tag, manche bedeuten wirkliche und bevorstehende Gefahren, andere bieten uns eine Möglichkeit zu wachsen und neue Wege zu finden, unsere Ängste zu konfrontieren. Diese beiden Arten der Angst zu erkennen und auf sie zu reagieren, ist ein lebenslanger Prozess.«

Angst kann uns warnen, zurückhalten oder uns Möglichkeiten geben, an unseren Herausforderungen zu wachsen.

Meine Neugier war immer größer als meine Angst. Ich war immer neugierig zu erfahren, was auf der anderen Seite liegt. Für die Chance auf ein aufregenderes Leben habe ich Angst in Kauf genommen. Angst war für mich die Nebenwirkung eines Medikaments, das ich zum Leben brauchte: Abenteuer. Und ich habe gelernt: Irgendwann muss man die Zweifel abstellen und einfach springen!

Aufgabe: Was sind die Bären in deinem Leben?

1. Überlege, was die »Bären« in deinem Leben sind. Vor welchen Dingen hast du Angst?
2. Inwiefern hat dich Angst vor diesen Bären zurückgehalten?
3. Wie kannst du in Zukunft dafür sorgen, dass Angst nicht zum Co-Autor deines Lebens wird?

Vom Mut, Dinge nur so halb gut zu machen

Wenn es darum geht, die eigene Geschichte zu leben, ist es notwendig, Dinge nur halb gut zu machen. Denn oft ist es unser Perfektionismus, der uns zurückhält, die Dinge, die wir uns vornehmen, auch tatsächlich umzusetzen.

Mir wird das immer in eigentlich kleinen Situationen bewusst. Zum Beispiel, als ich eine Couch für unser Wohnzimmer kaufen wollte. Damals fragte ich mich: »Wie lange kann es dauern, sich für eine Couch zu entscheiden?« Ich war dabei, auf etlichen Websites von Einrichtungshäusern und Online-Shops nach der perfekten Couch zu suchen, und verbrachte Stunden um Stunden mit dieser Aufgabe. Dabei hatte ich gar keine großen Ansprüche, im Grunde gab es nur zwei Kriterien. Das Sofa sollte grau und im skandinavischen Stil sein. Und diese Kriterien erfüllte im Prinzip jede zweite Couch, die in den Online-Katalogen angeboten wurde. Aber genau das machte das Ganze so problematisch: Wie konnte ich mich zwischen Sofas entscheiden, die im Prinzip identisch waren? Das Interessante ist: Wir verbringen so viele Stunden damit, Möbel auszuwählen oder Geschirr und sehen Hunderte Variationen davon. Aber rückblickend passiert es so gut wie nie, dass wir sagen: »Ach, hätte ich doch nur die *andere* Waschmaschine genommen!«

Perfektionismus und eigene Ansprüche standen mir schon oft im Weg, meine persönliche Story zu leben. Absurderweise ist es manchmal einfacher, ganz aufzugeben, anstatt sich mit etwas zufriedenzugeben, was unseren Ansprüchen nicht ganz gerecht wird. Und das trifft bei großen Lebensentscheidungen genauso zu wie bei der Auswahl einer Couch. Wir stehen uns selbst im Weg.

Ein Freund von mir versucht seit zehn Jahren, sich für ein PhD.-Studium in den USA zu bewerben. Eine Zeit, in der viele seiner Freunde bereits ein komplettes Studium hinter sich haben. Er »versucht sich zu bewerben« bedeutet in seinem Fall, dass er sich bisher noch nicht beworben hat, weil ihm seine eigenen Bewerbungsunterlagen und Aufsätze, die man für eine Bewerbung braucht, nicht gut genug sind, seinen eigenen Ansprüchen nicht genügen. Sein Beispiel ist sicherlich ein extremes, aber ich glaube, jeder von uns kennt diese Projekte im Leben.

So wie manche Autoren Schreibblockaden haben, gibt es das gleiche Phänomen auch in unserem Leben. Wir stehen uns selbst im Weg mit unseren hohen Ansprüchen und können - genauso wie Autoren, die an einem Roman oder Drehbuch arbeiten - unsere eigene Story nicht weiterschreiben.

Ein anderes Beispiel, bei dem ich mir selbst im Weg stehe, ist das Thema Geschenke. Ich liebe große Gesten und Gefühle, aber ich bin unglaublich schlecht darin, Geschenke zu finden. Selbst für die Menschen, die ich gut kenne und mag. Entweder verbringe ich Stunden damit, das perfekte Geschenk selbst zusammenzufrickeln, oder ich verschenke

Alkohol oder Gutscheine. Das alles wäre nicht so schlimm, wenn ich nicht Ewigkeiten damit verbringen würde, über *mögliche* Geschenke nachzudenken, nur um am Ende eine Flasche Gin zu verschenken. Oder gar nichts, weil mir auch Gin nicht gut genug ist.

Manche Geschenke sind einfach und das Ergebnis, dass man sich an Buchwünsche oder dergleichen erinnert, aber die meisten Geschenke sind unglaublich schwierig. Und auch Google hat nicht alle Antworten auf die Fragen unseres Lebens oder auch nur auf die Frage: »Was wünscht sich meine Mutter?«

Vor Weihnachten verbringe ich Stunden damit, alle möglichen Geschenkelisten durchzugucken: »What to give to your book lover friend?«, »Best gifts for dads« oder »10 Dinge, die sich Millennials zu Weihnachten wünschen«. Das Ergebnis dieser Geschenkesuche? Ich verschenke Gutscheine. Oder Schokolade. Oder eben Gin.

Voriges Weihnachten, als ich schon wieder vielen meiner Freunde *Nichts* geschenkt habe, weil mir die Dinge, die ich ausgesucht hatte, nicht persönlich, nicht individuell genug oder zu langweilig erschienen, erklärte ich, damit müsse jetzt Schluss sein. Ich konnte meinen eigenen Perfektionismus nicht auf Kosten meiner Freunde austragen.

Warum fiel es mir so schwer, Geschenke auszusuchen? Ich hatte immer das Gefühl, ein Geschenk müsste eine Beziehung ausdrücken. Unbewusst überlegte ich: Drückt eine Tasse vom Weihnachtsmarkt eine Beziehung aus? Nein. Tee? Auch nicht. Ein Buch? Kommt darauf an.

Irgendwann beschloss ich dann, dass es okay ist, Dinge nur noch halb gut zu machen. Es war nicht nur okay, es war sogar manchmal ziemlich gut, wenn ich so an Aufgaben heranging.

Manchmal hatte ich das Gefühl, ich konnte mich ganz gut

selbst austricksen, wenn ich mir Dinge sagte wie: »Ich arbeite jetzt einfach eine halbe Stunde an diesem Projekt und schaue, was da rauskommt.« Meistens waren dies die besten Zeiten, in denen ich am kreativsten war, weil ich meine Ansprüche völlig heruntergeschraubt hatte.

Und das können wir auch mit unserer eigenen Geschichte machen. Als Autor unserer Story ist es wichtig, den Mut zu finden, Dinge nur so halb gut zu machen. Irgendwo anzufangen. Einfach machen! Ganz egal, ob wir nur fünf Minuten Zeit haben und in einer Warteschlange stehen - wir können hier und jetzt eine Entscheidung treffen. Die E-Mail schreiben, bei der wir schon die ganze Zeit überlegen, ob wir sie schreiben sollen. Wir können zu jedem Zeitpunkt anfangen, unsere Geschichte zu leben. Halb gut.

Mein eigener Perfektionismus bezog sich aber nicht nur auf Sofas und Geschenke aussuchen, sondern auch auf E-Mails. Ich verbrachte dabei gar nicht so viel Zeit damit, E-Mails zu *schreiben*, sondern viel mehr Zeit damit, E-Mails zu *überarbeiten*.

Ich dachte lange Zeit, dass es nur mir so gehen würde, bis ich die Sache mit den E-Mails einmal einem Freund erzählte.

»Das geht mir genauso«, meinte er und fügte hinzu: »Manchmal denke ich sogar zehn Minuten über eine WhatsApp-Nachricht nach.«

Ich bin mir sicher, dass E-Mails oder WhatsApps nicht besser werden, je länger man darüber nachdenkt. Im Gegenteil. Sie werden verkrampft und unentspannt. Deshalb folge ich, so oft es geht, dem Motto: »Einfach abschicken!«

Dieses Motto verfolge ich inzwischen sehr radikal, vor allem, seit ich in der *New York Times* einen sehr interessanten Artikel zum Thema Perfektionismus gelesen habe. Der Artikel erklärt, warum Mädchen in der Schule besser sind, aber

Männer im Job vorne liegen. Der Grund: Männer haben Mut zur Improvisation und dazu, Dinge nur so halb gut zu machen, während Frauen oftmals Dinge perfekt machen wollen.

Ich kann dieses Bedürfnis nach Perfektion nachvollziehen, sehe aber auch den Preis, den man dafür bezahlen muss, denn für alles braucht man dann viel mehr Zeit. Nicht um die Dinge an sich zu machen. Sondern um sich zu fragen, ob man sie »richtig« macht. Irgendwann muss man sich auf seine Intuition verlassen. Seitdem stelle ich mir immer einen Timer für E-Mails. Man braucht sechs Minuten, um das perfekte Ei zu kochen - und das ist genau die Zeit, die ich mir für einfache E-Mails gebe. Und meistens klappt das auch.

Um darüber nachzudenken, welche Geschenke meine Freunde bekommen sollen, stelle ich keinen Timer, aber ich setze mich auch nicht mehr an meinen Schreibtisch und fange an zu grübeln. Hier ist meine Einheit eine andere: U-Bahn-Fahrten. Ich nutze U-Bahn-Fahrten, um Ideen für Geschenke zu sammeln.

»Das ist aber eine lange Zeit!«, bemerkte meine Freundin Lisi.

»Es ist wesentlich kürzer, als ich früher dafür gebraucht hätte«, antwortete ich und fügte hinzu: »Außerdem finde ich, man muss auch großzügig mit den eigenen Schwächen umgehen. Man muss ja nicht immer so hart zu sich selbst sein.«

Als meine Freundin Geburtstag hatte, überlegte ich während einer U-Bahn-Fahrt, für was sie sich interessieren könnte - und schenkte ihr dann Stifte mit Literaturzitaten.

»Was für ein schönes Geschenk!«, lobte sie mich.

Es war vielleicht nicht das perfekte Geschenk. Aber für mich war es ein Anfang. Es war besser als Gin.

Genieße den Prozess!

Wenn es darum geht, die eigene Geschichte zu leben, dann ist es nicht nur wichtig, sich zu trauen, Dinge nur so halb gut zu machen, sondern auch den Prozess zu genießen.

Eines meiner größten Ziele im Leben ist es, mir eine gewisse Leichtigkeit zu bewahren. Das ist unglaublich schwierig, wenn schon ein Blick in die Nachrichten einem jede Leichtigkeit nimmt: Corona, Klimakatastrophen, Trump, politische Spaltungen.

Leichtigkeit kann unglaublich schwer sein, aber man hat ein einfacheres Leben, wenn man sich nachts um 2:30 Uhr nicht ein Hölleninferno vorstellt, sondern einfach schläft.

Früher brauchte es keine Pandemie oder ein australisches Buschfeuer, es konnten auch kleine Dinge sein, die mich stressten. Dabei waren es in vielen Fällen Dinge, die ich machen *wollte*. Es waren Probleme, die ich haben *wollte*.

In den Monaten vor meiner Hochzeit war ich zum Beispiel mit Tausenden logistischen Kleinigkeiten beschäftigt. Welches Kleid wollte ich haben? Welche Blumen sollten es sein? Wie kamen unsere Gäste vom Flughafen in die Stadt? Wie kamen sie vom Standesamt zur Kirche und von dort zur Dachterrasse der Partylocation?

»Die meisten Paare sagen mir, sie sind froh, wenn das alles vorbei ist«, erklärte uns die Event-Managerin der Location, in der wir unsere Hochzeit feiern wollten.

»Das ist ja schrecklich!«, antwortete ich. »Man heiratet doch, weil man es will!«

Benjamin und ich heirateten, weil wir einen Tag haben wollten, an dem unsere Eltern mit unseren Uni-Freunden und Kollegen und mit meinen New Yorker Freunden an einer Bar stehen und über das Leben philosophieren wollten. Wir wollten ein Highlight in unserer Beziehung, wir wollten heiraten, unsere Beziehung feiern gemeinsam mit den Menschen, die uns am wichtigsten waren.

Was wir nicht wollten? Einen Tag, an dem wir darauf warteten, dass alles vorbei war. Oder den wir nur im Nachhinein genießen konnten. Wenn wir uns nach der Hochzeit die Fotos anguckten. Oder die Dankeskarten schrieben. So sollte unsere Hochzeit nicht werden, wir wollten das Erlebnis im Moment genießen.

Schon damals habe ich mich gefragt: Wie schafft man es, inmitten von Trubel, Chaos und administrativer Kleinarbeit den Prozess zu genießen?

Was mir geholfen hat, war, mir die ganze Geschichte, das Big Picture vor Augen zu führen: Ich hatte den Mann zum Heiraten gefunden, und wir waren dabei, einen Tag so zu gestalten, wie wir ihn haben wollten. Wir *durften* diese Probleme haben und uns um diese Dinge kümmern.

Seit dieser Erfahrung genieße ich die Prozesse im Leben. Und auch in frustrierenden Momenten denke ich: Ist doch super, dass ich diese Probleme haben darf! Weil das auch zeigt, wie weit man schon gekommen ist.

Trotzdem fällt mir das manchmal nicht leicht. Ich bin jemand, der sehr im Moment lebt. Das ist in schönen Momenten unfassbar schön und hilft mir das Leben in vollem Umfang zu genießen. Aber bei nervigen, belastenden und mühseligen Dingen fällt es mir schwer, die Perspektive auf das große Ganze zu richten. Aber gerade deshalb habe ich mir angewöhnt, genau das zu tun und mich immer wieder zu fragen: Was ist das Big Picture?

Das Gute ist, dass es im Leben unzählige Situationen gibt, den Blick auf das große Ganze zu üben. Selbst wenn wir einmal völlig gestresst sind, kommt die nächste Situation, in der wir unsere Perspektive ändern können, ganz bestimmt.

Zum Beispiel, ein paar Jahre später, als wir unseren Hund

Charlie bekamen. Es gab tausend Dinge alleine bei der Auswahl des Hundes und des Züchters zu beachten. Ich wollte schon als Kind einen Hund haben, aber eine Hundehaarallergie hatte mich immer davon abgehalten. Aber dann hörte ich den Podcast von Liz Craft und Sarah Fain und überlegte hin und her. Schließlich gab es ja inzwischen auch antiallergische Hunderassen. Aber waren die wirklich so, dass sie meine Allergie nicht triggern würden? Meine Google-Suche ergab, dass es streng genommen so etwas wie einen hypoallergenen Hund gar nicht gibt, es komme immer auf den Einzelfall an. Ich las Artikel über die Obama-Hunde, zwei Portugiesische Wasserhunde und Obamas Tochter, die eine Hundehaarallergie hatte. Ich recherchierte etliches zu Hunderassen und Allergien. Dann Empfehlungen für Züchter.

Ich traf Menschen, die trotz ihrer Allergie Hunde hatten. Aber auch Züchter, die mir absagten, sobald ich ihnen von meiner Allergie erzählte. »Es kann funktionieren, aber es ist mir zu riskant«, erklärte einer von ihnen.

Letztlich beschloss ich, das Risiko einzugehen.

Am Tag bevor ich nach München fuhr und Charlie abholte, telefonierte ich noch einmal mit dem Züchter, der von meinen vielen Fragen, die ich mir in den vorangegangenen Wochen und Monaten ergoogelt hatte, schon genervt, aber trotzdem sehr freundlich war.

»Kommen Sie einfach vorbei, suchen Sie sich den schönsten Hund aus und genießen Sie einfach den Prozess«, sagte er.

Genau das hatte ich doch gewollt - den Prozess genießen. Genau das hatte ich mir doch damals bei meiner Hochzeit vorgenommen. Zu heiraten, mir einen Welpen auszusuchen, eine Party zu schmeißen - dies oder anderes sind Dinge, die wir machen wollen und die uns glücklich machen. Aber warum sind wir dann währenddessen viel zu gestresst, um dieses Glück zu empfinden? Warum fallen uns tausend Dinge ein, die wir vielleicht vergessen haben, aber die letzten Endes überhaupt nicht ins Gewicht fallen würden? Warum zweifeln wir an unseren eigenen Entscheidungen, bevor diese überhaupt Probleme verursacht haben?

Ich habe seitdem für solche Situationen drei Tipps: Mut zur Improvisation, »Freu dich zu früh!« und Story-Reframing.

1. Mut zur Improvisation

Vieles auf meiner Hochzeit war am Ende improvisiert. Und das war gut so. Wir können unsere Geschichte nicht bis ins letzte Detail planen, wir müssen auch oft improvisieren. Und das ist im Prinzip auch das, was Spaß macht und Raum öffnet für die spontanen, ungeplanten und überraschenden Dinge in unserem Leben.

2. Freu dich zu früh!

Oft stressen wir uns, weil wir uns nicht zu früh freuen wollen. Wir wollen uns nicht erst emotional auf etwas einlassen und dann enttäuscht sein. Wir versuchen uns auf eine Absage oder eine Enttäuschung vorzubereiten, indem wir uns selbst nicht erlauben, uns zu früh zu freuen.

Meine Freundin Rike hatte vor ein paar Jahren ein Bewerbungsgespräch und meinte zu einem Freund: »Na ja, ich freu mich lieber nicht zu früh - was, wenn das nicht klappt?« Ihr Freund entgegnete daraufhin: »Tja, wenn es nicht klappt, wirst du kein Stück weniger enttäuscht sein. So hättest du wenigstens die Vorfreude gehabt.«

Und genau das ist mein Tipp, wenn es darum geht, den Prozess zu genießen: Freu dich zu früh! Genieße die Freude im Moment und lass dich darauf ein, auch wenn es dann mal irgendwann nicht klappt.

Meiner Erfahrung nach gibt es fast nie den richtigen Zeitpunkt im Leben, sich zu freuen. Alles um uns herum ist zerbrechlich und kann sich in jedem Moment ändern. Aber wenn ich zurückblicke auf manche Situationen und etwas bereue, dann ist es, mich nicht früh genug gefreut zu haben. Daher mein Motto: Freu dich zu früh!

3. Reframing: Wie erzählst du deine Story?

Als ein amerikanischer Freund einmal für ein paar Tage krank war, fragte ich ihn, wie es ihm ginge. Ich erwartete, dass er mir erzählte, wie schlecht er sich fühle, dass er mir seine Symptome aufzählte. Stattdessen sagte er nur:

»I have to take it easy for a few days.« - »Ich muss für ein paar Tage langsamer machen.«

Wie wir unsere Geschichte erzählen, hat Einfluss darauf, wie wir uns selbst sehen und wie wir uns fühlen. »Ich muss für ein paar Tage langsamer machen« ist eine andere Geschichte als »Mir geht es so schlecht«.

Ich habe gemerkt, dass ich diese Leichtigkeit in mein Leben lassen kann, wenn ich darauf achte, *wie* ich meine aktuelle Geschichte erzähle - ohne dabei etwas an den Fakten zu ändern. Auch hier geht es also wieder um das Thema der Perspektive.

Und das trifft vor allem dann zu, wenn wir mit Hindernissen oder Problemen konfrontiert sind. Hier ist der Trick, sich nicht über die Probleme zu ärgern, die man hat, sondern sich zu sagen: »Ich freue mich, dass ich mich mit diesen Problemen beschäftigen *darf*.«

#100 Micro-Storys

Es gibt Zeiten in unserem Leben, die eignen sich nicht für die ganz großen Veränderungen. Aber ich glaube, ganz egal, in welcher Lebenssituation wir uns aktuell befinden, wir können kleine Storys finden, in denen wir trotzdem die Autorin oder der Autor unseres Lebens sein können. Wir können Micro-Storys leben und Magic Moments in unserem Leben schaffen, in denen wir uns unserem persönlichen Glück annähern können. Harald Juhnke hat zum Thema Glück gesagt: »Meine Vorstellung von Glück: keine Termine und leicht einen sitzen.« Glück ist einer dieser großen Begriffe, denen man sich nur durch viele kleine Dinge annähern kann: in einer fremden Stadt zufällig einen guten Freund treffen, Pflaumenkuchen, lautes Lachen, ein Bagel, der mit zu viel Frischkäse gefüllt ist.

Während wir bisher den Blick auf deine große Geschichte und das Big Picture gelegt haben, geht es jetzt darum herauszufinden, welche kleinen Momente dich glücklich machen: zwei Stunden in der Woche Handball spielen, ein Wochenende mit Freunden wegfahren, mal im Café zu arbeiten und nicht im Büro. Was sind deine persönlichen Micro-Storys, die nicht dein gesamtes Leben ändern, aber dich dennoch positiver durch den Tag gehen lassen und dir Energie geben?

Ich mag das Big Picture, aber auch den Blick auf die Details - und dafür ist die folgende Übung gedacht: Schreibe hundert Micro-Storys auf. Hundert Ideen, wie du auch auf kleine Weise deine persönliche Story leben kannst. Hier geht es nicht darum, dein gesamtes Leben radikal zu ändern, sondern in deinem jetzigen Leben Möglichkeiten zu finden.

Ich habe mich hingesetzt und genau das versucht. Die

ersten zwanzig Micro-Storys waren einfach, folgende Dinge kamen darunter vor:

- Nach New York fahren
- Meinen Geburtstag groß feiern
- Korean BBQ ausprobieren
- Graphic Novels lesen

Die nächsten zwanzig Micro-Storys gehen auch noch:

- Mit Charlie in den Wald zu fahren
- Drei Stunden mit meiner Familie zu frühstücken
- Mit meinem Bruder telefonieren

Aber dann wurde es schwieriger. Aber auch interessanter. Denn ich fing an, den Blick auf die kleinen Dinge zu legen, die mir Freude machten, die ich jedoch gar nicht so beachtet hatte.

Wir können unsere Geschichte leben, indem wir große Veränderungen machen. Wir können aber auch viele kleinere Möglichkeiten finden, im Alltag unsere Story zu leben und ganz bei uns selbst zu sein.

Für mich bedeutet das zum Beispiel, im Café zu arbeiten.

»Was machen die Leute denn alle hier? Haben die frei?«, fragte Benjamins Mutter bei ihrem letzten Besuch bei uns in Wien. Es war Mittwochvormittag und die Cafés waren voller Menschen und Leben und Laptops. Aber auch wenn es von außen vielleicht so aussieht, als hätten all diese Leute »frei« - vielleicht sind das gerade die Momente, an denen jemand an seinem Laptop arbeitet und seine Micro-Story lebt.

Aufgabe: Nimm dir einen Kalender und überlege, welche Tätigkeiten du jetzt sofort und vielleicht nur ein kleines bisschen verändern kannst, um deine Story zu leben.

Take-aways: Worum ging es in diesem Kapitel?

1. Wir müssen den Fokus in unserer Lebensgeschichte nicht nur einmal finden, sondern immer wieder. Wie ein Fokussierer im Film müssen wir immer wieder nachschärfen und unsere Geschichte »scharf ziehen«.
2. Die eigene Geschichte zu leben, ist nicht egoistisch, sondern notwendig, wenn wir auch andere Menschen dazu ermutigen wollen, Autoren ihres Lebens zu werden. Es ist wie mit der Sauerstoffmaske im Flugzeug, die wir uns selbst und erst dann Mitreisenden überziehen müssen.
3. Ein Mission Statement zu schreiben kann dir helfen, darüber nachzudenken, wie du durchs Leben gehen willst. Mit welchen Themen willst du dich beschäftigen? Was ist dir wichtig? Wie passt das zu deiner Geschichte?
4. Ein Magic-Moments-Journal kann die besonderen Momente in unserem Leben festhalten. Denn selbst die gehen leider im Alltagsstress oft unter. Dabei sind diese Momente für unsere Perspektive und unsere Geschichte unglaublich wichtig. Magic Moments sind Erlebnisse, in denen wir das Big Picture sehen und eine Ahnung davon bekommen, wer wir sein können.
5. Wir alle haben »Bären« in unserem Leben - Dinge oder Situationen, vor denen wir Angst haben. Und das ist völlig okay. Aber wir dürfen unserer Angst nicht das Ruder

überlassen und sie zum Co-Autoren unserer Lebensgeschichte machen.

6. Wenn es darum geht, unsere eigene Story zu leben, ist es wichtig, den Prozess zu genießen. Das gelingt mit Improvisation, »Freu dich zu früh« und Story-Reframing. Wie wir unsere Geschichte uns selbst erzählen, hat Einfluss darauf, wie wir durchs Leben gehen, und kann uns helfen, eine Leichtigkeit in unseren Alltag zu bringen.
7. Unsere eigene Geschichte zu leben muss nicht unbedingt bedeuten, die ganz großen Veränderungen im Leben zu machen. Wir können uns unserer Geschichte auch durch Micro-Storys annähern, kleine Dinge, die wir in unser Leben lassen und die für uns bedeuten, unsere eigene Geschichte zu leben.

Kapitel 9

Wie Storytelling dir hilft, bessere Beziehungen zu führen

Jede Beziehung hat eine Geschichte

Unsere Geschichten werden zu einem großen Teil durch die Menschen in unserem Leben geprägt. Aber wer sind die Hauptpersonen, Sidekicks, Partner, Lieblingsmenschen, Gegenspieler und Nebenrollen in unserem Leben? Wer beeinflusst uns? Wer gehört zu unserer Familie? Und nicht zuletzt: Welche Rolle spielen wir selbst in den Storys anderer Menschen?

Ich befand mich gerade in der Downward-Facing-Dog-Position, während ich über diese Fragen nachdachte. Benjamin war dabei, um mich herum zu staubsaugen, und auf dem iPad erklärte Adriene auf ihrem YouTube-Yoga-Kanal den »herabschauenden Hund«. Ich kam mir vor wie in einem dieser hippen Noah-Baumbach-Filme, in denen jeder sein eigenes Ding macht, aber entspannt genug ist, das in der Gegenwart eines anderen zu machen. Staubsaugen und Yoga, Baden und die Eltern anrufen, Steuererklärung machen und Auberginen-Lavendel-Eis anrühren.

Benjamin gehörte seit über zehn Jahren zu meiner Geschichte dazu. Und genau wie meine eigene Geschichte hatte auch unsere gemeinsame Story einen Anfang, Höhen und Tiefen, Wendepunkte und Momente, wo sich unsere Geschichte veränderte.

Während ich meinen Mann aus der Downward-Facing-

Dog-Position dabei beobachtete, wie er versuchte, einen aus Versehen aufgesaugten Socken wieder zu befreien, dachte ich: Wir haben nicht nur Einfluss auf unsere eigene Geschichte und können selbst die Autorin oder der Autor unserer Lebensgeschichte werden. Wir können auch unsere gemeinsamen Geschichten bestimmen und unsere Rollen neu definieren. Wir haben es in der Hand, unsere Familiengeschichte, unsere Beziehungsgeschichte oder unsere Generationsgeschichte für uns persönlich zu gestalten. Und neue Erlebnisse und Geschichten zu schaffen, die unser Leben gemeinsam bereichern.

Und genau darum geht es in diesem Kapitel. Wie kann Storytelling uns helfen, die Beziehungen in unserem Leben besser zu verstehen und zu definieren? Wie können wir neue Geschichten in unserem Leben planen und erleben, die uns verbinden und uns helfen, bessere und intensivere Beziehungen zu führen? Und wie können wir uns die großartigen Momente und Geschichten in unseren Beziehungen bewusst machen und nachher sagen: »Das war gut.«

Die Beziehungs-Story

Einige der schönsten Geschichten in unserem Leben sind Liebesgeschichten. Es ist kein Wunder, dass in Serien und im Film im Prinzip der gleiche Stoff unzählige Male erzählt und trotzdem nie langweilig wird. Dabei ist die Story eine, die immer nahezu gleich ist: Zwei Menschen treffen sich und beschließen, zusammen durchs Leben zu gehen. Sie ändern ihr Leben, sie ändern ihre Story von der eigenen, individuellen Geschichte hin zu einer gemeinsamen Geschichte. Sie überwinden äußere und innere Konflikte, streiten sich darüber, wer den Müll rausbringt, und bauen sich ein gemeinsames Leben auf.

Im Grunde sind Liebesgeschichten deshalb so magisch, weil alle diese Storys die gleiche Frage stellen: Für welche der 7,75 Milliarden Menschen auf dieser Erde würden wir unser Leben ändern?

Das Thema vieler Filme und Serien ist die Geschichte, wie man sich kennengelernt hat. Wir wollen wissen, wie der Anfang einer Beziehung aussah, was der entscheidende Moment war, wie eine Beziehung begonnen hat:

- Meine Eltern haben sich auf einer Party kennengelernt, zu der mein Vater eigentlich nicht hingehen *wollte* und meine Mutter eigentlich nicht hingehen *durfte*. Sie trafen sich dort trotzdem.
- Meine Freundin lernte zuerst die Katze ihres Freundes kennen und dann ihn.
- Ein Freund von mir verortet den Anfang seiner Beziehung zu seinem Mann in einem Taxi: Er saß an einem Abend mit zwei Freunden auf der Rückbank eines Taxis und hatte seinen Arm so ausgestreckt, dass er einerseits den Nacken seines zukünftigen Mannes berührte, bei dem gleichzeitigen Versuch, dass derjenige, der zwischen ihnen saß, von all dem nichts mitbekommen sollte.

Wir erzählen diese Geschichten gerne als Geschichten voller unvermeidbarer Zufälle. Wie man diese Geschichte sich selbst, dem Partner und anderen erzählt, ist aber nicht nur eine nette Anekdote, sondern sagt viel über unsere Beziehung und über uns selbst aus.

Schon vor knapp dreißig Jahren führte der amerikanische Psychologe John Gottman eine Studie mit Paaren durch, die er ihre Kennenlern-Geschichte erzählen ließ. Die Studie hat international Aufsehen erregt, vor allem, weil Gottman erklärte, dass er die Scheidungsrate anhand dieser Erzählungen mit über 90-prozentiger Wahrscheinlichkeit voraussagen könne. Das hört sich zunächst vielleicht an wie Clickbaiting oder Wahrsagerei. Aber Gottmans Idee war: *Wie* wir unsere Beziehungsgeschichte erzählen und vor allem uns selbst erzählen, spiegelt den Status unserer Beziehung wider. Und das macht Sinn.

Kritisieren wir unseren Partner, machen wir ihm oder ihr Vorwürfe? Wie erzählen wir ihren oder seinen Part in der Geschichte? Äußern wir Geringschätzung? Haben wir das Gefühl, uns verteidigen zu müssen? Nehmen wir eine Abwehrhaltung ein? Gottman bezeichnet diese Erzählhaltungen als die »Four Horsemen«. Diese vier Gesprächsindikatoren sind: Kritik, Geringschätzung, Verteidigung und Stonewalling, eine besondere Form der Abwehrhaltung.

Ob sich dadurch wirklich die Scheidungsrate voraussagen lässt, sei dahingestellt. Aber dass die Art und Weise, wie wir unsere Geschichte erzählen, Rückschlüsse auf den Zustand unserer Beziehung zulässt, finde ich sehr überzeugend, denn die Gefühle und Dynamiken, die unsere Beziehung ausmachen, spiegeln sich in unserer Darstellung wider. Unsere Erzählung *ist* zwar nicht unsere Beziehung, aber sie ist gewissermaßen ein Spiegelbild. Und dieses Spiegelbild reflektiert unsere Beziehung und zeigt, wie es aktuell um sie bestellt ist. In unserer Erzählung können sich aber nicht nur die von Gottman definierten Four Horsemen wiederfinden, sondern auch positive Elemente: Wertschätzung, Überraschung, Humor, liebenswerte Charakterzüge, die in unserer Geschichte zum Ausdruck kommen.

Dies betrifft aber nicht nur die Geschichte, wie man sich kennengelernt hat, sondern auch die, die man sich hier und heute zu der eigenen Beziehung erzählt. So wie unsere eigene

Geschichte hat auch unsere Beziehungsgeschichte verschiedene Phasen oder Kapitel, Höhen, Tiefen und Wendepunkte.

Aber wie können wir unsere Beziehungsgeschichte erzählen? Uns selbst, dem Partner, Freunden, Fremden? Je länger man zusammen ist, desto schwieriger ist es, diese Geschichte zu erzählen. Mit der Zeit wird unsere Beziehungsgeschichte immer dichter, wir erleben Geburtstage, Urlaube, Tausende von Supermarkteinkäufen, verpasste Flüge und unzählige andere Geschichten zusammen. Wo fängt man da an?

Daher ist meine Idee: Überlege dir eine ganz konkrete Situation aus deiner Beziehung und erzähle daran orientiert die Geschichte deiner Beziehung. Das kann eine ganz alltägliche Situation beim Einkaufen, Kochen, Sportmachen sein, die etwas über deine Beziehungsgeschichte aussagt und gewissermaßen exemplarisch für deine Beziehung steht.

Das kann die Geschichte sein, wie man sich kennengelernt hat, aber es können genauso gut auch andere Geschichten sein. Wichtig ist hier, dass es einzelne, konkrete Momente sind, die für das große Ganze stehen. Die Idee ist: An einem Beispiel kann man die größere Geschichte erzählen. Anhand einer Szene erzählt man das ganze Leben.

Wie das aussehen kann, zeige ich im Folgenden einmal an meinem Beispiel und der Vintage-Laden-Story:

Während meiner Zeit in San Francisco war ich öfter in Klamotten-Geschäften in Haight-Ashbury. Die Gegend ist bekannt für ihre vielen Vintage-Stores, in denen man Klamotten kaufen kann, die wahrscheinlich ein aufregenderes Leben hatten als man selbst.

»Was hältst du von dieser Lederjacke?«, fragte ich meinen Mann und hielt eine Jacke hoch, die so aussah, als hätte sie drei Tage lang auf einer vielbefahrenen Straße gelegen.

Benjamin nickte zustimmend, während ich schon beim nächsten Kleidungsstück war - einer Jeansjacke, die einen riesigen Brandfleck auf der Vorderseite hatte, der aber so wirkte, als wäre er mit Absicht dort. Der Preis von $450 Dollar schien das - zumindest für mich persönlich - auch zu bestätigen. Vielleicht hatte die Jacke 1906 das große Feuer in San Francisco überlebt?

»Du hast dich doch noch nie für Klamotten interessiert«, wandte Benjamin ein, der nach dem dritten Vintage-Laden, in den ich ihn an diesem Vormittag geschleppt hatte, irgendwie erschöpft aussah.

Mich überraschte mein neu gefundenes Hobby, dem ich seit einigen Wochen nachging, selbst.

Aber weil ich gerade einen Gürtel mit Schlangenprint in der einen Hand hielt und Cowboystiefel in der anderen, blieb mir im Prinzip nur eine einzige Antwortmöglichkeit: »Du musst einfach verstehen, dass Menschen sich weiterentwickeln!«

Benjamin sah mich für eine Sekunde verwirrt an, dann mussten wir beide lachen.

In den vergangenen Jahren unserer Beziehung war Weiterentwicklung unser zentrales Thema gewesen: Wir haben gemeinsam in vier verschiedenen Städten gelebt, sind etliche Male umgezogen, haben neue Freunde gefunden und neue Interessen. Als wir uns kennenlernten, waren wir beide Musikstudenten, aber während Benjamin inzwischen Musiktheorie-Dozent ist, habe ich den beruflichen Weg, den wir eigentlich gemeinsam gehen wollten, irgendwann verlassen und mich selbstständig gemacht. Mit unserer persönlichen Weiterentwicklung hat sich auch unsere Beziehung weiterentwickelt und ist gewissermaßen »erwachsen« geworden. Wir haben gemerkt, dass es nicht unser gemeinsames Interesse für Musik war, das die Basis für unsere

Beziehung bildete, sondern etwas ganz anderes: für Experiences, für Neues, für das, was als Nächstes kommt.

Wir alle haben ganz viele Storys im Leben und das nächste Mal, wenn du mit deiner Freundin, deinem Partner, Lover, Soulmate oder Lieblingsmenschen zusammensitzt, erzähle eine konkrete Geschichte, die exemplarisch für deine Beziehung stehen kann. Das muss kein großer Hollywood-Moment sein - auch in meinem Fall war ich ja einfach an einem Samstagmorgen in einem Vintage-Geschäft -, es kann eine ganz alltägliche Geschichte sein. Je konkreter die Situation, desto besser und desto anschaulicher (auch wenn du diese Geschichte dann mal irgendwann auf einer Party erzählen solltest). Wenn du diese konkrete Anekdote gefunden hast, überlege, was diese Geschichte über eure Beziehung aussagt. Was ist die größere Geschichte in dieser konkreten Story? Manchmal kann diese konkrete Story auch nur ein winziger Moment sein, den jeder aus seinem Alltag kennt.

Hier noch ein weiteres Beispiel:

Jedes Mal, wenn ich für mehr als drei Tage wegfliege, habe ich ein Problem mit meinem Gepäck und der Gewichtsbeschränkung von dreiundzwanzig Kilo beim Fliegen (oder sind es zwanzig Kilo?). Ich weiß, es gibt den Spruch: »Man kann nicht alles haben«, aber beim Reisen finde ich es wichtig, *alles* mitzunehmen. Schließlich weiß man ja nie, wohin einen die Reise führt: zu einem schicken Business-Dinner, zu einem Brunch mit Freunden, einem sonnigen Tag im Park.

Weil ich versuche, auf Reisen *alles* mitzunehmen, fällt es mir häufig schwer, meinen Koffer überhaupt zuzumachen. Und während Benjamin mich dabei beobachtet, wie ich versuche, noch ein *New Yorker*-Magazin durch einen Spalt im Reißverschluss zu quetschen, kommentiert er, bemüht diplomatisch, aber mit hochgezogenen Augenbrauen:

»Ich bin mir nicht sicher, ob der nicht mehr als dreiundzwanzig Kilo hat.«

»Ach, das wird schon irgendwie passen«, antworte ich mit einem Blick auf Benjamins Koffer, in dem nicht nur alles akkurat geschichtet ist, sondern auch noch unglaublich viel Platz ist.

Unsere unterschiedliche Art und Weise, Koffer zu packen, ist exemplarisch für unsere Beziehung. Benjamin, der Realist, ich die Träumerin. Er der Pragmatische, ich diejenige, die die Grenzen ausloten will.

Vielleicht fragst du dich: »Wie finde ich diese konkreten Situationen in meiner Beziehung?« Du kannst dir deine Beziehung zum Beispiel als Film vorstellen: Was für Szenen gibt es? Wo spielen diese sich ab? Was kommt regelmäßig vor? Jeden Tag, alle zwei Monate, einmal im Jahr?

Wenn du diese eine konkrete Szene gefunden hast, geht es im zweiten Schritt um die zwei bekannten Elemente, die eine Story ausmachen: Motivation und Perspektive. Dabei handelt es sich nicht unbedingt darum, eine gemeinsame Motivation oder eine gemeinsame Perspektive zu finden. Manchmal machen gerade unterschiedliche Perspektiven eine Story erst interessant. Aber im zweiten Teil muss es eine Verknüpfung zu der konkreten Szene geben - und im Prinzip müssen folgende Fragen beantwortet werden: Was sagt diese Situation über die größere Geschichte meiner Beziehung aus? Was ist das Big Picture in dieser konkreten Situation? Was sagt diese Szene über unsere Sicht auf die Welt oder unsere Motivation aus?

Nach diesem Prinzip - erst die konkrete Story, dann die größere Geschichte - kannst du viele Geschichten in deinem Leben erzählen.

Erzähl deine Beziehungsgeschichte gemeinsam mit deinem Partner, Soulmate und Lieblingsmenschen. Überlegt, welche Geschichten es in eurer Beziehung gibt und was diese über die größere Big-Picture-Story aussagen. Welche Geschichten sind euch in eurer Beziehung besonders wichtig? Auch hier gilt wieder: Im Prozess des Erzählens findet man oft seine Story. Und darüber zu reden, zu diskutieren und zu philosophieren macht Spaß, egal ob man auf einer langen Autofahrt nebeneinandersitzt oder im Restaurant.

Aufgabe: Erzähle deine Beziehungsgeschichte

- Erzähle eine konkrete Geschichte und Situation aus deiner Beziehung.
- In einem zweiten Schritt geht es um Motivation und Perspektive, wobei nicht unbedingt eine gemeinsame Motivation oder eine gemeinsame Perspektive gefunden werden muss. Manchmal machen gerade unterschiedliche Perspektiven eine Beziehungsgeschichte erst interessant.

Stell dir deine Beziehung als Person vor

Wenn ich Unternehmen berate und helfe, ihre Geschichte zu finden, dann verwende ich gerne einen Ansatz, bei dem es darum geht, die Marke oder Brand eines Unternehmens als »Person« zu sehen. Genauso wie ein Mensch, so hat auch eine Marke ein »Leben«, muss Stellung beziehen, steht für bestimmte Dinge und erlebt im Laufe der Zeit neue Storys.

Diese Herangehensweise können wir auch auf unsere Beziehungsgeschichte übertragen und fragen: Was wäre, wenn wir unsere Beziehung als »Person« sehen würden? Wie geht es diesem Menschen? Ist dieser Mensch gesund?

Happy? Traurig? Gestresst? Überarbeitet? Welche Geschichten, welche Höhen und Tiefen hat er erlebt? Was ist seine Geschichte?

Das Ergebnis dieser Übung ist, dass einem bewusst wird, wie es der eigenen Beziehung geht. Indem man seine Beziehung nicht als abstraktes Konstrukt, sondern als Person sieht, werden einem die Bedürfnisse und auch Qualitäten einer Beziehung viel mehr bewusst.

Mit dieser Herangehensweise finde ich es auch leichter, mir die verschiedenen Phasen, Höhen, Tiefen und Meilensteine in einer Beziehung vorzustellen. Die Beziehung hat ein »Leben«, das genauso gestaltet und geplant werden kann wie unser eigenes. Auch hier gilt: Wir sind die Autorinnen und Autoren unserer Beziehungsgeschichte.

Aufgabe: Was wäre, wenn du deine Beziehung als »Mensch« sehen würdest? Welche Qualitäten hat dieser »Mensch«? Welche Bedürfnisse? Was fehlt ihm? Welche Geschichten hat dieser Mensch erlebt? Was sind seine Pläne für die Zukunft?

Wie kann Storytelling helfen, eine bessere Beziehung zu führen?

Wir können Storytelling nutzen, um unsere Beziehungsgeschichte zu erzählen und die eigene Beziehung als »Person« zu sehen. Aber Storytelling kann noch eine weitere Funktion in den Beziehungen in unserem Leben einnehmen, insbesondere in einer Partnerschaft. Immer wenn wir Geschichten aus unserem Leben miteinander teilen, schaffen wir es, eine Verbindung herzustellen, und können so eine Beziehung intensivieren.

Wie sich das anfühlt, kennt wahrscheinlich jeder: Man sitzt mit einem guten Freund abends zusammen und philosophiert über das Leben und hat das Gefühl, je weiter der Abend fortschreitet, desto mehr Nähe spürt man. Storys schaffen Intimität. Und das kann man nutzen, um die Beziehung zu einem Partner, aber auch zu Freunden zu intensivieren.

Aber wie macht man das? Vor ein paar Jahren schlug ein Artikel in der *New York Times* große Wellen. Die These war: Um sich in jemanden zu verlieben, sollte es reichen, sechsunddreißig Fragen zu beantworten und sich dann zwei Minuten lang in die Augen zu schauen. Der Artikel, der auf einer Studie des US-amerikanischen Psychologen Arthur Aron beruhte, wurde viral. In den Wochen und Monaten nach der Publikation folgten Erfahrungsberichte, psychologische Erklärungen sowie Antworten aus einem Seniorenheim, deren Bewohner sich auch auf dieses Experiment eingelassen hatten.

Die sechsunddreißig Fragen sind eigentlich sechsunddreißig Storys und eine Aufforderung, sich sechsunddreißig lustige, traurige, absurde und intime Geschichten aus dem eigenen Leben zu erzählen. Sie sind ein Experiment, das eine große Frage aufwirft: Wie nah können wir einer völlig fremden Person kommen, wenn wir ihr sechsunddreißig persönliche Geschichten aus unserem Leben erzählen? Die These ist: sehr nah.

»Lass uns die sechsunddreißig Fragen auch mal machen«, schlug ich Benjamin an einem Nachmittag vor.

»Was sind denn die sechsunddreißig Fragen?«, fragte er.

Das Gute an Benjamin ist, dass er sich daran gewöhnt hat, dass ich ihn ständig mit neuen Ideen konfrontiere und er meistens auch Lust hat, sich auf diese einzulassen.

Wir begannen die sechsunddreißig Fragen an einem Samstagnachmittag.

»Was ist deine schönste Erinnerung?«, las ich Frage siebzehn vor.

Benjamin überlegte. »Das ist eine schwierige Frage. Ich habe viele schöne Erinnerungen, da ist es schwierig, eine herauszugreifen. Aber eine schöne Erinnerung von mir ist meine Diplom-Abschlussfeier.«

Ich war damals bei Benjamins Diplom-Abschlussfeier dabei gewesen. Wir hatten uns alle in Schale geworfen und ich hatte neben Benjamins Eltern gestanden, während er auf der Bühne sein Zeugnis überreicht bekam. Es war ein schöner, festlicher Moment gewesen, aber jetzt war ich mir auf einmal nicht sicher, ob ich die gesamte Tragweite dieses Erlebnisses erfasst hatte. Für mich war die Abschlussfeier von meinem Mann einfach der nächste logische Schritt gewesen, eine Formalität. Aber für Benjamin war das anders: Er war der Erste in seiner Familie, der studiert hatte, und dies hier war ein sehr besonderer Moment, der auch nicht so gradlinig zu erreichen gewesen war.

Man braucht nicht unbedingt sechsunddreißig Fragen, um sich Geschichten aus dem eigenen Leben zu erzählen. Aber was ich spannend finde, ist, wenn man sich die Geschichten, die man gemeinsam erlebt hat, quasi neu erzählt.

Was in diesen Momenten passiert, ist, dass wir eine Verbindung zwischen unserem inneren Erleben und unserer Außenwelt herstellen. Und das funktioniert auch dann, wenn man eigentlich die gleiche Story erlebt hat.

Wie schafft man neue Storys?

Es geht aber nicht nur darum, Storys zu erzählen, es geht auch darum, neue Storys zu schaffen. Jede Beziehung braucht neue Geschichten. Es ist wie bei einer Netflix-Serie: Man braucht Dinge, die weiterentwickelt werden. Aber wie geht das?

Während der ersten Woche, die ich in New York verbracht habe, habe ich das Konzept der »Date Night« kennengelernt - jeden Freitagabend flüchten Tausende von New Yorkern aus ihren Wohnungen und verbringen den Abend in den vielen Restaurants, Kinos oder Theatern der Stadt. Sie feiern das Leben.

Es war Freitagabend, und ich verbrachte diesen in meiner WG in Manhattan. Je weiter der Abend fortschritt, desto lauter wurde es draußen auf der Straße, und ich hatte das Gefühl, der einzige Mensch zu sein, der diesen Abend in seiner Wohnung verbrachte.

Ich fand diese Tradition großartig. In den letzten fünfzehn Jahren habe ich vermutlich (zumindest vor dem Corona-Lockdown) nicht mehr als eine Handvoll Freitage zu Hause verbracht. Stattdessen ist der Freitagabend die Zeit, die ich mit Benjamin verbringe. Diese Zeit ist eine Möglichkeit, ohne vorhergehende Planung den Abend miteinander zu verbringen und darüber zu reden, was in der Woche los war. Gleichzeitig aber auch eine Möglichkeit, die gemeinsame Story weiterzuentwickeln.

Obwohl der Freitagabend bei uns zu einem festen Bestandteil geworden ist, versuchen wir gleichzeitig, in dieser Zeit neue Erlebnisse zu schaffen, die uns aus der Routine herausholen. Ich finde es beruhigend, in mein Stammlokal zu gehen, aber eine neue Story ergibt sich aus diesen Besuchen meistens nicht.

Daher versuchen wir diese Zeit vielfältig zu gestalten: mit neuen Restaurants, Filmen, Partys, Open-Air-Kino. Der Fokus liegt darauf, gewissermaßen den »Film« unserer Beziehung weiterzuentwickeln.

Diese neuen Erlebnisse müssen nicht aufwendig sein, Hauptsache, sie sind ungewohnt. Irgendwas, was man sonst nicht macht. Und was dazu beiträgt, dass man die eigene Geschichte weiterentwickelt.

Aufgabe: Stell dir vor, deine Beziehung ist ein Film, der aus verschiedenen Szenen besteht. Jede Szene erzählt eine neue Story. Wie kannst du diesen Film weiterentwickeln? Was sind ungewohnte und neue Filmsequenzen, die du hinzufügen kannst?

Take-aways: Worum ging es in diesem Kapitel?

1. Jede unserer Beziehungen (Familie, Freunde, Partner, lose Kontakte) hat eine Geschichte. Und so wie unsere eigene Lebensgeschichte, so haben auch diese Beziehungsgeschichten Höhen, Tiefen und Wendepunkte. Storytelling kann uns helfen, die Beziehungen in unserem Leben besser zu verstehen, neue Geschichten zu planen und intensivere Beziehungen zu führen, indem wir uns darauf einlassen, unsere Geschichten zu teilen.
2. In Liebesgeschichten legen wir den Fokus auf den Anfang einer Beziehung und auf die Frage: »Wie habt ihr euch kennengelernt?« Diese Kennenlern-Geschichte ist aber

nicht nur eine nette Anekdote. Durch die Art und Weise, wie man diese erzählt, ist sie ein Spiegelbild der Beziehung. Der US-amerikanische Psychologe John Gottman will anhand dieser Erzählung sogar die Scheidungsrate bestimmen können, wie er mit einer Studie aus den Neunzigerjahren gezeigt hat.

3. Wenn Unternehmen ihre Marke aufbauen, gibt es die Übung, diese Marke als Mensch zu sehen, der ein Leben hat und Dinge erlebt. Den gleichen Ansatz können wir auch für unsere Beziehung wählen: Was wäre, wenn wir unsere Beziehung als Person sehen würden? Geht es diesem Menschen gut? Ist er gestresst, happy, zufrieden? Welche Qualitäten hat er?
4. Wenn wir unsere Geschichten teilen, schafft das Verbundenheit. Das trifft insbesondere auf unsere Partnerschaft und enge Beziehungen in unserem Leben zu.
5. Jede Geschichte muss weiterentwickelt werden und mit neuen Erlebnissen gefüttert werden. Das müssen keine fancy Urlaube sein, sondern können Unternehmungen sein, die man gemeinsam macht und die uns bestenfalls in Erinnerung bleiben. Stell dir vor, deine Beziehung ist ein Film, der aus vielen Filmszenen besteht - wie kann dieser Film weiterentwickelt werden?

Die Freundschafts-Story: mehr Soulmates, weniger Wikipedia-Gespräche

Vor Kurzem saß ich mit einem befreundeten Paar beim Abendessen und merkte, dass ich schon seit geraumer Zeit nicht mehr mitbekam, worum es eigentlich in unserem Gespräch ging. Der Mann erzählte irgendetwas, das genauso gut auch ein Vortrag über Thermohydraulik hätte sein können. Für mich war es eines dieser Themen, die man irgendwann mal bei Wikipedia nachgeguckt und dann sofort wieder vergessen hatte.

Gespräche dieser Art bezeichne ich seitdem gerne als »Wikipedia-Gespräche«. Konversationen, die auf die reine Sachebene beschränkt sind und die uns wenig über die Perspektive oder Motivation, über die Geschichte einer Person erzählen.

Der Grund dafür, dass wir (nicht nur der Thermohydraulik-Mann, sondern auch ich selber) in Gesprächen manchmal auf der Wikipedia-Ebene hängen bleiben, ist, dass sich diese Ebene sicher anfühlt. Hier sind wir safe. Wir machen uns mit Gesprächen über Thermohydraulik nicht verletzbar oder angreifbar, weil diese (zumindest wenn wir jetzt nicht unser Leben diesem Thema gewidmet haben) nichts mit unserer persönlichen Geschichte und unserem Leben zu tun haben.

Aber auch wenn diese Wikipedia-Ebene sicher ist und vielleicht manchmal eine verlockende Option darstellen kann, sich auf dieser zurückzuziehen, finde ich die andere, die Story-Ebene doch sehr viel schöner. Ich finde es weitaus aufregender und spannender, mich in Gesprächen nicht nur mit einem Thema zu beschäftigen, sondern gleichzeitig auch mit der Geschichte eines anderen Menschen und ihrer Perspektive.

Das Verlassen dieser Wikipedia-Gesprächsebene ist für mich unglaublich wichtig, vor allem für die Freundschaften in meinem Leben. Ich liebe nichts mehr, als mit Freunden abends bei einem Gin Tonic zusammenzusitzen und peinliche oder traurige oder total absurde Storys aus meinem Leben zu erzählen.

Manchmal wache ich dann am nächsten Morgen mit

einem Gefühl auf, das man nur als »emotional hangover« beschreiben kann, und dann denke ich: Oh Gott, Rebecca, was hast du denn da wieder erzählt?

Aber im Grunde ist es genau das, was ich will. Ich will andere Menschen an mich heranlassen, meine Storys erzählen und auch andere Storys hören und für einen Augenblick die Welt aus der Perspektive einer anderen Person sehen. Denn das ist es, was Storys uns erlauben. Sie eröffnen uns einen Weg in eine andere Welt, sie sind eine Einladung, darüber zu reden, was uns aktuell bewegt. Und wenn nicht mit den Menschen, die aktuell in meinem Leben sind, mit wem denn dann?

Bisher hat sich noch keiner meiner Freunde aufgrund meiner Storys oder Offenbarungen von mir getrennt. Im Gegenteil, immer wenn ich peinliche Storys aus meinem Leben erzähle, lassen sich andere Leute darauf ein. Und erzählen mir, was gerade wirklich in ihrem Leben passiert und was sie beschäftigt. Und da ist so ziemlich alles dabei gewesen: offene Beziehungen; Liebeskummer wegen eines Mannes, der nicht der eigene ist; Versuche, sich von den Eltern abzunabeln, obwohl man schon Ende dreißig ist oder Ende vierzig; Angst vor Krankheiten und früh zu sterben, Vermissen von lieben Menschen, die man verloren hat, Angst, dass die Kinder ganz anders sind als man selbst. Angst, dass sie genauso werden wie man selbst; sexuelle Belästigungen vom Arbeitgeber, vom Mann, von einem Fremden in der U-Bahn, absurde Wünsche und Sehnsüchte, Neurosen, Crushes.

Ich habe eine unglaublich große Toleranz und ein Verständnis für die Phobien und Sehnsüchte meiner Freunde.

Aber wie schafft man es, zu diesem Punkt zu kommen? Wie kommt man von der Wikipedia-Ebene runter und zu einem Punkt, an dem man sich traut, den Menschen in seinem Leben etwas zuzumuten? Denn genau um dieses Trauen geht es eigentlich, wenn man diese Geschichten, Komplexität, Widersprüche, gesellschaftlich nicht akzeptierte Gedanken und Ideen und Peinlichkeiten miteinander teilt.

Beim Storytelling gilt das, was für alle Bereiche unseres Lebens gilt: Wir lernen durch Übung, wir werden besser durch Praxis. Wir kommen von der Wikipedia-Ebene runter, indem wir einen Teil unserer Story erzählen. Und um das zu üben, gibt es unzählige Gelegenheiten, bei Abendessen, Networking-Veranstaltungen und Familientreffen, bei den Yoga-Kursen, Zoom-Meetings, Sportveranstaltungen und Partys dieser Welt.

Probier es einfach mal aus! Erzähl deine Story, wenn du das nächste Mal deine Tante im Seniorenheim besuchst, zum Geburtstag eingeladen wirst oder abends mit Kolleginnen zusammensitzt. Beobachte, welche Reaktionen es auf deine Story gibt, wenn du die Wikipedia-Ebene verlässt und du deine Story erzählst. Im besten Fall schaffst du es, eine connection mit deinem Gegenüber herzustellen, und ich finde, das ist ein saugeiles Gefühl.

***

Wikipedia-Gespräche sind deshalb so unverfänglich, weil sie eine Distanz innehaben und weil es schwierig sein kann, Nähe zuzulassen, wenn man das nicht gewohnt ist.

Alle unsere Beziehungen sind geprägt von Nähe und Distanz. Das ist ein dynamischer Prozess. Und den kann ich jedes Mal aufs Neue beobachten, wenn ich in meinem Yoga-Kurs in Wien bin. Während mein Yoga-Kurs in San Francisco immer so voll war, dass man Matte an Matte lag und nie wusste, ob es der eigene Schweißtropfen war oder der des Nachbarn, der auf die Matte gefallen war, gibt es in Wien wesentlich mehr Platz. Und obwohl es so viel Platz gibt, passiert folgendes Phänomen: Wenn ich im Yoga-Kurs meine Matte auf den Boden lege, rücken manchmal rechts und links die Leute von mir weg.

»Warte, ich mache dir Platz«, sagte neulich eine Teilnehmerin.

Unsere Matten lagen schon weit genug auseinander und meine Matte hätte bequem dazwischen gepasst. Aber gerade bei Fremden haben wir manchmal das Bedürfnis, jemand anderem Raum zu geben. Aus Höflichkeit gewissermaßen. Uns nicht aufzudrängen. Distanz zu schaffen. Und diese Distanz muss nicht unbedingt physischer Natur sein, so wie beim Yoga, wenn man nebeneinander auf dem Boden liegt oder nebeneinander in einer Straßenbahn steht, sie passiert auch auf emotionalen Ebene. Wir wollen anderen nicht zu nahe treten. Und diese Distanz wird auch bei Wikipedia-Gesprächen erzeugt.

Wie kommt man von der Wikipedia-Gesprächsebene runter?

Storytelling kann uns helfen, diese Wikipedia-Gesprächsebene zu verlassen und - als Ergebnis - die Beziehungen in unserem Leben zu verbessern. Dafür müssen wir uns nicht verstellen oder weniger über die Themen reden, die uns am Herzen liegen, sondern wir müssen vielmehr etwas dazugeben: unsere eigene Geschichte mit unserer Motivation und Perspektive. Und das kann so gelingen:

1. Erkläre, *warum* dich Dinge faszinieren

Nicht jeder kann etwas mit Thermohydraulik anfangen, aber zu verstehen, *warum* dich das interessiert, schafft Verbindungen! Auch hier geht es darum, über deine Motivation zu reden und warum dich das Thema interessiert, wie du dazu gekommen bist, wer dich inspiriert hat, was die Backstory ist, also deine Geschichte hinter der Geschichte oder dem Thema. Dann kann selbst Thermohydraulik sehr spannend sein!

2. Schwächen zugeben

Niemand glaubt, dass wir perfekt sind - wieso sollten wir dann diesen Schein aufrechterhalten? Wir sollten uns stattdessen Storys erzählen, in denen wir unsere eigenen Schwächen zugeben, die peinlich, absurd oder komisch sind, in denen wir selbst auch mal nicht so gut wegkommen.

3. Bessere Urlaubsgeschichten erzählen

Wir kennen das alle: Unsere Freunde kommen erholt und gut gelaunt aus Bali oder den Phi Phi Islands zurück und erzählen uns chronologisch und anhand der Fotos auf ihrem iPhone ihren Urlaub: »Und dann waren wir in dem Restaurant essen, dann lagen wir am Strand und dann waren wir schwimmen.« Trotz großartiger Fotos können diese Reiseberichte schnell langweilig werden, wenn die Schilderungen einzig von der Chronologie der Urlaubstage zusammengehalten werden. Daher hilft es auch hier, einzelne Momente herauszugreifen:

- Welches Erlebnis war der Höhepunkt der Reise?
- Was lief schief?
- Welche Menschen hast du kennengelernt?
- Wie hast du die Menschen, mit denen du unterwegs warst, neu kennengelernt?

- Was nimmst du aus dieser Reise für dein jetziges Leben mit?
- Woran wirst du dich auch noch in zehn Jahren erinnern?

Die Geschichten hinter diesen Fragen schaffen Verbindung und sorgen dafür, dass auch deinem Gegenüber deine Storys noch lange in Erinnerung bleiben werden.

4. Mehr Spitznamen

Mit vielen meiner Freundschaften haben sich über die Jahre verschiedene Spitznamen entwickelt. Das geht sogar so weit, dass ich sehr gute Freunde habe, die mich bestimmt seit Jahren nicht mehr bei meinem richtigen Namen genannt haben, sondern einen Spitznamen verwenden. Und ich für sie. Ich finde das toll, weil jede Beziehung anders und einzigartig ist. Und jeder dieser Namen hat seine eigene Geschichte und spiegelt diese einzigartige Beziehung.

5. Mehr Liebeserklärungen

In Filmen und Büchern lieben wir große Gesten und Gefühle, wir lieben tränenreiche Liebesgeständnisse und herzliche Umarmungen. Warum fällt es uns dann im realen Leben so schwer, den großartigen Menschen in unserem Leben zu sagen, dass wir sie lieben, dass sie unser Leben besser machen und ein ganz essenzieller Teil unserer Geschichte sind?

Vor ein paar Jahren habe ich einen Artikel geschrieben, in dem es darum ging, wann und wie wir einander sagen, dass wir uns lieben. Im Rahmen dieses Artikels habe ich mit vielen Leuten darüber geredet. Mit Eltern. Kindern. Paaren. Und ich habe Paare getroffen, die sich das noch nie gesagt haben. Und Eltern, die das noch nie zu ihren Kindern gesagt haben. Es ist zwar nicht so, dass diese Menschen sich nicht lieben würden, aber sie sagen es einander nicht. Und das finde ich unglaublich schade.

Auch Liebeserklärungen helfen uns, von der Wikipedia-Ebene runterzukommen und die Beziehungen in unserem Leben zu intensivieren.

Take-aways: Worum ging es in diesem Kapitel?

1. Wikipedia-Gespräche sind Konversationen, die auf die reine Sachebene beschränkt sind, ohne uns etwas über die Motivation oder Perspektive einer Person zu erzählen. Diese Gespräche können sich sicher anfühlen, weil sie eine gewisse Distanz zu unserem Gegenüber innehaben und nicht verlangen, dass wir uns öffnen und angreifbar machen.
2. Für mich ist das Verlassen dieser Wikipedia-Ebene unglaublich wichtig, um Storytelling zu leben und auf einer anderen Ebene zu kommunizieren. Storys eröffnen uns eine neue Perspektive und erlauben uns, die Welt durch die Augen einer anderen Person zu sehen - und das ist nur dann möglich, wenn wir die Wikipedia-Ebene verlassen.
3. Wikipedia-Gespräche sind meistens unverfänglich, und es gibt Situationen, da muss man sich vielleicht erst trauen, von dieser Ebene runterzukommen. Dazu gibt es mehrere Möglichkeiten:
   - Erkläre, warum dich Dinge faszinieren.
   - Gib Schwächen zu.
   - Erzähle bessere Urlaubs-Storys.
   - Mehr Spitznamen.
   - Mehr Liebeserklärungen.

Die Familien-Story

Wenn man an Familiengeschichten denkt, denkt man vielleicht zuallererst an Stammbäume, an Ahnentafeln, Verwandtschaftsverhältnisse, vergilbte Fotos und an das Vorstellen der Familie in der Schule. Das alles gehört vielleicht zu unserer Familiengeschichte, aber das, was für mich Familie ausmacht, geht weit darüber hinaus. Wir werden zu Familie durch die Geschichten, die uns verbinden und die wir gemeinsam erleben.

In seinen Memoiren *Das Leben und das Schreiben* schreibt Stephen King darüber, dass Geschichten von ganz alleine entstehen. Für ihn sind Geschichten wie Dinge, die man findet. Sie sind schon da.

Das trifft besonders auf unsere Familiengeschichte zu. Denn diese ist voll von schon existierenden Momenten, die einen verbinden und als Familie geprägt haben. Alles, was man tun muss, ist, diese Geschichten aus unserem Gedächtnis hervorzukramen und zu erzählen.

In meiner Familie machen wir das oft, sodass manche Geschichten inzwischen sogar Titel haben, deren bloße Erwähnung entweder zu einem enthusiastischen Wiedererzählen oder aber zu einem wissenden Stöhnen führen.

»Weißt du noch, die Tennisball-Geschichte?«, fragt meine Schwester Sarah und meint damit die Geschichte von einem Abendessen, zu dem wir eingeladen waren und dessen Hauptgang aus einem Gericht bestand, das man, nun ja, am besten als Tennisbälle beschreiben konnte.

Andere Geschichten, zum Beispiel die »Track 17«-Geschichte, benannt nach einem Song auf einer CD, verursachen hingegen ein wissendes Stöhnen und ein »Bitte nicht schon wieder!«.

Wir haben uns diese und ähnliche Geschichten gegenseitig schon so oft erzählt, dass meistens ein einziges Wort ausreicht, um die Assoziationen zu einem Erlebnis wiederherzustellen und eine Geschichte wieder präsent zu machen.

Aber genauso wie man Fotos oder dergleichen aufbewahrt, finde ich es super, eine Sammlung von Familiengeschichten zu haben, die einen verbinden. Und dafür kann eine Vergabe von Titeln sehr hilfreich sein. Meistens sind diese bei uns recht einfach und abgeleitet von einem wichtigen Element in der Geschichte (»Tennisballgeschichte«). Man braucht dabei keine fancy oder originellen Titel, sondern die Titel dienen nur als Gedächtnisstütze.

Aufgabe: Überlege dir, welche Familiengeschichten es in deiner Familie gibt. Welche Titel kann man ihnen geben?

Wie bei der Beziehungsgeschichte können wir auch bei unserer Familiengeschichte einen konkreten Moment herausgreifen, um an diesem die größere Geschichte zu erzählen. Eine dieser Geschichten ist die »Nikolaus in Indien«-Geschichte.

Vor einigen Jahren, als ich mit meiner Familie in Indien war, war Nikolaus. Meine Geschwister und ich waren zu diesem Zeitpunkt schon erwachsen und lebten auf verschiedenen Kontinenten. Ein paar Monate zuvor war unser Opa gestorben, und anlässlich dieser Reise, die langfristig geplant war, sahen wir uns alle das erste Mal seit der Beerdigung wieder.

»Eigentlich wäre es ja schön, wenn der Nikolaus noch mal kommen würde«, meinte meine Schwester Sarah fast beiläufig während einer der vielen Autofahrten, die wir jeden Tag unternahmen.

Es war der 5. Dezember, und wir fuhren durch Wüstengebiet bei fünfunddreißig Grad. Von Advent, Weihnachten oder auch dem Nikolaus war hier wenig zu spüren. Statt Winterjacken brauchten wir Sonnencreme, und statt Rentieren liefen neben unserem Auto Elefanten und Kühe vorbei.

Und doch: Wir würden an Nikolaus als Familie zusammen sein, das war seit Jahren nicht vorgekommen. Als wir klein waren, hatten wir unsere Schuhe vor die Tür gestellt, und dann hatte der »Nikolaus« Orangen, Süßigkeiten und kleine Geschenke darin versteckt.

Der »Nikolaus« saß bei unserer Autofahrt vorne und tat so, als hätte er Sarahs Kommentar nicht gehört.

»Das muss so sein«, meinte Sarah später, als wir im Hotel angekommen waren, und überredete uns, doch auch hier, mitten in der indischen Wüste, unsere Schuhe vor die Zimmertür zu stellen. »Nimm am besten den Schuh, der am saubersten aussieht«, riet sie mir. Ich war mit meinen Schuhen die letzten Tage durch nichts anderes als Sand und Staub gelaufen, und meiner Meinung nach sahen beide Schuhe gleich versifft aus. »Der rechte ist besser!«, bemerkte meine Schwester und stellte unsere Schuhe vor die Tür.

Eine halbe Stunde später, als wir erschöpft auf dem Bett lagen und fast wieder vergessen hatten, dass vor unseren Hotelzimmern drei einzelne, verdreckte Schuhe standen, schrieb mein Vater in unsere Familien-WhatsApp-Gruppe: »Naaa, war der Nikolaus schon da?;-)«

Und tatsächlich: Als wir die Tür aufmachten, standen mitten in Indien unsere Schuhe da, wie früher, als wir noch klein waren, gefüllt mit Lebkuchen, Orangen und Geschenken.

Das ist einer der vielen Momente und Geschichten, die mich mit meiner Familie verbinden. Gleichzeitig ist es aber auch eine kleine Geschichte, ein Ausschnitt sozusagen, der unsere größere Story widerspiegelt.

Seit vielen Jahren leben meine Eltern und meine Geschwister weit voneinander entfernt und doch, wenn wir uns sehen, können wir mühelos in unsere alten Rituale schlüpfen, die uns als Familie geprägt haben. Wir können, ohne mit der Wimper zu zucken, bei größter Hitze in der indischen Wüste Nikolaus feiern. Und warum auch nicht? Wir haben das ja jahrelang geübt.

Auch wenn es um unsere Familiengeschichte geht, kann man an einer ganz konkreten Geschichte die größere Story erzählen. Und diese Herangehensweise ist eine etwas andere, als die Familiengeschichte durch einen Stammbaum zu erklären: Statt Beziehungen durch Verwandtschaftsgrade aufzuzeichnen geht es hierbei darum, Beziehungen anhand von Geschichten zu verdeutlichen.

Ich finde es spannend zu überlegen: Welche Geschichten haben deine Familie geprägt? Welche Charaktere gibt es in diesen Geschichten und welche Dynamik ergibt sich aus ihrem Zusammenspiel?

Wie Stephen King gesagt hat: Die Geschichten sind schon da. Wir müssen sie nur erzählen. Erzähle deine Familiengeschichte gemeinsam mit den Menschen, die dazugehören. Vielleicht kann das Erzählen der Familiengeschichte etwas anstoßen, eine neue Story oder die Weiterentwicklung einer bestehenden.

Aufgabe: Überlege, welche Geschichten euch als Familie geprägt haben. Was waren besondere Momente? Wer war dabei? Wie hat euch das als Familie verbunden?

Auch wenn es um unsere Familiengeschichte geht, dann gilt: Wir sind die Autorinnen und Autoren unseres Lebens. Wir haben es in der Hand, wer zu unserer Familie dazugehört und welche Menschen - auch unabhängig von Verwandtschaftsbeziehungen - für uns zu Familie werden.

In Mikronesien, einem Inselgebiet im westlichen Pazifischen Ozean, existiert die Vorstellung, dass man dann zu Familie wird, wenn man gemeinsam eine Gefahr auf hoher See überlebt hat. Die Bewohner dieses Inselstaats haben eine Redewendung: »Mein Geschwisterchen vom gleichen Kanu.« Überstehen zwei Menschen eine gefährliche Situation, werden sie Verwandte. Die gemeinsam durchstandene Geschichte verbindet sie und lässt sie zu Familie werden. Dafür ist keine Blutsverwandtschaft notwendig.

Das finde ich sehr spannend und genau das ist es, woran ich glaube: Gemeinsame Geschichten und Erlebnisse lassen uns zu Familie werden. Und dafür ist Blutsverwandtschaft nicht notwendig.

Ich habe mehrere »Geschwisterchen vom gleichen Kanu« in meinem Leben. Mit manchen von ihnen verbindet mich eine oder mehrere stürmische Seefahrten, mit anderen schippere ich seit Jahren gemeinsam in ruhigeren Gewässern. Was aber alle gemeinsam haben, ist, dass es Personen sind, mit denen ich zusammen wichtige Geschichten erlebt habe.

Wenn du an deine eigene Geschichte denkst: Welche »Geschwisterchen vom gleichen Kanu« gibt es bei dir? Welche Menschen, mit denen du nicht verwandt bist, sind gewissermaßen zu Familie geworden, weil ihr besondere Geschichten gemeinsam erlebt habt?

Aufgabe: Gibt es in deinem Leben »Geschwisterchen vom gleichen Kanu«? Wer gehört zu diesen Menschen in deinem Leben? Welche Geschichten habt ihr zusammen erlebt? Welche Geschichten haben euch zu Familie werden lassen?

Take-aways: Was du aus diesem Kapitel mitnehmen kannst

1. Wenn man an die eigene Familiengeschichte denkt, denkt man vielleicht zuallererst an Stammbäume, an Ahnentafeln, vergilbte Fotos. Aber es gibt über Verwandtschaftsverhältnisse hinaus noch etwas Wichtiges, das uns verbindet: die Geschichten, die wir gemeinsam erleben und die uns prägen.
2. Unsere Familiengeschichte ist voll von diesen Storys, man muss sie nur herauskramen und erzählen.
3. So wie man Fotos hat, die einen an Urlaube oder gemeinsame Erlebnisse erinnern, kann man auch eine Sammlung von Familiengeschichten anlegen. Hierfür kann es hilfreich sein, einer Geschichte einen einfachen Titel zu geben.
4. Wie bei unserer Beziehungsgeschichte können wir auch an einem konkreten Beispiel aus unserer Familiengeschichte die größere Story erzählen. Diese Herangehensweise ist eine etwas andere, als die Familiengeschichte durch einen Stammbaum zu erklären: Statt Beziehungen

durch Verwandtschaftsgrade aufzuzeichnen, geht es hierbei darum, Beziehungen anhand von Geschichten zu verdeutlichen.

5. Auch wenn es um unsere Familiengeschichte geht, gilt: Wir sind die Autorinnen und Autoren unserer Lebensgeschichte und entscheiden, wer zu unserer Familie gehört.
6. In Mikronesien werden Menschen dann zu Familie, wenn man mit ihnen eine gemeinsame Gefahr überstanden, eine gemeinsame Geschichte erlebt hat. Diese »Geschwisterchen vom anderen Kanu« gibt es auch in unseren Familiengeschichten.

Die Generations-Story

Jede Generation erzählt sich eine Story. Über das, was sie ist, welche Werte sie hat. Warum sie das tut, was sie tut.

Die Story meiner Generation, der Millennials, ist, dass wir in Erlebnisse investieren statt in materielle Dinge. Wir haben die digitale Revolution erlebt und den 11. September. Wir kennen die Welt noch mit Twin Towers und ohne Internet. Wir haben eine Welt erfahren, die es nicht mehr gibt, und eine Welt angenommen, die uns von unseren Eltern und der Boomer-Generation - auf vielleicht nie da gewesene Weise - trennt.

Das ist so ein bisschen die offizielle Geschichte, die sich in den Medien vielfach wiederfindet. Aber wie erzählen wir selbst unsere Generationengeschichte? Und wie erzählen wir unseren persönlichen Teil in dieser Geschichte?

Es ist unglaublich einfach, die Geschichte von verschiedenen Generationen als eine Geschichte der Trennung zu erzählen. Das trifft vor allem auf auseinanderliegende Generationen zu, wie etwa die Babyboomer und die Millennials. Zwei Generationen, die als Paradebeispiel für das Thema Generationenkonflikt stehen.

Warum wir diese Geschichte dieser beiden Generationen als eine der Trennung erzählen, ist schnell erklärt: Das Internet und die damit verbundene Globalisierung haben uns sehr viel weiter und schneller von der Boomer-Generation entfernt, als dies noch bei früheren Generationen der Fall war.

»Kannst du mal nach meinem E-Mail-Programm gucken? Da funktioniert irgendwas nicht mehr«, begrüßt mich mein Vater, noch bevor ich zur Haustür reingekommen bin. »Und wie mache ich das, wenn ich ein PDF in ein Word-Dokument umwandeln will? Geht das?«, fragt er weiter, als ich meine Jacke ausziehe.

Immer wenn meine Geschwister oder ich bei meinen Eltern sind, ist es unsere Aufgabe, alle Apps und Programme upzudaten und auf den neuesten Stand zu bringen.

»Irgendwie funktioniert Netflix bei uns nicht mehr, kannst du dir das auch mal anschauen?«, geht es weiter.

Zwar haben wir uns in Zeiten von Corona technologisch ein bisschen aufeinander zubewegt, aber viele Fragen sind auf beiden Seiten trotzdem offen geblieben.

»Warum sollte ich mein Mittagessen auf Instagram posten?«, fragte mich ein Freund meines Vaters neulich, als ich vor dem Essen innehielt, um ein Foto von meinem Teller mit meinem Smartphone zu machen.

Was er in diesem Moment sah, waren zwei Dinge: zum einen Selbstinszenierung und zum anderen Zeitverschwendung. Aber Instagram ist eigentlich viel mehr. Denn jedes Mal, wenn wir eine Story teilen, erzählen wir unsere eigene Story auch uns selbst. In einer Zeit, in der es so viele Ablenkungen gibt, hilft uns dieses Storytelling vor allem, unsere persönliche Geschichte zu finden, unsere Identität zu definieren.

Es gibt einen Witz: »Woher weiß man, ob jemand Veganer ist?« Antwort: »Keine Sorge, er wird's einem erzählen.« Dieser Witz funktioniert neben Veganismus auch mit anderen Dingen: CrossFit, Keto, Töpfern, Fußball. Diese Dinge sind Teil unserer Identität, unserer Story.

Die meisten Instagram-Nutzer sind in einem Alter, in dem man darüber nachdenkt, wer man ist und wer man sein könnte. Man denkt nicht nur darüber nach, man sieht auch – jeden Tag –, wie andere Leute darüber nachdenken und diese Frage für sich beantworten.

Was unsere Story von der unserer Eltern unterscheidet, ist, dass die Geschichte vom großen Glück eine andere ist. Für die Babyboomer-Generation war das große Glück zu benennen und greifbar: Haus, Garten, Kinder, sicherer Job. Für mich sind all dies nicht mehr Dinge, die mich glücklich machen. Ich habe eine Stadtwohnung statt einem Haus, einen öffentlichen Park vor der Haustür statt einen Garten, einen Hund statt Kinder, und einen sicheren Job habe ich als Selbstständige auch nicht wirklich.

Aber noch etwas ist passiert. Die Vorstellung vom großen Glück hat sich verschoben. Wir glauben nicht mehr an das große Glück. Und wie könnten wir? In Zeiten von Klimakrise, Trump, Corona und einem persönlichen Leben, das vielleicht auch nicht immer so geradlinig verläuft – wie können wir da noch vom großen Glück träumen?

Statt dem großen Glück sind es für uns Momente, die toll sind, die uns glücklich machen. Im Moment selbst und im Nachhinein. Und für dieses Nachhinein gibt es Instagram, das uns dann daran erinnert, dass wir diese Magic Moments erlebt haben. Hier können wir Zeit festhalten, »einfrieren«, eine Reihe von Momenten aneinanderheften und vor allem mit der Welt teilen, um so diesem Zustand von Glück ein kleines bisschen näher zu kommen.

Meine Eltern haben die große Babyboomer-Story gelebt. Haus. Garten. Drei Kinder. Zwei Autos. Mein Vater fuhr jeden Tag eine Stunde zur Arbeit und eine Stunde zurück. Manchmal mehr. Er war seinen Arbeitgebern treu. Zwischen seiner Arbeit und seiner Freizeit gab es so gut wie keine Überlappung. Manchmal machte er Dienstreisen nach Hongkong, Indien, China. Und wir Kinder durften seinen Koffer auspacken, in dem es etliche Geschenke für uns gab. Stofftiere, Briefmarken, Tee. Aber wo ich mich nach Freiheit sehnte, sehnten meine Eltern sich nach Sicherheit. Wo ich Veränderung wollte, wollten sie Beständigkeit. Ich wollte Neues, sie wollten das, was sie hatten, festhalten.

Als ich vierzehn war, bekam mein Vater ein Jobangebot in den USA. Für einen kurzen Moment überlegten wir, nach Vermont zu ziehen. Eigentlich überlegten nur meine Eltern, denn ich war fest entschlossen. Es würde großartig werden! Ich würde auf eine amerikanische Highschool gehen und Freunde haben, die Amy oder Summer hießen. Ich war ready!

»Was ist denn dann mit unseren Freunden?«, fragte meine Mutter.

»Wir finden neue!«

»Ich wohne hier mein ganzes Leben ... Ich kann doch nicht alles aufgeben, was ich mir aufgebaut habe.«

»Du musst es ja auch nicht aufgeben, es kommt einfach etwas Neues dazu.«

Letztlich nahm mein Vater den Job nicht an. Unser Leben änderte sich nicht auf einen Schlag. Sondern langsamer. So, dass man es fast nicht merkte.

Welche Geschichte willst du erzählen?

Es ist leicht, die Story meiner Generation als eine Geschichte der Trennung zu erzählen und Dinge zu finden, die uns als Gen X, Millennials oder Gen Z von den vorhergehenden Generationen trennen.

Wenn ich an Weihnachten mit meiner Familie zusammensitze, dann kommen fünf unterschiedliche Perspektiven zusammen, und es gibt vieles, das uns trennt. Das Alter: Meine Eltern sind Babyboomer, ich und meine zwei Geschwister sind Millennials. Die Ernährung: Meine Schwester ist Veganerin, für meinen Bruder gibt es nichts Schöneres auf der Welt als ein Steak. Die Medien: Ich lese seit fünfzehn Jahren jeden Tag die *New York Times*, meine Eltern lesen den *General-Anzeiger*. Das Internet: Mein Bruder und ich haben bei zwei der größten Tech-Unternehmen der Welt gearbeitet, und doch kommen wir an Weihnachten nicht ins Internet, weil das bei unseren Eltern oft zu langsam ist.

Es ist einfach, das zu sehen, was einen trennt, und für alles immer zwei Positionen zu finden, in die sich alles teilt. Wir denken in Schwarz und Weiß. In Alt und Jung, in Veganer und Fleischesser, in Fridays-for-Future-Aktivisten und Umweltzerstörer, in Gut und Schlecht. Dieses Schwarz-Weiß-Denken ist so unglaublich einfach, aber führt eigentlich zu nichts. Warum müssen wir überhaupt immer Positionen beziehen? Warum müssen wir uns selbst und andere in Kategorien einordnen? Stadt - Land, konservativ - liberal?

Wir leben in einer Zeit, in der wir lernen müssen, Komplexität in unserer Geschichte zuzulassen. Und zu leben. Und das kann gelingen, indem wir Storys teilen, statt Labels zu vergeben.

Unsere Geschichten sind wichtiger als unsere Meinungen

Persönliche Erfahrungen geben uns die Möglichkeit zu fragen: »Warum war das früher so?« oder »Wieso habt ihr das so gesehen?«, statt zu verurteilen. Geschichten geben uns die Möglichkeit, eine andere Perspektive einzunehmen und die Welt durch die Augen einer anderen Person zu sehen. Sie erlauben uns mitzufühlen und uns auf jemand anderen einzulassen.

Interessanterweise besitzen wir alle diese Fähigkeit, wenn wir Netflix-Serien gucken. Dort sind wir bereit, sehr viel zu verzeihen, ja, sogar mit Serienkillern mitzufühlen, nachdem wir dreißig Minuten zugeschaut haben, wie dieser in der Kindheit von einem Verwandten missbraucht und gedemütigt wurde. Wir sind zu sehr komplexen Gefühlen in der Lage, wenn wir die Story dahinter kennen und uns auf diese einlassen.

Warum fällt uns das dann im realen Leben so schwer? Weil wir dort eben nicht - so wie bei Netflix - die ganze Geschichte präsentiert bekommen, sondern eine Meinung. Und diese bewerten wir dann separat und losgelöst von einer Person.

Laura Karasek, Autorin und Moderatorin, hat das sehr schön auf den Punkt gebracht: »Menschen gehören nicht in Schubladen, sondern an den Tresen!«

Und dieser Tresen oder Familien-Wohnzimmertisch ist im besten Fall genau der Ort, wo man diese Storys und Erfahrungen teilt und sich austauscht. Nicht darüber, was es heißt, hundertprozentig perfekt zu leben, sondern es zu versuchen. Wenn es darum geht, unseren Planeten zu retten, die richtigen Wörter zu finden, sich nachhaltig zu ernähren. Denn wir brauchen nicht hundert Menschen, die perfekt sind, sondern Millionen Menschen, die es *versuchen*.

Aber wie gelingt das? Wie kann man die Generationenstory besser erzählen und besser leben? Dazu gibt es drei Möglichkeiten:

1. Erfahrungen teilen statt Meinungen

Anstatt auf unseren Meinung zu beharren, können wir eine andere Herangehensweise wählen: unsere Storys erzählen. Welche Erfahrungen haben wir gemacht? Welche Geschichten haben wir erlebt? Welche Schlüsse haben wir daraus gezogen? Ziel ist es, in einen Dialog zu kommen und so die eigene Perspektive zu erweitern.

2. Ich-Storys erzählen

Angesichts der globalen politischen Lage gibt es immer wieder Schuldzuweisungen, einer Generation gegenüber der anderen. Eine Möglichkeit, davon wegzukommen, ist, sich Ich-Storys zu erzählen. Das heißt, man bleibt bei sich selbst und den eigenen Gefühlen und Erfahrungen. Statt »Ihr seid ...« oder »Ihr macht ...« schildert man seine eigene Perspektive und Reaktion: »Ich fühle mich ...«, »Ich habe erlebt ...«

3. Zuhören

Oft hören wir anderen Menschen zu und überlegen gleichzeitig: Was könnte meine Antwort darauf sein? Wir hören zu, um zu antworten. Aber was, wenn wir uns auf andere Storys einlassen und zuhören, anstatt im Kopf eine Antwort zu formulieren?

Take-aways: Worum ging es in diesem Kapitel?

1. Auch wenn jeder von uns einer bestimmten Generation angehört, unsere Rolle in dieser Generation ist nicht in Stein gemeißelt. Wir haben es in der Hand, wie wir unsere persönliche Geschichte innerhalb des größeren Generationen-Narrativs erzählen wollen.
2. Es ist leicht, die Story der eigenen Generation als eine Geschichte der Trennung zu erzählen und Dinge zu finden, die uns als Gen X, Millennials oder Gen Z von den vorhergehenden Generationen trennt. Aber was wäre, wenn wir versuchen, mehr Komplexität in unserem Leben zuzulassen? Und das kann gelingen, wenn wir Storys teilen, statt Labels zu vergeben.
3. Unsere persönlichen Geschichten sind wichtiger als unsere Meinungen. Wir haben bessere Chancen, in einen Dialog zu treten, wenn wir über unsere eigenen Erfahrungen reden und versuchen, unsere Perspektive durch die Geschichten, die wir erlebt haben, deutlich zu machen.
4. Wie lässt sich die Generationenstory besser erzählen und leben? Indem man Erfahrungen teilt statt Meinungen, Ich-Storys erzählt und zuhört.

Die Lose-Beziehungen-Story

Mein Friseur und ich

In Serien und Romanen gibt es nicht nur die Hauptpersonen und Sidekicks, die Protagonisten und Antagonisten, sondern es gibt auch die vielzähligen Neben- und Komparsenrollen, die einer Story erst das Leben geben, das wir nachher auf einer Leinwand oder im Fernsehen sehen. All diese Menschen geben einem Film oder einer Serie eine gewisse Dynamik und eine Lebhaftigkeit, die es auch in unserer Lebensgeschichte gibt.

Wir alle habe lose Beziehungen zu Menschen, denen wir täglich oder wöchentlich begegnen und die unser Leben reicher machen und uns das Gefühl geben, an einem Ort zu Hause zu sein. Das sind Nachbarn, Baristas, Friseure, Postboten, Straßenkehrer, Taxifahrer, Lehrer, Uni-Professoren, Bäcker, Menschen, die im selben Gebäude arbeiten.

Viele dieser losen Beziehungen nehmen wir vielleicht als selbstverständlich hin, dabei kann bereits ein kurzes Gespräch uns inspirieren, mehr Energie geben und uns positiv in den Tag und die Zukunft blicken lassen.

In den ersten Tagen des Corona-Lockdowns, als alle diese losen Beziehungen von einem Tag auf den anderen wegfielen, wurde mir bewusst, wie wichtig diese Beziehungen doch für mich waren.

Einer dieser losen Kontakte während meiner Zeit in New York war mein Friseur Johnny.

»Was kann ich für dich tun, Darling?«, fragte mich ein Mann mit Glatze, als ich einen Friseurladen betrat. Johnny war Mitte fünfzig, als ich ihn damals kennenlernte, und weil er jeden Tag anderen Menschen die Haare frisierte, hatte er beschlossen, für sich selbst so wenig Zeit wie möglich auf das Thema Haare zu verwenden. Er hatte seine Haare vollständig abrasiert. Ich fand das sehr sympathisch.

»Du kannst dich hier hinsetzen, Darling«, sagte Johnny und deutete auf einen Sessel.

Johnny war nicht nur einer der ersten Menschen, die ich in New York kennenlernte, er war es auch, der mir zeigte, wie wichtig es ist, diese flüchtigen Beziehungen zu haben, die eine Stadt in ein Zuhause verwandelten. Und auch jetzt, wo ich in Wien lebe, habe ich diese Rituale und Stammcafés. Restaurants und Stammlokalitäten, in denen man mich kennt. Diese losen Beziehungen sind mein Netzwerk und meine Community. Auch wenn ich mit diesen Menschen in meinem Leben nicht eng befreundet bin, versuche ich trotzdem, meine Wertschätzung zu zeigen, indem ich dem Busfahrer einfach mal »Danke« sage. In New York ist es normal, sich beim Aussteigen beim Busfahrer zu bedanken, und ich habe meinen persönlichen Versuch gestartet, diese Gewohnheit hierzulande einzuführen. Den Besitzern meines Stammlokals bringe ich zu Weihnachten eine Flasche Wein vorbei - aber es gibt viele Wege, seine Wertschätzung für diese losen Beziehungen im Leben zu zeigen.

»Ich habe mir schon Sorgen gemacht!«, sagte einmal Adam, der Barista in einem meiner Stammcafés, als ich drei Tage hintereinander nicht da war. »Ist alles in Ordnung bei dir?«

Postboten, Hausmeister, Friseure, Fitnesstrainer - wir treffen diese Menschen regelmäßig, und die kurzen Interaktionen und Gespräche mit ihnen können unseren Tag und unser Leben besser machen.

Die Orte, an denen diese Begegnungen stattfinden, bezeichnet man auch als »Third Places«. Es sind die Orte zwischen zu Hause und dem Arbeitsplatz, die diese Third Places ausmachen: Cafés, Restaurants, Bäckereien, Buchläden, Fitnessstudios. Orte, die in einer urbanen Gesellschaft immer wichtiger werden. Denn sie haben Einfluss auf unsere sozialen Beziehungen. Gewissermaßen sind diese Orte auch eine Erweiterung unseres Zuhauses.

Auch wenn ich von New York irgendwann nach Wien zog, blieb ich Johnny treu. So gut es ging. Ich war immer noch regelmäßig in New York, und immer wenn ich da war, kam ich zu ihm zum Haareschneiden. Zehn Jahre lang. Bis plötzlich etwas anders war.

»Wo ist Johnny?«, fragte ich den Geschäftsführer, den ich inzwischen auch gut kannte.

»Komm erst mal rein!«, sagte er.

Als ich mir die Jacke auszog, erzählte er mir die ganze Geschichte. Johnny war vor ein paar Monaten ins Krankenhaus eingeliefert worden und zwei Wochen später an einem Schlaganfall gestorben.

»Nichts ist mehr, wie es mal war«, sagte er.

Ich zog meine Jacke wieder an, um bei Starbucks nebenan Kaffee für den Geschäftsführer und mich zu kaufen. Dann redeten wir über Johnny.

»Willst du noch einen Haircut?«, fragte mich der Geschäftsführer.

Ich setzte mich vor den Spiegel wie sonst auch immer. Neben mir saß eine berühmte Broadway-Sängerin. Sie hatte sich jahrzehntelang von Johnny die Haare schneiden lassen. Jetzt war sie Mitte achtzig.

Wir redeten über New York, Auftritte, das Publikum, Johnny und Haare. Darüber, dass die losen Beziehungen in unserem Leben manchmal ganz schön eng sein können.

Wie investiert man in die losen Beziehungen in seinem Leben?

1. Weg mit dem Misstrauensvorschuss und her mit der Freundlichkeit!

Ich erlebe oft, dass Menschen, die ich nicht kenne, mir etwas entgegenbringen, das ich nur als Misstrauensvorschuss bezeichnen kann. Mein Gegenüber ist kritisch. Skeptisch. Und will erst von mir bewiesen haben, dass ich gut bin. In den USA habe ich häufig einen Vertrauensvorschuss erlebt und Menschen, die zu mir gesagt haben: »Ich kenne dich zwar nicht, aber du siehst aus, als wenn du ein cooler Mensch bist!« Bei uns ist das meist andersherum! Aber das muss nicht sein! Weg mit dem Misstrauensvorschuss und her mit der Freundlichkeit!

2. Werde Stammgast

Es macht Spaß, Stammgast zu sein und das Personal zu kennen. Egal ob in einem Café, einer Kneipe oder einem Restaurant. Stammgast zu sein, ist so einfach und macht auch einen neuen Ort zu einem Zuhause. Die Menschen, die ich tagtäglich in meinen Stammcafés und Restaurants treffe, machen mein Leben schöner.

3. Nimm die losen Beziehungen in deinem Leben bewusst wahr

Oft nehmen wir die losen Beziehungen in unserem Leben als ganz selbstverständlich hin. Aber das muss nicht sein! Es gibt ganz viele Möglichkeiten, wie wir auch diese Beziehungen in unserem Leben schätzen können. Fragt nach dem

Namen, dem Geburtstag, den Haustieren, bringt eurem Fitnesstrainer einen Kaffee mit. Es gibt ganz vielfältige Möglichkeiten, unsere Wertschätzung zu zeigen.

Take-aways: Was du aus diesem Kapitel mitnehmen kannst

1. In Serien und Romanen gibt es nicht nur die Hauptpersonen und Sidekicks, die Protagonisten und Antagonisten, sondern es gibt auch die vielzähligen Neben- und Komparsenrollen, die einer Story erst das Leben geben, das wir nachher auf einer Leinwand oder im Fernsehen sehen. Das Gleiche gilt auch für unser Leben. Auch dort haben wir viele lose Kontakte, die unser Netzwerk und unsere Community bilden und uns helfen, uns an einem Ort zu Hause zu fühlen.
2. Diese losen Beziehungen sind manchmal bedeutungsvoller, als wir denken. Aufmerksam zu den Menschen in unserem Leben zu sein, kann uns Energie für den Tag geben und uns helfen, uns vernetzter zu fühlen.
3. Wir können in diese Beziehungen investieren, indem wir regelmäßig dieselben Lokalitäten aufsuchen, uns bewusst machen, welche Beziehungen das sind.
4. Die Orte, an denen diese Begegnungen stattfinden, bezeichnet man als »Third Places«. Es sind die Orte zwischen Zuhause und dem Arbeitsplatz, die diese Third Places ausmachen: Cafés, Restaurants, Bäckereien, Buchläden, Fitnessstudios.
5. So intensivierst du die losen Beziehungen in deinem Leben: Her mit der Freundlichkeit und weg mit dem Misstrauensvorschuss! Werde Stammgast und nimm die losen Beziehungen im Leben bewusst wahr.

Die Beziehung zu uns selbst

Um eine Beziehung ging es bisher noch nicht: die Beziehung, die wir mit uns selbst haben. Sind wir großzügig zu uns selbst? Nachtragend? Kritisch? Alles zusammen? Wie können wir unsere eigene Beziehungsgeschichte erzählen?

Ich stand in der Küche meiner Wohnung in San Francisco und aß Bananenstücke, die ich mit einer Gabel in Erdnussbutter dippte. Es war 2017, und während Benjamin noch sein Semester in Wien beendete, war ich in eine Wohnung im Mission District gezogen. Die letzten Jahre hatten wir unseren Alltag geteilt und unsere Gewohnheiten, Freizeitaktivitäten und Mahlzeiten aufeinander abgestimmt. Jetzt lebte ich zum ersten Mal seit vielen Jahren wieder einmal allein in einer neuen Stadt und fragte mich: Wer bin ich ohne meine Beziehung? Ohne meine Freunde und ohne meine vertraute Umgebung?

Ich dachte über diese Fragen nach, während ich versuchte, ein Bananenstück, das in das Erdnussbutterglas gefallen war, wieder herauszuholen, und hörte dabei Benjamins Stimme in meinem Kopf: »Nimm doch wenigstens einen Teller!« Aber Benjamin war nicht nur 10 000 Kilometer entfernt, sondern auch neun Stunden voraus, und ich war mit meinem verlorenen Bananenstück auf mich allein gestellt.

In den ersten Wochen, in denen ich seit Langem wieder alleine lebte, hatte ich nicht nur eine Vorliebe für Erdnussbutter entwickelt, sondern auch neue Gewohnheiten: Das Frühstück fiel bei mir aus, dafür ging ich zweimal pro Woche zum Sport und verbrachte meine Freizeit damit, die Stadt zu erkunden. Oder anders gesagt: Ich widmete mich meiner eigenen Geschichte, meiner eigenen Story.

Insbesondere während der Stadterkundungen hatte ich das Gefühl, ganz bei mir selbst zu sein. Wenn ich die Valencia Street entlangging, vorbei an Buchläden, Cafés und Street Art, hatte ich das Gefühl, mich - gemeinsam mit der neuen Stadt - auf gewisse Weise neu kennenzulernen.

Im Talmud heißt es: »Wir sehen Dinge nicht, wie sie sind, wir sehen Dinge, wie wir sind.« Und genau das wurde mir in diesen Trips, die ich unternahm, bewusst. Wenn ich mir die Street Art im Mission District ansah, Kimchi-Burritos probierte oder einfach an einer diese vielen Punkte in San Francisco stand, von dem man eine atemberaubende Aussicht auf die Stadt hatte. Ich sah die Dinge nicht, wie sie waren, sondern wie ich selbst war.

Die Beziehung, die wir mit uns selbst haben, ist naturgemäß die längste Beziehung in unserem Leben. Wir selbst sind die Person, mit der wir die meiste Zeit verbringen. Während unser Partner oder unsere Familie nicht täglich vierundzwanzig Stunden lang an unserer Seite sind, müssen wir mit uns selbst immer klarkommen und auseinandersetzen. Das bedeutet aber auch, dass diese Beziehung zu uns selbst alle anderen Beziehungen beeinflusst. Oder anders ausgedrückt: Die Geschichte, die wir uns über uns selbst erzählen, beeinflusst, wie wir alle anderen Geschichten in unserem Leben bewerten und erzählen.

Daher finde ich es sehr wichtig, Zeit alleine zu verbringen und sich damit zu beschäftigen, was es für einen persönlich heißt, die eigene Story zu leben. Das muss nicht unbedingt auf einer weiten Reise sein. Obwohl ich zugeben muss, dass das für mich die besten Momente sind, die mir eine neue Perspektive auf mein Leben erlauben. Aber man kann diese Momente auch im Alltag finden: auf einem Spaziergang, wenn man ins Café geht oder sich in der eigenen Umgebung verhält wie ein Tourist.

So wie die anderen Beziehungen in unserem Leben stetig weiterentwickelt werden, so ist es auch wichtig, neue Geschichten für die Beziehung mit uns selbst zu planen. Oft erleben wir die Beziehung mit uns selbst, mehr als jede andere, als Kontinuität - als Abfolge von Tagen, Wochen, Monaten, die ineinander übergehen. Aber wenn wir zurückblicken, sehen wir auch hier eine Reihe von Momenten, von einzelnen Storys.

Wenn ich auf mein Leben zurückblicke, sehe ich Geburtstage, Besuche, Reisen nach New York, Uni-Abschlussfeiern, Partys, Jobanfänge. Ich sehe auch kleinere Momente: wie ich im Supermarkt auf der Suche nach laktosefreier Schlagsahne herumrenne, wie meine Oma bei jedem Restaurantbesuch darauf bestand, meinen Geburtstag zu feiern - weil wir uns so selten sehen. Es sind immer Momente, an denen ich - im Nachhinein - meine Geschichte und meine Beziehung zu mir selbst festmache.

Storytelling hilft uns aber nicht nur, unsere Geschichte rückblickend zu verstehen, sondern auch, unsere Zukunft zu planen und vorauszuschauen. Auch bei der Beziehung mit uns selbst geht es darum, nach vorne zu schauen und zu fragen: Was kommt als Nächstes? Was ist mein nächstes Kapitel? Was ist meine nächste Story? Auch hier können wir das Prinzip »Story first« anwenden.

Aufgabe: Wie kannst du deine Beziehung zu dir selbst definieren und erzählen? Welche Möglichkeiten kannst du nutzen, um in deine Beziehung zu investieren? Wie kannst du dir dafür Raum und Zeit schaffen? Und Momente für die eigene Beziehung planen?

Take-aways:
Worum ging es in diesem Kapitel?

1. Wir haben nicht nur eine Beziehung zu anderen Menschen, sondern auch eine Beziehung zu uns selbst. Naturgemäß ist dies die längste Beziehung in unserem Leben und die, mit der wir die meiste Zeit verbringen.
2. Die Geschichte, die wir uns selbst erzählen, beeinflusst alle anderen Geschichten in unserem Leben. Daher lohnt es sich, in die Beziehung zu sich selbst zu investieren.
3. Im Talmud heißt es: »Wir sehen Dinge nicht, wie sie sind, wir sehen Dinge, wie wir sind.« Es macht Spaß, mit dieser Idee durchs Leben und unseren Alltag zu gehen.
4. So wie die anderen Beziehungen in unserem Leben stetig weiterentwickelt werden, so ist es wichtig, neue Geschichten für die Beziehung mit uns selbst zu planen. Auch bei der Beziehung mit uns selbst geht es darum, nach vorne zu schauen und zu fragen: Was kommt als Nächstes? Was ist meine nächstes Story? Was ist mein nächstes Kapitel? Auch hier können wir das Prinzip »Story first« anwenden.

Kapitel 10
Wenn deine Geschichte nicht so läuft wie geplant

Wenn einem die Decke auf den Kopf fällt

»Du kannst mich gerne besuchen, aber meine Decke ist vor ein paar Tagen eingestürzt«, schrieb ich meinem Vater per iMessage.

Ich sah drei Punkte. Mein Vater tippte.

»Was meinst du damit, deine *Decke* ist eingestürzt?«

In meiner Wohnung in Washington Heights, dem höchsten Punkt von Manhattan, hatte sich vor ein paar Tagen ein Stück der Decke gelöst und war eingebrochen. Der Auslöser war vermutlich der Dauerregen gewesen, der in den letzten Wochen eine Stelle zwischen Wand und Decke aufgeweicht haben musste, an der die äußere Backsteinverkleidung fehlte. Vermutlich hatte das Jahre gedauert, bis es dazu kam. Aber jetzt war die Verkleidung so aufgeweicht, dass sie nach innen gekippt war und die Decke nachgegeben hatte. Mein Zimmer war nicht mehr bewohnbar.

Nach New York zu gehen hatte für mich bedeutet, meine persönliche Story zu leben. Aber jetzt kam ich mir vor, als würde ich, anstatt meinen Traum zu leben, mich lediglich um meine Wohnung kümmern. Vor ein paar Wochen hatte sich die Dusche nicht mehr abstellen lassen und hatte innerhalb von Minuten die gesamten Räume in ein türkisches Bad verwandelt. Und jetzt hatte die eingestürzte Decke meine Wohnung unbewohnbar gemacht.

In beiden Fällen hatte ich den Hausmeister kontaktiert, der sich sehr gut versteckt hielt. Die New Yorker Hausmeister sind bekannt dafür, dass sie nie erreichbar sind, sich höchstens um lebensbedrohliche Notfälle kümmern und erst eine Wohnung betreten, wenn man sie vorher bestochen hat. Ich hatte schon wegen der Dusche die »Bestechungsnummer« probiert und mich zum ersten Mal total erwachsen und badass gefühlt, als ich mit vorgetäuschter Lässigkeit und während ich redete, einen 20-Dollar-Schein nach dem nächsten zückte.

Die Decke war ein anderes Problem. Hier versuchte ich es auch wieder mit dem 20-Dollar-Trick, aber nachdem der Hausmeister einen kurzen Blick in mein Zimmer geworfen hatte, weigerte er sich, dieses nochmals zu betreten. Als ich es endlich schaffte, ihn mit mehreren dieser grünen Scheine in meine Wohnung zu bringen und sich die Decke anzusehen, murmelte er nur etwas von »zu gefährlich« und »construction company« und beeilte sich, schnell wieder hinauszukommen.

Auch wenn es uns gelingt, die Geschichte, die wir für unser Leben geplant haben, umzusetzen, sind wir immer wieder mit Hindernissen konfrontiert. Ob das eine eingestürzte Decke ist oder ein anderes Problem, das sich uns in den Weg stellt. In jeder Story gibt es Dinge, die schiefgehen und nicht so laufen, wie wir es uns vorgestellt haben, die frustrierend sind.

Wenn du an Geschichten denkst, die in Romanen oder Serien erzählt werden, wird dir auffallen, dass sie von Konflikten leben. Der Konflikt ist es, der die fiktionale Geschichte spannend macht und die Handlung vorantreibt. Oft ist er eine Art Motor.

Im realen Leben würden wir niemals davon sprechen,

dass unsere Konflikte spannend sind, wir sind eher bemüht, diese so schnell wie möglich zu lösen. Ich fand meine eingestürzte Decke eher nicht so fesselnd, aber dafür unglaublich frustrierend.

Selbst wenn in unserer Geschichte etwas nicht so läuft, wie es sollte, kann Storytelling uns helfen, eine andere Perspektive zu gewinnen. Das gelingt durch drei verschiedene Ansätze, die wir in einem anderen Zusammenhang schon mal besprochen haben, aber die hier ebenso hilfreich sind: der Big-Picture-Zugang, Geschichten ausprobieren und Zurück-in-die-Zukunft.

1. Das Big Picture

Von Nahem betrachtet erscheinen die Dinge oft schlimmer, als sie sind. Wenn man sich einen verschimmelten Apfel direkt vors Gesicht hält, ist das eine weitaus unangenehmere Erfahrung, als wenn man denselben Apfel aus zwei Meter Entfernung betrachtet. Und wenn wir noch weiter zurücktreten und fünf Meter Abstand zu dem Apfel haben, ist der kein Big Deal mehr. So ist es auch mit den Hindernissen und frustrierenden Situationen im Leben: Meistens sind wir zu nah dran und hängen in einer unangenehmen Erfahrung fest. Hier kann Storytelling uns helfen, uns von dem verschimmelten Apfel in unserem Leben Schritt für Schritt zu entfernen.

Was bei diesem Abstandnehmen passiert, ist, dass sich unsere Perspektive ändert: von ganz nah dran zu weiter weg und hin zu weit weg. Wir sehen zuerst nur den Apfel, und je weiter wir uns von ihm distanzieren, mehr und mehr den Kontext. Den Teller, auf dem der Apfel liegt, die Küche, die Wohnung.

Storytelling bedeutet, verschiedene Perspektiven auf

unser Leben einzunehmen und unser Problem, wie auch immer das aussieht, in eine Gesamtsituation einzuordnen. Und in vielen Fällen ist es nicht so dramatisch, wie man vielleicht zuerst denkt.

2. Geschichten ausprobieren

Ähnlich wie beim Prozess des Neuerfindens von Storys können wir auch bei Hindernissen in einer Geschichte neue Möglichkeiten überlegen und diese dann nach und nach ausprobieren. In allen Geschichten kommt man irgendwann an einen Punkt der Frustration oder an einen, an dem man nicht weiterkommt. Aber wie kommt man *trotzdem* weiter?

Hier kann Prototyping uns helfen, indem man sich verschiedene Möglichkeiten überlegt. Das Wichtigste hier ist, dass man anfängt, nach diesen Möglichkeiten zu suchen. Welche Lösungen gibt es? Welche können wir ausprobieren?

3. Zurück in die Zukunft

Als ich mit meinem Decken-Problem konfrontiert war, stellte ich mir die Frage: Wie will ich in zwei, vier oder zehn Jahren auf dieses Problem zurückschauen? Wie will ich die Story von der Decke in der Zukunft erzählen? Stellt man sich die zukünftige Geschichte vor, kann das helfen, in der Gegenwart besser zu reagieren und cool zu bleiben. Es ist leicht, sich in negative Emotionen zu begeben - aber wie wäre es, wenn du auf dein Problem zurückblicken und sagen kannst: »Das hab ich damals super gemanagt!«

Dazu kannst du dir folgende Fragen stellen:

1. Wenn dieses Problem vorbei ist, wie will ich rückblickend auf diese Zeit schauen?
2. Wie will ich auf die Ereignisse reagieren?
3. Welche Story will ich mir selbst von dieser Zeit erzählen?

In vielen Geschichten laufen Dinge nicht so, wie man sie anfangs geplant hat. Ich weiß nicht, wer es war, aber es gibt dieses Sprichwort: »Entweder hat man eine gute Zeit oder eine gute Story!« Gerade dann, wenn Dinge schieflaufen, hat man nachher etwas zu erzählen. Aber *wie* will man das in Zukunft erzählen? Genau das haben wir selbst in der Hand, und zwar nicht erst in einer fernen Zukunft, sondern jetzt und hier.

Die amerikanische Autorin und Regisseurin Nora Ephron hat einmal gesagt: »Everything is copy.« Sinngemäß bedeutet dieser Satz: »Alles im Leben eignet sich, um darüber zu schreiben.« Meine Freundin Katja lebt nach diesem Motto und hat mir erzählt, dass sie Erlebnisse - in dem Moment, in dem sie passieren bzw. »schiefgehen« - sich selbst schon als Anekdote für die Nachwelt erzählt. »Ich stelle mir einfach vor, wie ich diese Erlebnisse später erzähle und vielleicht dann sogar darüber lachen werde«, erklärte sie mir. »Das ist meine persönliche Bewältigungsstrategie.«

Storytelling kann uns helfen, auch in Krisenmomenten eine andere Perspektive einzunehmen, das Big Picture zu sehen oder aber mehrere Geschichten und Lösungen auszuprobieren. In manchen Situationen gibt es aber noch eine andere Möglichkeit, und das ist der Fall, wenn ein Problem gar nicht unser Problem ist.

Ist das wirklich mein Problem?

Wenn ich vor einem Problem stehe, dann ist mein erster Instinkt, dieses Problem zu lösen und die Situation besser zu machen. Bei meiner eingestürzten Decke war das genauso.

Die Frage, die ich mir aber stellte, war: Muss man jeden Konflikt auch wirklich austragen? Oder anders gefragt: Ist jedes Problem, das wir haben, auch wirklich unser Problem? Gehört jedes Problem, mit dem wir konfrontiert sind, zu unserer Lebensgeschichte?

Die Amerikaner haben dafür ein schlaues Sprichwort: »Choose your battles wisely!« - »Wähle das, wofür du kämpfen willst, ganz bewusst!« Das klingt vielleicht ein bisschen militärisch, aber mir hat dieser Satz schon in vielen Situationen geholfen, zu entscheiden, ob dieses Problem tatsächlich mein Problem ist und ob ich in dieses »investieren« will.

Bevor ich mich selbstständig machte, promovierte ich, und mein Plan war eigentlich, eine akademische Karriere zu machen und an der Uni zu arbeiten. Das war meine Geschichte, die ich mir für mein Leben ausgemalt hatte. Ich war stolz darauf, bereits im Promotionsstudium einen der beliebtesten Kurse des ganzen Instituts konzeptioniert zu haben, zu dem jede Woche achtzig Studierende kamen. Aber ich war an der Uni mit einem System konfrontiert, das seine Mitarbeiter schlecht bezahlte und sehr begrenzte Ressourcen hatte, um die viele kämpften. Ich fragte mich damals: War eine Stelle an der Uni es wirklich wert, dass ich für sie kämpfte? War ich bereit, in jeden kleinsten Winkel der Welt zu ziehen? War das meine Story und dieses Problem (schlechte Bezahlung, wenig Ressourcen) gewissermaßen ein Hindernis in meiner Geschichte, das ich überwinden musste?

Ich zog aus dieser Situation eine andere Schlussfolgerung. Mein Uni-Problem war nicht mein persönliches Problem, es war das, was Bill Burnett und Dave Evans, Design-Professoren an der Stanford University, ein »Schwerkraft-Problem« nennen. Es gibt Dinge im Leben, die kann man nicht ändern. Oder nur sehr, sehr schwer. Schwerkraft zum Beispiel. Das bedeutet nicht, dass es sich nicht lohnt, gegen Schwierigkeiten, Berge oder Windmühlen anzukämpfen, aber man muss sich dessen bewusst sein. Und bewusst entscheiden, welche dieser »Kämpfe« man wirklich austragen will und ob man nicht nur an dem Ergebnis interessiert ist (in meinem Fall eine Uni-Stelle), sondern auch an dem Weg dahin. Denn dieser Weg *ist* unsere Geschichte, und die müssen wir leben wollen.

Ich habe für mich damals beschlossen, dass dieses Problem ein »Schwerkraft-Problem« war. Eine Veränderung im Uni-System findet nur extrem langsam statt, zu langsam für mein persönliches Leben. Das Uni-System war kein Hindernis in meiner Geschichte, sondern vielmehr wäre der Kampf gegen das Uni-System meine Geschichte gewesen. Und meine Geschichte sah ich anderswo.

In diesem Fall lag also meine Lösung darin, mich zu fragen: Ist das hier meine Geschichte? Und als Schlussfolgerung diese Geschichte zu verlassen.

Gut oder schlecht – wer weiß das schon?

Neulich saß ich auf der Couch und sah mir die letzte Staffel einer meiner Lieblingsserien an. *Jessica Jones* ist eine Adaption eines Marvel-Comics und eigentlich eine klassische Helden-Story. Eigentlich. Denn während ich so auf der Couch saß und eine Folge nach der nächsten bingte, wurde mir klar, wie Netflix die Art, Geschichten zu erzählen, grundlegend verändert hat. Einer der Hauptunterschiede ist, dass die Charaktere in einer Serie nicht mehr gut oder schlecht sind, sondern komplex. Sie sind gut *und* schlecht. Sie sind beides. So ist es bei *Jessica Jones,* aber auch vielen anderen Serien. Manche Charaktere sind erst Halunken und werden dann zu Helden, bei anderen ist es andersherum. Manche begehen Verbrechen, weil sie glauben, sie könnten so die Welt retten - und werden dadurch selbst zu einem Menschen, gegen den sie eigentlich ankämpfen.

Was ich so unglaublich spannend finde, ist, dass Netflix uns mit einer neuen Art, Geschichten zu erzählen, zu einem mentalen Spagat erzogen hat, der viel näher an unserer Lebensrealität dran ist als die typischen Heldengeschichten. In den neuen Netflix-Serien sind Menschen nicht nur gut oder böse. Mörder können liebevolle Familienväter sein, Kriminelle können sich für Obdachlose engagieren.

Diese Komplexität sehen wir nicht nur bei Netflix, sondern sie ist ein Teil unseres Lebens. Und gerade Storytelling kann uns helfen, eine Offenheit zu kultivieren und nicht alles in Schwarz-Weiß-Kategorien einzuteilen. Denn die Frage ist oft: Liegen wir mit unserer Bewertung überhaupt richtig?

Kurt Lewin, einer der Begründer der modernen Sozialpsychologie, hat sich intensiv mit diesen Fragen auseinandergesetzt. Seine Idee war: Wir nehmen Situationen nie objektiv wahr, sondern wir bewerten diese immer. Aber nicht immer liegen wir mit unserer Bewertung richtig. Daraufhin entwickelte er das Konzept des »Story Editings«, der Bearbeitung von Geschichten, das inzwischen in vielen Therapieformen eingesetzt wird. Bei dieser Methode geht es nicht darum, die eigene Geschichte und Vergangenheit zu ändern, sondern die eigene Bewertung zu hinterfragen. Also zu fragen: Wie habe ich die Situation bewertet und wie erzähle ich mir - aufgrund dieser Bewertung - meine Geschichte?

Vielleicht hast du auch schon einmal die Situation erlebt, dass etwas, das zuerst schlecht aussah, sein Gutes hatte. Wir bewerten naturgemäß unsere Erlebnisse in dem Moment, in dem wir sie erleben, können aber ihre Tragweite oft erst viel später spüren.

Ich habe schon einige Male sehr gute Jobangebote ausgeschlagen - eine Entscheidung, auf die viele Freunde nur verständnislos reagierten. »So was kann man doch nicht ablehnen!« oder »Diese Angebote kriegt man nicht am laufenden Band.« Aber im Nachhinein stellten sich diese Entscheidungen als gut und sogar als sehr gut heraus, weil noch viel bessere Möglichkeiten folgten. Was ich damit sagen will: Wir bewerten die Dinge um uns herum, aber wir liegen mit unserer Bewertung nicht immer richtig.

Mit diesem Thema beschäftigt sich auch eine chinesische Parabel: In der Geschichte geht es um einen alten Bauer, der Geld sparte, um sich ein Pferd zu kaufen. Aber eines Tages lief das Pferd weg. Nachdem die Nachbarn gehört hatten, dass das Pferd davongerannt war, sagten sie: »Was für ein Pech!« Daraufhin antwortete der Bauer: »Ich kann nicht sagen, ob es gut oder schlecht ist. Vielleicht ist es Pech, vielleicht aber auch nicht.«

Am nächsten Tag kam das Pferd zurück mit einem weiteren Pferd. Die Nachbarn zeigten sich erfreut. Aber der Bauer war sich immer noch nicht so sicher, er sagte: »Vielleicht ist es Glück, vielleicht auch nicht.«

Eine Woche später begleitete der Sohn seinen Vater zur Arbeit und wurde von einem der Pferde abgeworfen. Er brach sich sein Bein. Die Nachbarn erklärten ihr Mitgefühl.

»Vielleicht ist es Pech, vielleicht auch nicht«, antwortete der Bauer. Am nächsten Tag kamen Soldaten in das Dorf, um junge Männer einzuziehen. Der Sohn des Bauern wurde aufgrund seines gebrochenen Beins verschont. Die Nachbarn gratulierten ihm. »Vielleicht ist es Glück, vielleicht auch nicht«, sagte der Bauer.

Bei Dingen, die aussehen, als wären sie ein Grund zum Feiern, kann man sich täuschen, und bei Dingen, die aussehen, als hätte man Pech, kann es genauso sein. Man kann schwer sagen, was gut und was schlecht ist.

War die Absage für einen Job vielleicht gut, weil sich danach eine noch viel tollere Möglichkeit aufgetan hat? War der verpasste Flug doch nicht so schlimm, weil man so Gelegenheit hatte, eine neue Stadt kennenzulernen? Woher wissen wir, dass Dinge gut oder schlecht sind?

Storytelling hilft uns, unsere Erlebnisse in ein Narrativ zu bringen und gleichzeitig diese Komplexität in unserem Leben zuzulassen. Wir können unsere Bewertung jederzeit hinterfragen und - ohne die Fakten oder die Vergangenheit zu ändern - unsere Geschichte neu erzählen.

Take-aways:

Was du aus diesem Kapitel mitnehmen kannst

1. Auch wenn wir es schaffen, die Geschichte, die wir für unser Leben geplant haben, umzusetzen, sind wir immer wieder mit Hindernissen konfrontiert. In jeder Geschichte gibt es Dinge, die schiefgehen, die nicht so laufen, wie wir es uns vorgestellt haben, und die frustrierend sind.

2. Auch wenn in unserer Geschichte etwas nicht so ideal läuft, kann Storytelling uns helfen, eine andere Perspektive zu gewinnen. Das gelingt durch drei verschiedene Ansätze:
   Der Big-Picture-Zugang: Von Nahem betrachtet erscheinen die Dinge oft schlimmer, als sie sind. Storytelling kann uns helfen, die Gesamtsituation und den Kontext zu sehen.
   Geschichten ausprobieren: Auch wenn wir auf Hindernisse treffen, können wir verschiedene Lösungen prototypen.
   Zurück in die Zukunft: Stell dir vor, wie du in ein paar Jahren auf eine Krisensituation zurückblicken willst. Es ist leicht, sich in negative Emotionen zu begeben, aber wie wäre es, wenn du dir später sagen kannst: »Das hab ich damals super gemanagt!«
3. »Choose your battles wisely«: Überlege, ob ein Problem zu deiner Lebensgeschichte gehört oder ob es ein »Schwerkraft-Problem« ist. Auch Schwerkraft-Problemen kann man sich widmen, man muss sich nur vorher im Klaren sein, worauf man sich einlässt.
4. Die neue Art des Storytellings, die wir übrigens auch in neueren Netflix-Serien finden, lebt von Komplexität. Wir werden hier zu einem mentalen Spagat erzogen und dazu, Dinge nicht in Kategorien einzuteilen, sondern Komplexität zuzulassen. Das gilt auch für die Bewertung der Ereignisse in unserem Leben. Wir bewerten die Dinge um uns herum, aber liegen mit unserer Bewertung nicht immer richtig.
5. Storytelling hilft uns, unsere Erlebnisse in ein Narrativ zu bringen und gleichzeitig diese Komplexität in unserem Leben zuzulassen. Wir können unsere Bewertung jederzeit hinterfragen und - ohne die Fakten oder die Vergangenheit zu ändern - unsere Geschichte neu erzählen.

Kapitel 11

Erzähl dein Leben neu!

Großartige Storys passieren denen,
die sie erzählen können.
Ira Glass

Warum man seine Story erzählen sollte

»Warum soll man eigentlich seine Story erzählen?«, fragte mich neulich eine Freundin meiner Mutter.

Meine Mutter hatte Geburtstag und wir standen mit einem Glas Sekt in der Küche.

»Immer wenn wir unsere Geschichte erzählen, werden wir sichtbar. Wir geben anderen Menschen für einen kleinen Moment die Möglichkeit, die Welt aus unserer Perspektive zu sehen«, antwortete ich. »Eine Story ist eine Einladung mitzufühlen, jemanden zu verstehen, statt zu beurteilen.«

Für mich gibt es nichts Schöneres im Leben, als die Welt aus einer anderen Perspektive zu sehen und mich auf diese Geschichten von anderen Menschen einzulassen. Und auch meine eigene Welt für andere, indem ich meine eigene Story erzähle, sichtbar zu machen. Wir sind zu sehr viel Empathie fähig, wenn wir erst mal die Geschichte einer Person kennen.

Storys helfen uns, uns verbunden zu fühlen. Uns zu öffnen und andere an uns ranzulassen. Aber dieses Storytelling, das Erzählenmüssen, ist eine Fähigkeit, die wir lernen können. Und in der wir, genauso wie beim Yoga oder Kraftsport, durch Übung auch immer besser werden.

Ich schenkte der Freundin meiner Mutter noch ein Glas Sekt nach. Inzwischen hatte sich die Party vom Wohnzimmer in die Küche verlagert, und der Geräuschpegel war so laut geworden, dass sich die Familien-Katze schon vor geraumer Zeit zurückgezogen hatte.

Ich musste an Oprah Winfrey, die amerikanische Talkshow-Moderatorin und Produzentin, denken. Oprahs gesamte Karriere war auf Storys aufgebaut. Sie war berühmt geworden, weil sie die Geschichten anderer Menschen auf eine sehr persönliche und berührende Art erzählen konnte.

Als ich 2013 in Harvard studierte, hielt Oprah Winfrey ihre berühmte Commencement Speech. Das ist eine Tradition amerikanischer Universitäten, die zur Abschlussfeier große Persönlichkeiten einladen, um dort eine Rede zu halten. Und auch in Oprahs Rede ging es um Storys und wie diese uns den Menschen in unserem Leben näherbringen können: »Ich habe über 35 000 Interviews in meiner Karriere gemacht«, erzählte Oprah. »Und sobald die Kamera ausgeht, drehen sich die Menschen zu mir und stellen mir auf ihre eigene Art diese eine Frage: ›War das okay?‹ Ich habe das von Präsident Bush gehört und von Präsident Obama.« Wir alle wollen verstanden werden, erklärte Oprah weiter. Und wir fragen uns: Bedeutet das, was ich sage, etwas für dich?

Unsere Geschichte zu teilen, ist kein egoistischer Akt, im Gegenteil. Es ist eine Einladung, bei der gleichzeitig immer eine Frage mitschwingt: »Bedeutet das, was ich sage, etwas für dich?« Oder: »War das okay?« Denn genau darum geht es, wenn wir unsere Geschichte erzählen. Es geht darum, Bedeutung herzustellen und andere in unsere Welt einzuladen.

Ich habe in den letzten zwei Jahren sehr viele Leute kennengelernt, gerade weil ich meine Story vielfach erzählt habe: bei Freunden, auf Social Media, auf Vorträgen, online und offline, in Artikeln, beim Kaffeetrinken, Mittagessen, in Bars und in diesem Buch. Dadurch sind viele neue Freundschaften und Begegnungen entstanden, die mein Leben unglaublich bereichert haben.

Und das gilt für jeden von uns: Das Erzählen der eigenen Story hilft uns, genau die Kontakte in unser Leben zu lassen, die wichtig sind und unser Leben bereichern. Und zwar in jedem Bereich unseres Lebens. Wir alle können davon profitieren, wenn wir unsere Geschichte erzählen. Und das ist meistens viel einfacher, als wir denken. Es erfordert nur ein bisschen Mut.

Vom Mut, die eigene Geschichte zu erzählen

Neulich unterhielt ich mich mit einer Freundin, die ein Sportgeschäft hat und gerade schwanger ist. »Eigentlich wäre meine Situation gerade perfekt, um über Sport in der Schwangerschaft zu schreiben«, erklärte sie mir. »Es geht doch so vielen Frauen so, die gerade schwanger sind und sich fragen: ›Was darf ich machen? Und was lieber nicht?‹ Aber ich traue mich einfach nicht, öffentlich darüber zu schreiben und meine Geschichte zu erzählen.«

Die eigene Geschichte zu erzählen, erfordert immer Mut. Ganz egal, ob das in einem Gespräch zwischen zwei Menschen stattfindet, auf Social Media oder bei einem Event. Es braucht immer Mut, über die eigene Erfahrung, die eigenen Schwächen und Verletzbarkeiten zu reden.

Und wie bei vielen Dingen im Leben hat auch das Erzählen der eigenen Geschichte zwei Seiten: Denn je mehr man von sich preisgibt, desto mehr macht man sich angreifbar. Aber: Je mehr man von sich erzählt, desto mehr Verbindungen kann man auch herstellen und umso bedeutungsvollere Beziehungen kann man eingehen.

Für mich haben die Vorteile stets überwogen. Seitdem ich mich mit meiner eigenen Geschichte auseinandergesetzt habe und diese auch öffentlich erzähle, ist mein Leben viel aufregender geworden und ich habe großartige Menschen kennengelernt, die mein Leben besser machen. Aber auch ich habe immer noch ab und zu Zweifel und Gedanken wie »Interessiert das jemanden?«, »Ist das gut genug?«, »War das okay?«

Auch ich muss immer wieder Mut aufbringen, meine eigene Story zu erzählen. Und öffentlich zu erzählen. Aber beim Storytelling und auch beim Muthaben ist es so: Wenn man es oft genug macht, wird man besser. Und mutiger.

Ich erlebe das jedes Mal, wenn ich einen Workshop halte: Im Laufe des Workshops verändern sich die Storys, die die Teilnehmer erzählen. Das liegt nicht nur an neu erlernten Techniken, die einem helfen, die eigene Story zu erzählen, sondern auch daran, dass die Teilnehmerinnen und Teilnehmer ihre Geschichte mehrmals erzählen können. Übung macht mutiger. Und gerade durch das wiederholte Erzählen wird vielen klar: »Ich habe ja wirklich eine Geschichte!«, »Meine Geschichte ist ja gar nicht langweilig!«, nicht zuletzt auch: »Es macht Spaß, meine Geschichte zu erzählen!«

Jeder von uns kann lernen, seine eigene Geschichte zu erzählen. Wir alle können lernen, das Vertrauen zu einer anderen Person oder zu einer Gruppe aufzubringen und diese Geschichte anderen anzuvertrauen. Und das ist oftmals weitaus mehr als nur okay.

»Ich habe das Gefühl, als würden wir uns schon jahrelang kennen«, sagte Andrea zu mir und nahm einen Schluck von ihrem Kaffee. Wir hatten uns vor fünf Minuten zum ersten Mal getroffen, aber zwischen uns war eine Vertrautheit, ein Verständnis, eine Offenheit wie bei einer langjährigen Freundschaft.

Andrea war keine Freundin von mir, sondern ein Business-Kontakt. Wir hatten in den letzten Wochen ein paarmal telefoniert, und nun saßen wir seit fünf Minuten zusammen in der Lounge eines großen Konzerns.

In den letzten fünf Minuten hatte ich Andrea von meiner Zeit in New York erzählt. Wie einmal die Decke in meiner Wohnung in Manhattan eingestürzt ist. Wie ich erst Geige studiert habe und dann zum Storytelling gekommen bin und mich selbstständig gemacht habe. Wie es ist, wenn die zwei Geschwister weit weg wohnen und man eine Familien-Fernbeziehung hat. Und Andrea hat mir von ihrem Leben erzählt. Von ihrer Arbeit, ihren Projekten, den Menschen, mit denen sie zusammenarbeitet.

Eine Story ist ein Geschenk und eine Einladung. Wir geben etwas von uns her. Wir teilen etwas von uns. Und andere können damit machen, was sie wollen: unsere Story annehmen, anerkennen, beurteilen, verurteilen, feiern, zerstören. Eine Story ist ein Anknüpfungspunkt für andere, um zu sagen: »So geht es mir auch!« oder »Genau das habe ich auch erlebt« oder auch »Spannend: So habe ich das noch gar nicht gesehen!«

Wenn ich meine eigene Story erzähle, geht es nicht um mich. Es geht darum, eine Verbindung herzustellen. In dem Moment, in dem ich meine Story - wie auch hier in diesem Buch - erzähle, gehört sie mir nicht mehr. Sie ist draußen in der Welt und hat ihr eigenes Leben. Jeder, der meine

Geschichte liest, bringt seine eigene Perspektive mit. Jeder liest hier ein anderes Buch.

Im besten Fall inspiriert dich meine Geschichte, deine eigene Story zu leben. Die richtige Story, die man zur richtigen Zeit erzählt, kann helfen, dass andere Menschen sich besser fühlen, ernst genommen, ihre Perspektive überdenken, ihr Leben umzukrempeln. Wenn wir unsere Story erzählen, kann diese Menschen ermutigen, die Veränderungen anzugehen, die wichtig sind. Und diese Entwicklungen sind nicht nur auf eine Zeit in unserem Leben beschränkt, auf ein Erwachsenwerden oder Uns-selbst-Finden, sondern passieren in jeder Lebensphase. Wenn wir unsere Geschichte erzählen, können wir Menschen berühren und ermutigen, trösten, bestärken und motivieren. Und dazu ermutigen, die eigene Geschichte und das eigene Leben in die Hand zu nehmen.

Egal, wie dein Leben gerade aussieht, ob du in einem Loft oder in einem Haus auf dem Land wohnst, ob du mit dem Fahrrad zur Arbeit fährst oder in einem Tesla. Egal, wie du lebst - dein Leben wird besser, reicher, voller, wenn du deine Story mit anderen teilst und an anderen Storys teilhast.

In dem letzten Kapitel des Buches geht es um verschiedene Methoden, wie du deine Geschichte, die du in den letzten Kapiteln entwickelt hast, erzählen kannst. Wie können wir kommunizieren, wer wir sind, wie können wir mit unserer Geschichte Verbindungen herstellen? Wie können wir die vielen kleinen und alltäglichen Storys in unserem Leben besser erzählen? Wie können wir uns gegenseitig besser verstehen und ein größeres Leben leben?

Erzähle deine Geschichte nach dem Obama-Prinzip

In vielen meiner Workshops geht es um die Frage: »Wie kann ich meine persönliche Story erzählen?« Dafür verwende ich oft das Obama-Prinzip, ein narratives Modell, das der ehemalige US-Präsident Barack Obama in seinen Reden verwendete. Das Besondere an Obamas Reden war, dass er es geschafft hat, seine eigene Story in einen größeren Kontext zu stellen und damit zu der Geschichte von uns allen zu machen.

Dies war sein Prinzip von Anfang an, von seiner ersten großen Keynote im Jahr 2004, die Obama als Kandidat für das Amt des Senators auf der Democratic National Convention, dem Norminierungsparteitag der Demokraten, in Boston hielt. Diese Rede und die Geschichte, die er damals erzählte, machten seine großartige und ungewöhnliche Karriere überhaupt erst möglich.

In dieser Rede erzählte Obama die Geschichte seiner Familie, von seiner Mutter aus Kansas und seinem Vater aus Kenia, die - obwohl sie beide nicht aus wohlhabenden Familien stammten - einen gemeinsamen Traum teilten, den American Dream. Der Traum nämlich, dass ihr Sohn auf die besten Schulen gehen und erfolgreich sein würde, auch ohne finanzielle Mittel, aber mit einem großen Potenzial. Wer hart arbeitet, der wird es schaffen - das ist die Story, die kollektive Geschichte, die in den USA überall präsent ist.

Barack Obama erzählte erstmals seine eigene Geschichte, stellte diese aber in einen größeren Kontext. Damit gelang ihm eine Verbindung zwischen dem Traum seiner Eltern und dem Traum, den sehr viele Amerikaner mit seiner Familie teilen. Obama sagte: »Ich stehe hier und weiß, dass meine persönliche Geschichte ein Teil der größeren amerikanischen Geschichte ist.«

Obamas Geschichte war eine Einladung an uns, seine Perspektive einzunehmen. Und das hatte deshalb so unglaublich gut funktioniert, weil er es seinen Zuhörern einfach gemacht hatte. Er hatte nicht nur seine Geschichte erzählt, sondern er hatte eine Brücke gebaut und seine eigene Geschichte mit der aller Amerikaner verbunden.

Storytelling war auch Teil von Obamas Präsidentschaftswahlkampf 2008, und sein Berater, der Harvard-Professor Marshall Ganz, entwickelte damals das Public Narrative Framework - ein narratives Modell, dass drei Geschichten zu einer Geschichte macht. Es wurde aber nicht nur von Obama, sondern auch von seinen vielen Wahlkampfhelfern angewandt (vor allem Studenten, die von Haus zu Haus gingen).

Und dieses Modell können wir ganz leicht auf die Geschichten in unserem Alltag oder unsere eigene Geschichte anwenden.

Das Modell besteht aus drei Teilen: einer Story of Self, einer Story of Us und einer Story of Now. Die Story of Self ist unsere eigene Geschichte, eine Anekdote aus unserem Leben, unser persönliches Erleben, das als Ausgangspunkt dienen kann. Die Story of Us ist der universelle Aspekt in unserer Geschichte, im Prinzip die Brücke zu unserem Gegenüber, die über unser persönliches Erleben hinausgeht. Es ist die größere Story in unserer persönlichen Geschichte, die die Frage beantwortet: Was verbindet deine persönliche Story mit der Geschichte von uns allen? Die Story of Now betont die zeitliche Relevanz: Warum ist diese Geschichte jetzt wichtig?

Das Public Narrative Framework von Marshall Ganz
Story of Self: Was ist deine persönliche Geschichte?
Story of Us: Was ist der universelle Aspekt deiner Geschichte? Was verbindet deine persönliche Story mit der Geschichte von uns allen?
Story of Now: Warum ist das jetzt relevant?

Ein Beispiel: Meine persönliche Geschichte ist, dass ich oft in meinem Leben umgezogen bin. Ich habe in verschiedenen Städten studiert und gearbeitet. Das ist meine Geschichte, meine Story of Self. Das Thema betrifft aber nicht nur mich, sondern es ist eines, das ganz viele Menschen in unserer globalisierten Welt betrifft. Viele Menschen ziehen um, fangen in einer neuen Stadt noch mal neu an, wechseln ihren Job und ihre Umgebung. Meine Story of Self hat einen sehr universellen Aspekt und ist gleichzeitig auch eine Story of Us.

Gerade dieser Punkt der »Verbindung herstellen« ist hier ein ganz wichtiger. Ich habe im Kapitel zur Generations-Story schon einmal beschrieben, wie oft wir uns darauf fokussieren, was uns trennt, und wir eigentlich viel mehr darum bemüht sein sollten, Brücken zu bauen und Verbindung zu schaffen. Darum geht es auch bei der Story of Us: eine Verbindung und eine Brücke zu den Erfahrungen von uns allen herzustellen.

Die Kunst bei der Story of Us liegt darin, die Lebensrealität unseres Gegenübers mit einzubeziehen. Erst durch diesen Prozess schaffen wir es, dass unsere eigene Geschichte Bedeutung hat. Wie können wir unsere eigene Story in einen größeren Kontext einordnen und eine Story erzählen, die über uns hinausgeht. Die zu einer Story of Us wird.

Obamas beziehungsweise Ganz' Modell hatte aber noch eine dritte Komponente: die Story of Now. Und die beantwortet die Frage: Warum ist das jetzt relevant? Warum ist das jetzt wichtig?

Wir alle haben ein sehr volles Leben, wir haben Termine und Dinge wie Instagram, Netflix und YouTube in unserem Leben, die um unsere Aufmerksamkeit kämpfen. Die Frage »Warum jetzt?« ist daher eine unglaublich wichtige Frage, wenn es darum geht, unsere eigene Geschichte zu erzählen. Sie beantwortet nämlich eine weitere Frage: »Warum ist das *jetzt* interessant?«

Diese Frage ist der Grund, warum wir Nachrichten und die Tageszeitung lesen. Uns interessiert: Was ist *heute* passiert? Was ist *heute* wichtig? Nichts ist so uninteressant wie die Tageszeitung von gestern, und das hat mit dieser zeitlichen Relevanz zu tun.

In meiner eigenen Geschichte hat die Tatsache, dass ich in meinem Leben oft umgezogen bin, auch eine zeitliche Aktualität. Wir sind so mobil wie noch nie zuvor, wir reisen so viel wie noch nie. Meine Geschichte ist ein individuelles Beispiel für unsere globalisierte Welt.

Diese drei Teile, die Story of Self, die Story of Us und die Story of Now, bilden das Framework, das Obama für viele seiner Reden verwendet hat und das wir ebenso anwenden können. Und zwar in unterschiedlichsten Lebenssituationen: in Präsentationen und Meetings, aber auch bei Taxifahrten oder beim Mittagessen mit der Familie.

All unsere Beziehungen profitieren, wenn wir nicht nur unsere Seite der Geschichte erzählen, sondern auch unser Gegenüber einschließen. Ich glaube, dass die besten Storys von uns allen handeln. Wenn man seine eigene Geschichte erzählt, geht es eigentlich nicht darum, zu formulieren, was man alles Tolles gemacht hat. Es geht darum, eine Story zu erzählen, die über uns hinausgeht. Und die uns alle betrifft.

Aufgabe: Erzähle deine Geschichte nach dem Obama-Modell

1. Was ist deine persönliche Erfahrung, was ist deine Story of Self?
2. Gibt es in deiner Geschichte einen universellen Aspekt? Erlebst du etwas, das nur dich betrifft? Oder betrifft dein Erlebnis auch andere Menschen? Das ist die Story of Us.
3. Wie kannst du eine Verbindung zwischen deiner eigenen Geschichte und der Story of Us herstellen?

Während meiner Zeit in den USA habe ich immer wieder erlebt, wie diese Brücke zwischen der Story of Self und der Story of Us hergestellt wurde. Und zwar nicht nur durchs Erzählen, sondern wie diese Story of Us auch gelebt wurde.

Eine Situation, wo ich genau das erlebt habe, war angesichts eines Bombenanschlags während des Boston-Marathons 2013. Als in diesem Jahr am 15. April zwei Männer Bomben auf der Zielgeraden zündeten, war ich nur wenige Kilometer entfernt. Drei Menschen starben, es gab 170 Verletzte. Ich wohnte in Cambridge, einem Stadtteil von Boston. Benjamin und ich hatten fest eingeplant, zum Marathon zu gehen und die Läufer anzufeuern. Aber dann wurde ich krank und lag im Bett.

»Rebecca, melde dich, bist du okay?« Das war meine Mutter.

»Hey, wolltet ihr nicht zu dem Marathon? Alles okay bei euch?« Das war mein Bruder.

»Ich habe gerade im Radio von den Anschlägen gehört. Seid ihr in Ordnung? Bitte melde dich doch mal kurz, wenn du das hier liest.« Das war die Textnachricht einer Freundin in Wien.

Ich lag in meinem Studentenwohnheim, und Hubschrauber kreisten über dem Gebäude. Sirenen gingen pausenlos. Dann erhielt ich eine Nachricht von der Uni: Bombenalarm in der Kennedy School, die sich direkt gegenüber dem Wohnheim befand und sofort evakuiert wurde. Eine halbe Stunde später: ein weiterer Bombenalarm in der U-Bahn-Station am Harvard Square. Eine Nachricht wurde herumgeschickt, die dringend riet, unbedingt in einem Gebäude zu bleiben und nicht auf die Straße zu gehen, alle Uni-Klassen wurden sofort gestrichen, die U-Bahn fuhr nicht mehr.

Jeder in Boston spürte an diesem Tag die Auswirkungen dieses schrecklichen Attentats, die Panik, die Angst. Die Hubschrauber und Sirenen, die pausenlos kreisten, die Bombendrohungen, die stündlich kamen. Jeder war irgendwie Teil dieser Geschichte.

Vier Tage nach dem Marathon erhielten wir um 23:00 Uhr eine neue Notfall-Warnung. Auf dem benachbarten Campus des Massachusetts Institute of Technology (MIT) war ein Polizist erschossen worden. Wir wurden aufgefordert, uns drinnen aufzuhalten. Im Stundentakt folgten weitere Warnungen: aktive Schießerei in der Gegend, Täter auf der Flucht, Schüsse in Watertown, das auf der anderen Seite von Cambridge liegt, gemeldet. Um 4:49 Uhr dann: »Bombendrohung am MIT.«

Um 5:40 kam eine weitere E-Mail: Cambridge befand sich im Lockdown. Niemand durfte mehr die Häuser und Wohnungen verlassen, bis Entwarnung gegeben wurde. Wie sich nachher herausstellte, hatten die Verdächtigen, zwei Brüder, einen Polizisten erschossen, versucht, eine Geisel zu nehmen, und waren dann von der Polizei aufgehalten worden. Einer der beiden Brüder wurde unmittelbar erschossen, der andere konnte fliehen und versteckte sich in einem Boot. Die Stadt Boston verhängte einen Lockdown.

Supermärkte, Schulen und Unis blieben geschlossen. Die Stadt war menschenleer.

Auch wenn wir nicht direkt betroffen waren, hatten wir alle das Gefühl, mittendrin in dieser Geschichte zu sein. Wir waren mittendrin in diesem Schockzustand der letzten Tage, eine Art kollektives Trauma hielt uns gefangen, das zu einer kollektiven Story geführt hatte.

Als der Lockdown dann um 18:00 Uhr aufgehoben wurde, strömten Minuten später Hunderte Menschen nach draußen und in die Bars und Restaurants der Stadt. Wir alle hatten das Bedürfnis nach anderen Menschen, um in Gesprächen den Wahnsinn und Schockzustand irgendwie zu verarbeiten. Unsere eigene Erfahrung war die Erfahrung von allen. Unsere Story war die Story von allen.

Drew Faust, damals noch Harvard-Präsidentin, formulierte das in einer E-Mail ein paar Tage später so: »Das Trauma dieser Gewalt so nah bei uns wird noch lange andauern, es wird jeden Einzelnen von uns beeinflussen in einer Weise, die wir zusammen bewältigen müssen.« Harvards Antwort auf die schrecklichen Tage war: die Erfahrung, die jeder Einzelne von uns gemacht hatte, gemeinsam mit der Community zu verarbeiten. Die Story of Self war auch eine Story of Us. Und diese Story of Us wurde nicht nur erzählt, sondern auch gelebt.

In den Tagen nach den Anschlägen und dem Lockdown gab es verschiedene Veranstaltungen für die Community. Konzerte, eine Memorial-Wand, die unter dem Motto »Boston Strong« stand. Und einen Flower Flashmob, bei dem Hunderte Narzissen auf dem Harvard Campus von Harvard platziert wurden, die sich jeder mitnehmen konnte und die den Harvard Campus in ein gelbes Lichtermeer verwandelten.

Ebenso wie der Lockdown und die Nachwehen des Boston Marathon-Anschlags eine kollektive Story waren, so ist auch die Corona-Pandemie eine Geschichte, die wir alle gemeinsam erleben. Auch wenn wir diese Zeit alle anders erleben, so ist das große Narrativ, das später in den Geschichtsbüchern stehen wird, für uns alle ein sehr ähnliches.

Was ich damals bei der Bewältigung dieses Erlebnisses in Harvard gelernt habe: Wir können diese Geschichte, die wir gemeinsam erlebt haben, auch nur gemeinsam verarbeiten. Nämlich indem wir in unseren Communities zusammenkommen. In den Bars und Restaurants dieser Welt. Oder auch online, in Chats, auf Social Media, am Telefon, per Videokonferenz. Egal wie wir kommunizieren - das Wichtigste ist, dass wir miteinander reden. Und unsere Storys erzählen, die so oft nicht nur unsere eigenen sind, sondern die Geschichten von uns allen.

Wie erzählt man Geschichten, die in Erinnerung bleiben?

Die Geschichten, die wir erzählen, helfen uns nicht nur, Verbindungen zu anderen Menschen herzustellen, sondern auch, in Erinnerung zu bleiben, wann immer wir neue Leute kennenlernen. Und das ganz egal ob es um Bewerbungsgespräche, Meetings, Dates oder Partys geht.

Wir erinnern uns dann an Geschichten, wenn diese:

- überraschend sind
- außergewöhnlich
- emotional
- für uns als Zuhörer eine Bedeutung haben

Wir leben in einer Zeit, in der wir zu viele Apps und Benachrichtigungen haben und laut einer Studie den Touchscreen unserer Smartphones 2617-mal pro Tag berühren. In dieser Zeit ist unsere Aufmerksamkeit zu einer Währung geworden, aber gerade da kann Storytelling uns helfen.

Hier sind meine Tipps, wie du deine eigene Geschichte oder auch die kleinen Geschichten des Alltags besser erzählen kannst, um so beim nächsten Networking-Event oder bei der nächsten Geburtstagsparty in Erinnerung zu bleiben:

1. Erzähle deine Story in zwei Wörtern

Die »Zwei-Wörter-Story« ist einer meiner Lieblingstipps, weil er so einfach ist und weil er gerade im beruflichen Kontext oder bei einer Networking-Veranstaltung besonders relevant ist. Die Idee: Welche zwei Wörter sollen nach einem Gespräch bei deinem Gegenüber hängen bleiben? Für welche zwei Dinge willst du stehen?

Die »Zwei-Wörter-Story« ist die komprimierteste Form der Geschichte. Und so findest du sie: Wähle zwei Wörter, die nicht aus dem gleichen Bereich stammen, wie zum Beispiel »Marketing« und »Sales«, sondern zwei Wörter aus verschiedenen Bereichen, deren Kombination dann spannend und einzigartig ist. Bei mir sind diese zwei Wörter »Storytelling« und »Silicon Valley«. Meistens ist gerade die Kombination dieser zwei Wörter interessant. Was bedeuten diese beiden Wörter für dich? Welche Assoziationen rufen sie in dir hervor?

Ich selbst habe oft erlebt, dass andere mich genau mit diesen zwei Begriffen im beruflichen Kontext vorstellen.

Hier ein paar Fragen, wie du für dich diese zwei Wörter finden kannst:

- Was machst du beruflich?
- Hast du ein ungewöhnliches Hobby?
- Welche Themen sind dir wichtig?
- Welche Assoziationen hast du zu bestimmten Themen?
- Welche Erlebnisse hattest du, die nur du gemacht hast?

Aufgabe:

1. Erstelle zunächst eine Liste mit allen Begriffen, die dir einfallen.
2. Umkreise die Wörter, die herausstechen, die dir besonders wichtig erscheinen.
3. Finde Synonyme: Verwende einen Thesaurus (zum Beispiel www.openthesaurus.de) und gib die Begriffe, die du umkreist hast, ein. Überlege, ob es noch weitere relevante Wörter gibt. Schreibe diese auf.
4. Sortiere die Begriffe in zwei Reihen und versuche für jede dieser Reihen einen Oberbegriff zu finden. Die beiden Oberbegriffe sind deine zwei Wörter.

2. Erzähle eine ungewöhnliche Geschichte aus deinem Leben

Wenn es darum geht, was hängen bleiben soll, dann gilt: je ungewöhnlicher, desto besser. Die amerikanisch-französische Autorin Pamela Druckerman schreibt in ihrem Buch *Vierzig werden à la parisienne. Hommage ans Erwachsenwerden*, dass wir zu 95 Prozent gleich sind und nur zu fünf Prozent individuell.

Aus diesen 95 Prozent relativ ähnlichen Erlebens ergeben sich unsere Storys, die eine Verbindung zu unseren Mitmenschen schaffen. Das ist unsere große Gemeinsamkeit. Aber um in Erinnerung zu bleiben, ist das Außergewöhnliche entscheidend. Da kommen die fünf Prozent ins Spiel, die uns unterscheiden. Was haben wir Außergewöhnliches erlebt? Welche Geschichten haben wir fast noch nie erzählt? Was haben wir erlebt, das sonst noch niemand erlebt hat? Was sind unsere fünf Prozent?

3. Das laute Bar-Prinzip: So einfach wie möglich

»Ich hatte keine Zeit, einen kurzen Brief zu schreiben, also habe ich einen langen geschrieben«, soll Mark Twain gesagt haben. Es ist wesentlich einfacher, eine lange Geschichte zu erzählen, und sehr viel schwieriger, kurz und prägnant seine Erlebnisse wiederzugeben. Aber um in Erinnerung zu bleiben, müssen unsere Geschichten so einfach wie möglich sein. Und auch so präzise wie möglich.

Stell dir vor, du würdest deine Geschichte in einer lauten Bar erzählen, in der man nur jedes zweite Wort versteht. Wie kannst du deine Geschichte einfacher machen? Was kannst du weglassen?

Coco Chanel sagte einmal: »Bevor du das Haus verlässt, schau in den Spiegel und lege eine Sache ab.« Wenn wir eine erinnerungswürdige Geschichte erzählen wollen, geht es darum, Überflüssiges wegzulassen. Einige machen den Fehler, dass sie zu viele Details erzählen und dadurch nicht nur den roten Faden verlieren, sondern auch die Aufmerksamkeit ihres Gegenübers.

Das nächste Mal, wenn du eine Geschichte erzählst, versuche dich kurz zu fassen. Orientiere dich an den großen W-Fragen: Wer? Was? Wie? Warum?

4. Vergiss die Chronologie! Was hast du gelernt?

Wenn es darum geht, eine Geschichte zu vereinfachen, müssen wir von der Chronologie wegkommen. Eine Bekannte von mir erzählt ihre Geschichten immer äußerst langwierig, da sie chronologisch berichtet, was wer wann gesagt hat und wie jemand darauf reagiert hat. Aber eine Geschichte ist keine chronologische Dokumentation.

In vielen unserer Geschichten ist der zeitliche minutiöse Ablauf gar nicht so interessant, viel spannender ist für den Zuhörer, was du aus ihnen gelernt und wie du sie erlebt hast. Was konntest du aus ihnen mitnehmen? Wie hat das deine Perspektive verändert? Was ist dein persönlicher Teil der Geschichte in einem größeren Kontext?

5. Definiere ein persönliches Motto

Nicht nur Geschichten bleiben in Erinnerung, manchmal sind es auch bestimmte Ausdrücke oder ein persönliches Motto. Ich finde persönliche Lebensweisheiten sehr spannend und liebe es, wenn mir neue einfallen. Ein Motto von mir ist: »So einfach wie möglich!« Ich bin ein großer Freund davon, Dinge so einfach wie möglich zu machen und sich nicht den schwersten Weg auszusuchen. Dieses Motto passt auch zu einer gewissen Leichtigkeit, die ich im alltäglichen Leben anstrebe.

Mein Agent und Freund Christian hat als Motto für sich formuliert: »Reden hilft!« Sein Motto ist es, immer das persönliche Gespräch zu suchen, statt sich in endlosen E-Mail-Konversationen zu verlieren oder sich anzuschweigen.

Ein Motto für sein Leben zu formulieren, hilft einem nicht nur persönlich, es gehört auch zu den Dingen, die nach einem Gespräch hängen bleiben.

Die Core-Storys aus deinem Leben

Viele Unternehmen im Silicon Valley definieren Core-Storys, Geschichten, die gewissermaßen die Basis für alles andere bilden und auf die man immer wieder zurückgreifen kann. Um einige dieser persönlichen Core-Storys ging es bereits in diesem Buch. Und diese eignen sich auch sehr gut als Grundlage für ein Gespräch, das über Small Talk hinausgehen soll.

Auch wenn man sich Politikerreden anhört, merkt man schnell, dass oft die gleichen Anekdoten wiederholt werden. Obama hat zum Beispiel in seinem Wahlkampf 2008 gern eine Geschichte erzählt, die als »Fired up? Ready to go«-Story bekannt und zu einem Klassiker wurde.

Auch wir brauchen nicht für jede Party oder jedes Networking-Event eine neue Geschichte aus unserem Leben. Eine Handvoll Geschichten, die für uns wichtig sind und die wir immer wieder erzählen können, reicht aus. Hierzu können deine Notizen aus den vorhergehenden Kapiteln hilfreich sein.

Wichtig ist, dass du ein zentrales Erlebnis erzählst. Je konkreter, desto besser. Was hast du erlebt, das dich auf diesen Weg gebracht hat? Wie hat dieses Ereignis deine Perspektive geprägt? Versuche in jeder Geschichte auch hier deine Motivation und deine Perspektive herauszustellen. Solche Geschichten können sein:

Die Motivations-Story

Die Motivations-Story ist vielleicht die wichtigste Story in unserem Leben. Warum machen wir das, was wir machen? Was treibt uns an? Was motiviert uns?

Die Familien-Story

Welche Erlebnisse haben uns zu der Person gemacht, die wir heute sind? Was bedeutet Familie für uns? Wer hat unser Weltbild geprägt?

Die Zukunfts-Story

Wir alle haben eine Idee oder ein Bild, wer wir in Zukunft sein wollen. Wir haben einen Traum, wie unser Leben in Zukunft aussehen kann.

Die Menschen-statt-Helden-Story

Im Storytelling und den Geschichten, die wir auf der Leinwand sehen, geht es oft um Helden. Aber ich finde, gerade das Gegenteil ist interessant: Wo waren wir keine Helden, sondern Menschen? Wo haben wir auch mal Fehler gemacht? Was würden wir anders machen? Was ist unsere Menschen-statt-Helden-Geschichte?

All diese Geschichten können uns helfen, Gespräche in ganz unterschiedlichen sozialen Situationen zu führen. Sie können uns Sicherheit geben und Selbstvertrauen und machen uns nicht nur zu einem interessanten Gesprächspartner, mit dem man gerne ein Glas Wein trinkt oder sich zum Dinner trifft. Sie helfen uns auch, die Beziehungen herzustellen, die wir im Leben brauchen.

Das Gute ist: Wir können diese Storys jederzeit an Fremden ausprobieren und - je nachdem - variieren. Meine Freundin Rike zum Beispiel erzählt je nach Lust und Laune, dass sie Start-up-Gründerin ist, Marketing in einem kleinen Unternehmen macht oder Investorin für Humankapital ist (sie hat vor Kurzem ein Kind bekommen). Immer wenn wir jemanden kennenlernen oder treffen, haben wir die Möglichkeit, unsere Geschichte neu zu erzählen und zu üben. Wir können sofort damit anfangen!

Was ich von einem Taxifahrer über Storytelling gelernt habe

Ich fahre sehr häufig mit Taxis oder Uber und habe schon viele Lebensgeschichten von Taxifahrern gehört: von dem Taxifahrer, der in einem Mini-Zimmer in Chinatown in San Francisco lebt, oder von den Uber-Fahrern, die im Prinzip in ihrem Autos wohnen. Viele dieser Taxifahrten und die Gespräche sind mir in Erinnerung geblieben. Für mich sind auch diese Gespräche aber immer mehr als nur Small Talk, es ist eine Möglichkeit, neue Perspektiven kennenzulernen.

Eine dieser Taxifahrten ist mir besonders in Erinnerung geblieben. Ich war damals mit meinem Vater zufällig zur selben Zeit in Berlin, und wir nahmen uns vom Flughafen ein Taxi in die Stadt. Interessant an dieser Fahrt war, dass ich keine Ahnung mehr habe, was der Taxifahrer erzählt hat und worüber wir geredet haben.

Aber an eine Sache erinnere ich mich noch ganz genau: an das Gefühl dieser Fahrt, angesiedelt irgendwo zwischen Hollywood-Szene und Berlin-Feeling. Der Taxifahrer war überschäumend vor Energie und freute sich, zwei Touristen *seine* Stadt zu zeigen. Auch wenn sein Auto eine ziemliche Klapperkiste war, behandelte er uns, als wären wir die Kennedys, die Berlin von seiner besten Seite sehen und so lieben sollten, wie er es tat. Mit Sicherheit nahm er einige Umwege, aber er zeigte uns nicht nur die klassischen Sehenswürdigkeiten, sondern sang dazu noch Songs, die man als

Max-Raabe-Verschnitte bezeichnen konnte. Es war eine der schönsten Taxifahrten meines Lebens.

Und hier kommt mein wichtigster Tipp, wenn es darum geht, deine Geschichte zu erzählen: Es gibt Techniken und Tipps, wie man seine Story erzählen kann, und meinen Ansatz habe ich in den letzten Kapiteln vorgestellt. Aber das Wichtigste beim Storytelling ist, mit dem Erzählen der eigenen Geschichte ein Gefühl zu erzeugen. Oder anders gesagt: Welches Gefühl willst du deinem Gegenüber vermitteln?

Maya Angelou, Schriftstellerin und Bürgerrechtlerin, sagte einmal: »Niemand wird sich daran erinnern, was du gesagt hast, aber alle werden sich an das Gefühl erinnern, das du ihnen gegeben hast.«

Und genau das passierte während dieser Taxifahrt. Und das ist etwas, was wir auch durch das Erzählen unserer eigenen Geschichte schaffen können. Besonders dann, wenn unsere eigene Geschichte, wie in der Story of Us, über unser persönliches Erleben hinausgeht.

Das Gefühl, das uns andere Menschen geben, ist das, an das wir uns am meisten erinnern. Haben sie uns wertschätzend, abwertend, neugierig, offen, misstrauisch behandelt? Wir erinnern uns an das Gefühl, das wir in der Gegenwart einer Person verspüren.

Aber wie macht man das? Wie stellt man dieses Gefühl her? Eine Sache habe ich von dem Taxifahrer in Berlin damals gelernt: Es geht darum, ganz im Moment zu sein.

Wenn wir unsere Geschichte erzählen, bei einem Date oder in einer Bar, wirkt sie am besten dann, wenn wir uns völlig auf unser Gegenüber einlassen und im Moment leben. Konkret heißt das: nicht zwischendurch auf unser Handy gucken, sondern uns auf unser Gegenüber einlassen, aufmerksam sein und uns konzentrieren.

Für den Taxifahrer gab es während dieser Fahrt nur seine beiden Gäste. Vater und Tochter. Wir waren in diesem Moment da, deshalb waren wir gerade die wichtigsten Gäste. Die Kennedys. Und genau um dieses Gefühl geht es auch beim Storytelling. Es geht darum, eine Geschichte zu erzählen oder sich auf eine Geschichte und einen Menschen einzulassen und zu sagen: »Du bist mir wichtig!«

Take-aways: Worum ging es in diesem Kapitel?

1. Immer wenn wir unsere Story erzählen, ermöglichen wir anderen, die Welt aus unserer Perspektive zu sehen und mitzufühlen.
2. Das Erzählen der eigenen Geschichte hilft uns, genau die Kontakte in unser Leben zu lassen, die wichtig sind und uns bereichern. Ganz gleich, wie du lebst - dein Leben wird besser, reicher, voller, wenn du deine Story mit anderen teilst und an anderen Storys teilhast.
3. Wenn wir unsere Geschichte teilen, gelingt es uns, eine Verbindung zu anderen Menschen herzustellen, sodass sich andere noch lange an uns erinnern.
4. Barack Obama hat es vorgemacht: Die besten Geschichten gehen über unsere persönliche Geschichte hinaus und erzählen eine »Story of Us«, die Geschichte von uns allen.
5. Maya Angelou sagte einmal: »Niemand wird sich daran erinnern, was du gesagt hast, aber alle werden sich an das Gefühl erinnern, das du ihnen gegeben hast.« Welches Gefühl gibst du deinem Gegenüber, wenn du deine Geschichte teilst und wenn du zuhörst?

Eine letzte Geschichte

Als ich vor ein paar Jahren auf dem Leuchtturm in Montauk und am »Ende der Welt« war, hatte ich plötzlich eine andere Perspektive. Ich stand am südlichsten Punkt von Manhattan und vor mir lag nur noch das Meer. In diesem Moment wurde mir bewusst, dass wir manchmal Abstand brauchen, um klarer zu sehen. Auch was unsere Lebensgeschichte betrifft. Wir brauchen die Beschäftigung mit den Themen unseres Lebens, aber auch den Abstand, den wir beim Schreiben oder auch auf Leuchttürmen erreichen können.

Ich hoffe, dass dieses Buch dir Möglichkeiten für beides geben konnte: für die Auseinandersetzung mit deiner Story und die weite Perspektive, das Big Picture auf diese. Beides ist wichtig, um die Autorin oder der Autor deiner persönlichen Lebensgeschichte zu sein.

Storytelling lebt davon, dass man die Geschichten in seinem Leben erzählt. Dazu noch eine letzte Story.

Am 26. Dezember 2004 befand sich ein guter Freund und Kollege meines Vaters am Strand in Phuket. Gemeinsam mit seiner Frau wollte er dem nasskalten deutschen Weihnachten entfliehen, aber stattdessen erlebte er eine Naturkatastrophe, die uns allen ein neues Wort beibrachte: Tsunami.

Der Freund meines Vaters hatte ein paar Wochen zuvor *Der Schwarm* von Frank Schätzing gelesen. In diesem Buch, das 2004 erschienen war, wird ein Tsunami ausführlich beschrieben. Und während andere Menschen um ihn herum damit beschäftigt waren, tote Fische wieder ins Wasser zu werfen, konnte dieser Freund meines Vaters die Menschen um ihn herum warnen und überlebte mit vielen anderen die Katastrophe. Eine Geschichte hatte sein Leben gerettet.

Geschichten können Leben retten. Vielleicht auch deine Geschichte. Wenn du nur eine Sache aus diesem Buch mitnimmst, dann ist es hoffentlich die: Deine Geschichte ist wichtig. Sie ist es wert, gelebt zu werden, und sie ist es wert, erzählt zu werden. Deine Geschichte ist interessant, und die Welt braucht die Geschichten von vielen, ganz verschiedenen Menschen mit unterschiedlichen Backgrounds, Perspektiven und Lebensstilen.

Nicht alle unsere Geschichten müssen Leben retten, aber viele von denen, die wir erzählen, sind weitaus mehr als nur nette und unterhaltsame Anekdoten. Sie bewirken etwas, stoßen Veränderungen an und geben Menschen die Möglichkeit zu sagen: »So habe ich das ja noch nie gesehen!« Storys geben uns selbst und anderen die Möglichkeit für eine neue Sichtweise. Für einen Moment lang können wir die Welt durch die Augen von jemand anderem betrachten. Und das kann uns dazu bringen, unsere eigene Geschichte zu überdenken, zu verändern und uns weiterzuentwickeln. Weiter zu wachsen.

Wir befinden uns im Zeitalter des Storytellings. Das sieht man nicht nur an Unternehmen und daran, wie sich unsere Kommunikation verändert. Man sieht es auch an der Medienbranche und unserem Bedürfnis nach Storys. Noch nie wurden so viele Serien wie heute produziert, und noch nie gab es so viele Spin-offs von vorhandenen Serien. Der Grund dafür: Wir wollen die *ganze* Story wissen. Wir wollen, dass eine Geschichte mit all ihren Nebenhandlungen auserzählt wird. Und dieses Bedürfnis erstreckt sich nicht nur auf Serien, sondern auch auf unser Leben. Wir wollen die

Geschichten hinter der Person, hinter dem LinkedIn-Profil erfahren. Uns interessiert die Perspektive, die Motivation und die Komplexität, die jeder von uns mit sich bringt.

Als ich vor über zehn Jahren in einem Sammeltaxi in New York saß, wurde ich gefragt: »Was ist deine Story?« Während meiner Zeit dort habe ich gelernt, meine Story zu erzählen und zu leben. Ich hoffe, dass du in diesem Buch Möglichkeiten gefunden hast, diese Frage für dich zu beantworten, dass du eine Geschichte gefunden hast, die du nicht nur erzählen, sondern auch leben willst.

Wir sind die Autoren unseres Lebens. Und wir können unser Leben so planen wie eine Geschichte: Wie wollen wir durchs Leben gehen? Wer soll dabei sein? Was soll in unserer Geschichte vorkommen? Wie wollen wir auf die Krisenzeiten in unserem Leben zurückblicken? Wir können unsere ganz persönliche Geschichte planen. Story first.

Storytelling ist für mich nicht nur zu dem Thema meiner beruflichen Karriere geworden, sondern zu einer Lebenseinstellung. Es ist eine Möglichkeit, das eigene Leben und Denken zu erweitern, mit der eigenen Geschichte und den vielen Geschichten von Menschen um uns herum: Freunde, Familie, Soulmates, Partner, Taxifahrer, Lehrer, Fitnesstrainer.

Das Ergebnis davon ist, dass sich unsere Welt stetig vergrößert. Und ist das nicht exciting?

Danke

Bücher sind nicht einfach da und werden nicht von einer einzigen Person geschaffen, sondern sind das Ergebnis von langen Gesprächen und Nächten, von Telkos, Meetings, WhatsApp-Nachrichten, von Abenden in Bars, von Tschick-Pausen und vor allem von Mut. Vom Mut, an eine Story zu glauben und zu sagen: »Das machen wir!«

Danke, dass ihr diesen Mut hattet:

Vor allem an Petra Herrmanns, ohne die es dieses Buch nicht geben würde. Danke für deinen Enthusiasmus von Anfang an! Besonders auch an Christian Müller für deine Perspektive und Inspiration und deine Fähigkeit, immer das Big Picture zu sehen.

Danke an Stefanie Hess für den Mut, dieses Buch zu realisieren, als es erst eine Idee war, und für die Offenheit und die vielen Anregungen along the way. An Rike Brand fürs Lesen und Diskutieren und fürs Reaching out nach so vielen Jahren. An Tina Voigt für deine Ideen und ganz vielfältigen Support.

Für all eure Gespräche und Storys: Toby, Sarah, Katja, meine New Yorker Family: Jan, Bob und Bill; Dennis, Annemarie, Claudia, Bettina, Mirjam, Margit; die »Corona-Unit« und natürlich meine Family.

Tartine für das beste Croissant der Welt und Benjamin für unsere gemeinsame Suche nach der nächsten Experience, der nächsten Story, den Schlangenherzen im Leben.